夕阳红满天

深圳市龙岗区“夕阳红”都市养老模式与实践

《夕阳红满天》编委会　编著

中国社会出版社
国家一级出版社·全国百佳图书出版单位

图书在版编目（CIP）数据

夕阳红满天：深圳市龙岗区“夕阳红”都市养老模式与实践 /《夕阳红满天》编委会编著. —北京：中国社会出版社，2020.4

ISBN 978-7-5087-6335-4

Ⅰ.①夕… Ⅱ.①夕… Ⅲ.①城市—养老—社会服务—研究—深圳 Ⅳ.①D669.6

中国版本图书馆CIP数据核字（2020）第047242号

书　　名：夕阳红满天——深圳市龙岗区“夕阳红”都市养老模式与实践

编　　著：《夕阳红满天》编委会

出 版 人：浦善新

终 审 人：王　前

责任编辑：杜　康

出版发行：中国社会出版社　　**邮政编码**：100032

通联方式：北京市西城区二龙路甲 33 号

电　　话：编辑部：（010）58124864

邮购部：（010）58124848

销售部：（010）58124845

传　真：（010）58124856

网　　址：www.shcbs.com.cn

shcbs.mca.gov.cn

经　　销：各地新华书店

中国社会出版社天猫旗舰店

印刷装订：广州市尚铭印刷有限公司

开　　本：175mm × 245mm　1/16

印　　张：15.5

字　　数：300 千字

版　　次：2020 年 5 月第 1 版

印　　次：2020 年 5 月第 1 次印刷

定　　价：59.00 元

中国社会出版社微信公众号

《夕阳红满天》编委会

前　言

随着老年型年龄结构初步形成，我国开始步入老龄化社会。如何建立一种可持续发展的养老服务新模式，是新时代面临的新课题。党的十九大报告提出：要积极应对人口老龄化，构建养老、孝老、敬老政策体系和社会环境，推进医养结合，加快老龄事业和产业发展。习近平总书记多次强调做好老龄工作的重要性："让所有老年人都能老有所养、老有所依、老有所乐、老有所安。"

夕阳红满天，人间重晚晴。为积极应对人口老龄化问题，推动老龄事业特别是新时代养老服务事业的全面协调可持续发展，2018年12月，第十三届全国人民代表大会常务委员会审议通过了新修订的《中华人民共和国老年人权益保障法》，进一步完善养老法律制度。2019年4月，国务院印发《关于推进养老服务发展的意见》，推出28项政策举措，进一步推动养老服务事业健康发展。2019年1月1日，《广东省养老服务条例》正式颁布实施。深圳作为人口结构相对年轻的现代化大都市，当前老年人口已近7%，预计在2023年开始步入老龄化社会。对此，深圳正在推进《深圳经济特区养老服务条例》立法，并推动成为全国养老服务业综合改革试点和国家医养结合试点，积极探索新时代"老有颐养"新模式，全力打造深圳建设中国特色社会主义先行示范区和民生幸福标杆。

党的十九大以来，深圳市龙岗区顺应新时代召唤，将各级党委政府对“老有颐养”的新要求与区情民情密切结合，率先探索了富有时代特征和龙岗特色的“夕阳红”都市养老服务新模式。在监管机制上，设立区—街道—社区“三级养老服务中心”，明确职责定位，统筹各方力量，形成养老服务合力。在政策措施上，用足上级政策，建立“个人出一点、政府补一点、机构让一点、慈善捐一点”的资金保障体系；用好资源共享办法，优化整合街道和社区原有带“老字号”公共资源，形成社区“夕阳红”都市养老综合服务中心（站）。在监管办法上，由区民政局制定推行“1+6”与“310”政策制度清单指引，由各街道实行“清单式”监督管理，由111个社区具体实施“夕阳红”都市养老服务新模式。老年人群体集中在哪里，“夕阳红”项目就生根落地在那里；并且与社区健康服务中心链接，实现“医养结合”，既解决深圳户籍老人养老问题，又对来深建设者的养老问题进行了有益探索。

深圳市龙岗区“夕阳红”都市养老服务新模式已呈现出鲜明特色，那就是以居家为基础、社区为依托、医养结合、科技支撑、政府主导、专业化运营、社会参与共建共享。目前这一新模式已覆盖全区111个社区，受到广大居民群众热烈好评。2019年6月，龙岗区民政局向工信部、民政部、国家卫健委申报推荐平湖街道、布吉街道代表全区11个街道参评“全国智慧健康养老应用试点示范街道”，同年12月获得授牌批准。深圳市龙岗区“夕阳红”都市养老服务模式，根植于广大居民群众，凝聚了基层民政工作者和社区党员干部的心血，在实践探索中积累了“六大经验”：政策制度是“夕阳红”新模式的有力保障；可持续发展是“夕阳红”新模式的生命线；多元参与是“夕阳红”新模式的活力所在；长者幸福是“夕阳红”新模式的价值取向；专业服务是“夕阳红”新模式的关键要素；智慧健康养老是“夕阳红”新模式的重要路径。

实践出真知，龙岗区的经验探索，既是对“如何建立一种可持续发展的养老服务新模式”这一时代命题的生动写照，也是新时代养老事业在深圳大地的实践结晶。

深圳市龙岗区“夕阳红”都市养老服务的经验做法，受到广泛好评。民政部、工信部、国家卫健委对龙岗区智慧健康养老工作给予充分肯定，《中国社会报》《南方日报》《深圳特区报》先后报道了龙岗经验。广东省民政厅对龙岗区委区政府高度重视民政工作，大力推行区—街道—社区“夕阳红”都市养老服务新模式给予高度评价，对龙岗区“夕阳红”都市养老服务“六大经验”予以充分肯定，并希望龙岗区为全省乃至全国社区养老服务探索可持续发展提供更多更好的经验。深圳市民政局认为：“‘夕阳红’项目顺应了新时代养老服务新需求，抓住了关键、做实了服务，值得其他区学习借鉴。”

实践无止境，创新无穷期，新时代养老事业的高质量可持续发展是党和国家赋予我们的神圣使命。深圳市龙岗区对“夕阳红”都市养老服务模式虽然进行了大量有益探索，也积累了宝贵的“龙岗经验”，但客观而言，目前仍处于初级阶段，还需要在发展过程中继续加强理论研究和实践探索，不断完善推动养老服务模式可持续发展的新思路、新路径，不断解决高质量发展中遇到的新问题，方可实现民生幸福、“老有颐养”“夕阳红满天”，为深圳建设中国特色社会主义先行示范区作出新的贡献。

《夕阳红满天》编委会

2020年1月9日

目录

CONTENTS

第一章　时代呼唤：

机遇与挑战

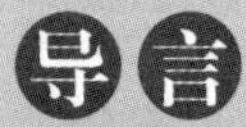

导言

我国将于2024年至2026年由老龄化社会迈入老龄社会。新时代，我国社会的主要矛盾已经转化为人民日益增长的美好生活需要和不平衡不充分的发展之间的矛盾。人们对美好生活质量的追求越来越高。虽然经过近20年的高速发展，我国社会养老体系建设取得了巨大成就，社会化养老体制机制不断完善，养老观念也从家庭养老逐渐向社会养老转变；但是随着老龄社会的来临，我们在养老服务领域还存在许多短板，比如养老设施不足的问题、养老服务标准不完善的问题、养老服务体系不健全的问题，以及养老产业和智慧化程度不高、支撑不足，医养结合不紧密等问题，都与新时代对“老有所养”，特别是深圳建设中国特色社会主义先行示范区关于“老有颐养”的要求不相匹配。

新的历史起点，养老服务领域的时代使命是什么？习近平总书记曾深刻指出，要着力增强全社会积极应对人口老龄化的思想观念。要积极看待老龄社会，积极看待老年人和老年生活，老年是人的生命的重要阶段，是仍然可以有作为、有进步、有快乐的重要人生阶段。有效应对人口老龄化，不仅能提高老年人生活和生命质量、维护老年人尊严和权利，而且能促进经济发展、增进社会和谐。习近平总书记的讲话，强调了老人作为“人”的生命价值和社会价值，特别关注了老人的生活和生命质量、尊严与权利。

作为一个有着数千年孝道文化传承的文明国度，面对家庭代际反哺功能减弱，社会化养老逐渐成为当代社会的时代课题。我们如何对待老人？让他们在哪里颐养天年？为他们提供什么样的服务？谁来服务？怎么给为老服务提供保障？党和政府需要做什么？社会组织需要做什么？怎么做？本章从我国老龄化社会演进、养老文化变迁的角度探寻养老服务的时代命题，从国际国内城市养老服务经验中总结提炼经验，从深圳养老沿革和老龄化趋势中审视龙岗探索，为读者展示一个整体的宏观图景。

第1节 老龄社会与时代命题

敬老养老是中华民族的传统美德，敬老文化是中华文化的重要组成部分，对中华文脉的代际传承、社会稳定和经济社会发展有着十分重要的影响。党和国家高度重视老龄工作，早在2000年，中共中央、国务院就作出了“关于加强老龄工作的决定”。2015年10月，习近平总书记就加强老龄工作作出重要指示：“有效应对我国人口老龄化，事关国家发展全局，事关亿万百姓福祉。要立足当前、着眼长远，加强顶层设计，完善生育、就业、养老等重大政策和制度，做到及时应对、科学应对、综合应对。此事要提上重要议事日程，‘十三五’期间要抓好部署、落实。”随着老龄化社会和老龄社会的到来，如何促进老龄事业发展，已然成为一个紧迫的时代命题。

一、老龄化社会的到来与挑战

（一）社会老龄化概况

根据1956年联合国《人口老龄化及其社会经济后果》确定的划分标准，当一个国家或地区65岁及以上老年人口数量占总人口比例超过7%时，则意味着该国家或地区进入老龄化。1982年维也纳老龄问题世界大会，确定60岁及以上老年人口占总人口比例超过10%，意味着该国家或地区进入老龄化。

根据“维也纳”标准，1999年，我国60岁及以上老年人口达到1.26

亿，占总人口比例的10%，我国正式迈入老龄化社会，比预期提前了一年。民政部2018年的统计数据显示，我国60岁及以上老年人口从2009年的16714万增长至2018年的24949万，增长了8215万人，成为目前全球唯一老年人口超过2亿的国家，占全国人口比相应地从2009年的12.5%攀升至2018年的17.9%（见图1）。根据全国老龄办预计，到2025年，我国60岁及以上老年人口将达到3亿；2050年，我国老年人口将达到峰值。参照联合国标准，2000年我国65岁及以上老年人口占全部人口比例约为7%，也已迈入老龄化社会。国家统计局数据显示，从1999年的8679万增长至2018年的16658万，近20年间，增长了7979万，占全国人口比例也相应地从6.89%攀升至11.9%（见图2）。

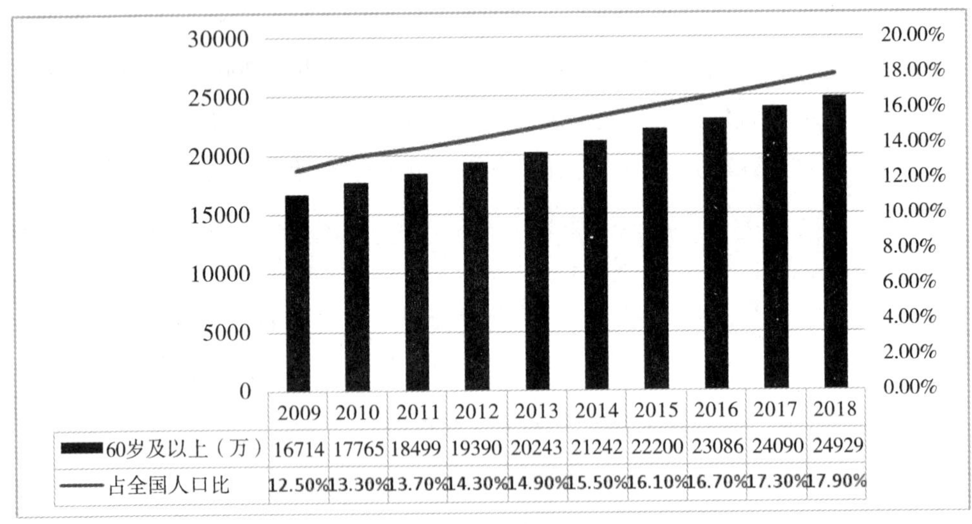

	2009	2010	2011	2012	2013	2014	2015	2016	2017	2018
60岁及以上（万）	16714	17765	18499	19390	20243	21242	22200	23086	24090	24929
占全国人口比	12.50%	13.30%	13.70%	14.30%	14.90%	15.50%	16.10%	16.70%	17.30%	17.90%

图1　60岁及以上老年人口与占比（2009—2018）

同时，按照国际通行标准，当一个国家或地区65岁及以上人口比例从7%提升到14%，就从老龄化社会迈入老龄社会。根据《2018年中国人口老龄化现状分析及人口老龄化趋势预测》，我国将于2024年至2026年提前迈入老龄社会。从老龄化社会进入老龄社会，法国用时最长——120年，瑞典用了85年，德国为40年，日本24年，中国预计为24～26年。

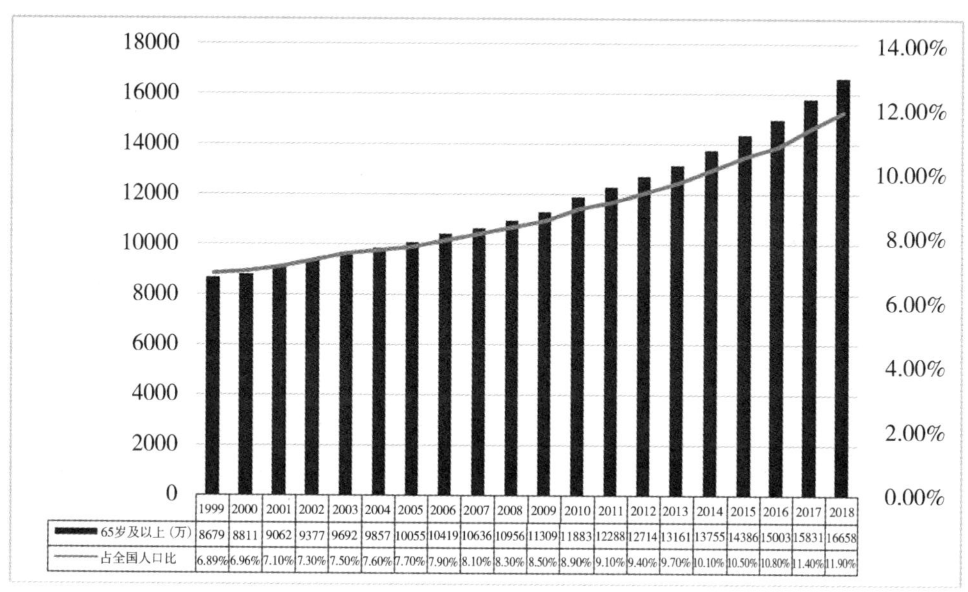

	1999	2000	2001	2002	2003	2004	2005	2006	2007	2008	2009	2010	2011	2012	2013	2014	2015	2016	2017	2018
65岁及以上（万）	8679	8811	9062	9377	9692	9857	10055	10419	10636	10956	11309	11883	12288	12714	13161	13755	14386	15003	15831	16658
占全国人口比	6.89%	6.96%	7.10%	7.30%	7.50%	7.60%	7.70%	7.90%	8.10%	8.30%	8.50%	8.90%	9.10%	9.40%	9.70%	10.10%	10.50%	10.80%	11.40%	11.90%

图2 65岁及以上老年人口与占比（1999—2018）

我国社会老龄化速度与日本大致相当，但日本在老龄化社会到来之前，就已步入发达国家之列。相较于日本“边富边老”，我国则“未富先老”。根据《老年健康蓝皮书：中国老年健康报告（2018）》，我国老龄化进程远超前于经济发展进程，在2026年老龄社会到来之际，以我国现有经济发展趋势也难以达到“富裕”水平。预计从2015年至2050年，全社会用于养老、医疗、照料、福利与设施方面的费用占GDP的比例，将由7.33%增长到26.24%，几乎增加3倍，占总人口比重从10.2%上升到17.3%，将对我国经济社会发展带来严峻挑战。

此外，老年抚养比——人口中非劳动年龄人口数老年部分对劳动年龄（15～64岁）人口数比，从1999年的10.2%提升至2018年的16.8%，表明每100名劳动年龄人口要负担16.8名老年人（见图3），2015年世界平均老年人抚养比为13。养老金抚养比——养老金缴纳人数和养老金实际领取人数比，已经从20世纪90年代5∶1下降到2017年的2.8∶1，意味着不到3个参保人供养一个退休老人。

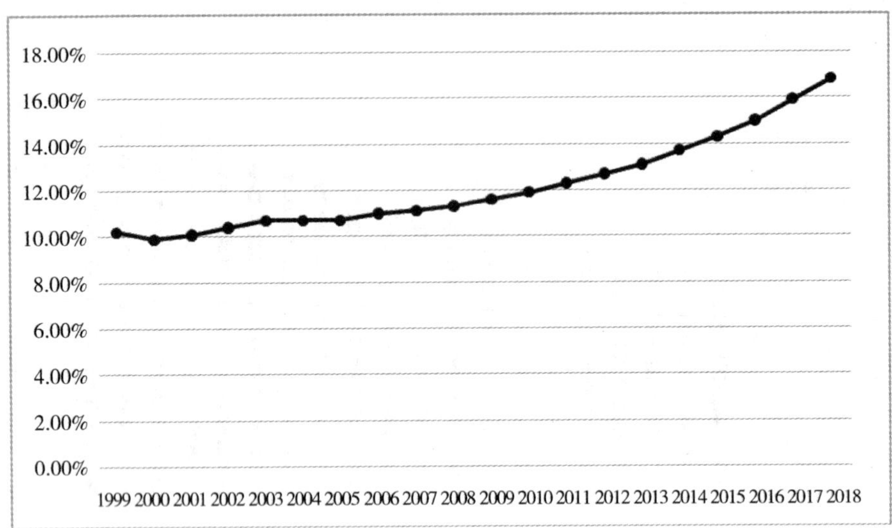

图3 老年人口抚养比（65岁及以上老年人口）

2016年，全国人大内务司法委员会组成调研组开展了专项调研，形成《中央内参：关于应对人口老龄化与发展养老服务的调研报告》，对我国老龄化问题和养老事业面临的挑战进行十分扎实的摸底与精准的把握。《内参》指出，我国人口老龄化问题的主要特征是规模大、来势猛、城乡倒置、未富先老、区域不均衡、不健康老人多、家庭小型化导致其养老功能弱化。而我国老龄事业发展存在顶层设计不够系统，社会化服务差距较大，对失能、高龄老年人的长期照护保障制度尚未形成，养老服务人才严重短缺，社会力量参与老龄事业仍存在动力不足、困难较多等诸多挑战。

进入新时代，我国社会主要矛盾转化为人民日益增长的美好生活需要和不平衡不充分的发展之间的矛盾，如何推进老龄事业的发展，为老年人提供更加优质的服务，已经成为经济社会发展的时代命题。

（二）我国养老事业发展历程

养老事业作为我国老年福利保障体系中的一部分，与老年福利制度和老龄化规模密切相关。随着福利制度变迁和老龄化进程加快，养老事业的功能、定位，与个人、家庭、市场、政府间的关系也不断演变。从新中国成立至今，我国养老事业发展大致经历了四个阶段。

计划经济体制时期（1949—1978）。新中国成立后，党和政府结合我国当时经济发展水平，构建了与城乡二元经济结构相匹配的养老政策体系，将此阶段界定为"工作单位—民政"社会福利制度阶段。在城市，针对党政机关、事业单位和国有企业职工实施退休养老。在农村，仍然沿袭家庭养老传统，无系统性养老制度安排。在社会主义改造完成后，仅针对农村无劳动能力和生活来源的鳏寡孤独老人——"五保户"，采取村集体供养的方式，维持其最低生活水平。此外，由政府开办救济性养老机构对"五保户"、伤残军人、孤老复员军人提供基本生活照料，包括敬老院与光荣院，如1956年黑龙江省拜泉县成立了全国第一家养老院。此阶段，全国集中照料的养老服务机构约有8000多家，国家没有专门的为老服务机构。

养老事业初步探索期（1978—1999）。党的十三届三中全会后，为适应市场经济体制改革需要，我国开始探索养老体系改革。在城镇，建立了多层次的社会主义养老保险体系，由国家、企业和个人三方共同承担。在农村，"五保供养"仍继续采用，但也开始积极探索建立农村基层社会保险制度。1982年，全国老龄工作委员会成立，提出了"老有所养、老有所为、老有所医、老有所教、老有所学、老有所乐"的老龄事业发展理念。1984年漳州会议提出养老机构的"三个转变"：由国家包办向国家、集体、个人一起办的体制转变，由救济型向福利型的转变，由供养型向供养康复型的转变。1994年第十次全国民政会议将"福利社会化"正式提出并进入国家政策设计视野，以集中供养为基本形式的养老事业逐步从单一政府承担向政府为主、社会为辅的模式发展。1998年，国务院办公厅转发《关于加快实现社会福利社会化的意见》，民政部也制定了《社会福利机构管理办法》《老年人福利机构基本规范》《老年人建筑设计规范》《农村敬老院管理暂行办法》等一系列制度与规范，推动我国养老事业的规范化发展和功能转型，从单一的生活保障向居住、康复、医疗、护理、娱乐等多功能转变，并且拓宽服务对象范畴，从"五保"和"三无"老人扩展至所有老年群体。

养老事业系统化发展期（2000—2011）。2000年，我国正式迈入老龄化社会，为适应经济发展和养老需求，在城镇逐步建立了社会统筹和个人账户相结合的养老保险制度，在农村开展新型养老保险试点，并尝试实现城乡统筹发展和有效衔接。在养老服务业发展方面，2000年，中共中央、国务院颁发了《关于加强老龄工作的决定》，提出要“建立以家庭养老为基础、社区服务为依托、社会养老为补充的养老机制”。2000年，民政部等11个部门提出《关于加快实现社会福利社会化的意见》，提出投资主体多元化、服务对象公众化、服务方式多样化、服务队伍专业化。2001年，民政部开始推行《“社区老年福利服务星光计划”实施纲要》，将发行福利彩票筹集的福利彩票公益金的绝大部分用于资助城市社区老年人福利服务设施、活动场所和农村乡镇敬老院的建设。2008年，全国老龄办、国家发改委等10个部门发布《关于全面推进居家养老服务工作的意见》，居家养老模式受到重视。

养老事业快速发展期（2012年至今）。进入新时代，城乡养老保险制度衔接从试点走向推广，机关事业单位和企业职工养老金逐步实现并轨。老龄化速度加快，养老服务业受到高度重视，国务院颁发了一系列加快养老服务事业发展的文件，提出要全面开放养老服务市场、提升养老服务质量、实施老年照顾服务项目等要求。养老服务标准化规范化建设也同步推进，如2014年民政部等五个部门联合发布了《关于加强养老服务标准化工作的指导意见》，2016年民政部与国家工商总局联合印发了《养老机构服务合同（示范文本）》。“十三五”提出以居家为基础、社区为依托、机构为补充、医养结合的“四位一体”养老服务模式，构成目前养老服务的基本结构。在一系列的政策激励下，养老服务机构和设施、床位从过去相对稳定的增速迅速进入快速发展期，截至2018年底，全国共拥有16.8万个养老服务机构和设施、727.1万个床位（见图4）。

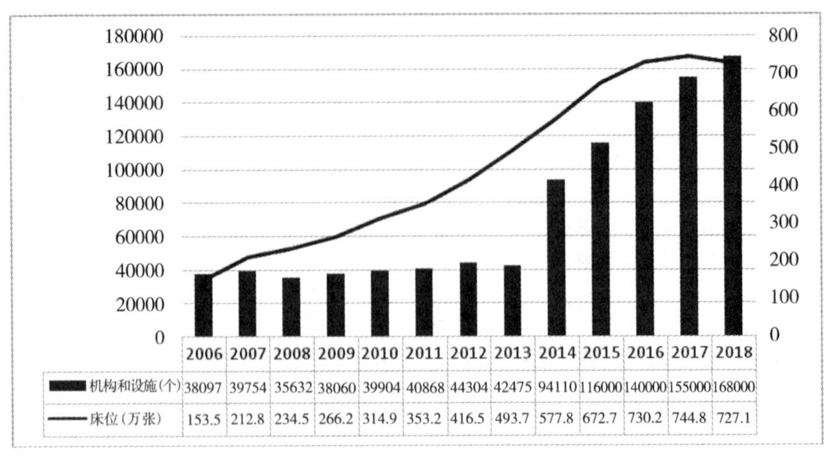

	2006	2007	2008	2009	2010	2011	2012	2013	2014	2015	2016	2017	2018
机构和设施（个）	38097	39754	35632	38060	39904	40868	44304	42475	94110	116000	140000	155000	168000
床位（万张）	153.5	212.8	234.5	266.2	314.9	353.2	416.5	493.7	577.8	672.7	730.2	744.8	727.1

图4 全国养老机构和设施、床位数（2006—2018）

（三）社会对养老服务的多样性需求

随着经济社会的快速发展，由于社会分工和人口流动的持续深化，家庭结构发生了根本性的变化，家庭的代际反哺功效弱化，家庭养老功能已不能满足社会需要，社会化养老服务逐渐成为城市养老的主要形式，老人及其家属对社会化养老服务的需求逐步增强。李克强总理在2019年政府工作报告中谈到加强社会养老服务体系建设时说："让老年人拥有幸福的晚年，后来人就有可期的未来。"由于家庭养老功能减弱，让老人拥有幸福晚年更多需要从社会协同角度获得满足；而从相对应的角度看，更多地以社会协同的方式解决老人的养老问题，才能减轻年轻人的养老负担，投入到高度商业化的社会分工中去，创造更多社会财富和社会价值。

老人日间照护的需求增速较快。根据中国人民大学2014年《中国老年社会追踪调查（CLASS）》，随着中国老龄化进程加快，老人的日间照护需求在快速增长。随着老人年龄的增长，身体机能下降，老人的行动自主能力日趋下降，对日间照料甚至照护的依赖程度越来越高，社会面对老人日间照料的需求也在日益增长。

老人健康护理的需求明显。迈入老年，生命进入了衰退期，老人的病患概率增高。据统计，全国城镇老年人的两周患病率是城镇全人群两周患病率的 2.6倍，慢性病患病率则为城镇全人群的4.4 倍，老年人的患病率明显高于其他年龄段人群。良好的健康护理，对于提升老人生活质量十分重要。进入老龄化社会，老人的健康护理需求越加明显。

老人精神慰藉的需求正在显现。随着家庭结构的迭变，空巢老人、独居老人和留守老人数量逐年增多。根据2010年第六次全国人口普查数据显示，我国65岁以上独居老人数量达到1444万人，占老年总人口的比重达到12.46%，且比重仍在不断增加。作为高度社会化的生物，人需要从家人、亲属、邻居和社会获得情感支持和慰藉。空巢、独居和留守老人，由于子女或亲人不在身边，老人的情感往往得不到及时的抚慰，孤独感增强，对精神抚慰的需求越来越强烈。

老人社会参与的需求较为普遍。老人需要从社会获得尊重和认可，也需要在社会生活中体现自我价值。尤其对于初步迈入老年阶段、具有自主能力的老人而言，从工作岗位上退下来，或从家庭主要劳动力退出来，在老人角色调适上需要获得社会支持，提供能够体现和发挥自身价值的平台，在社会生活中去体现自身价值，获得社会尊重。

二、敬老养老文化的变迁

（一）中国传统养老文化及养老形式

“孝”，是中华民族传统文化的核心概念，孝文化是支持中国家庭养老的主要价值理念，而家庭养老则是体现孝文化的重要形式。我国从先秦时期开始就奉行孝道，各类儒家典籍对如何行孝、敬老养老作了诸多论述。《尚书·酒诰》曰：“肇牵牛车，远服贾用，孝养厥父母。”子曰：“今之孝者，是谓能养。至于犬马，皆能有养。不敬，何以别乎？”（《论语·为政》）孟子则进一步将孝悌观念从家庭内部延伸到整个社会，提出了“老吾老以及人之老”的敬老思想。

汉武帝独尊儒术之后，儒家思想成为国家的主体意识形态，地位崇高。儒家思想中原本属于家庭义务层面的“孝”，被强行与国家政治权属层面的“忠”统一起来，固化成为传统中国文化层面的“忠孝一体”观念，“君子之事亲孝，故忠可移于君；事兄悌，故顺可移于长；居家理，故治可移于官”。为朝廷尽忠，是大孝；而朝廷为了彰显“孝”的核心价值，往往都会提出“以孝治天下”的理念，把家庭伦理与社会规范统一起来，把维系宗族关系与维护社会秩序联系起来，进而强化了“孝”在文化体系中的核心地位，使“孝”成为维护家族与政治的伦理纽带。

在儒家思想体系上形成的《孝经》，将“孝”落到实处，对敬老孝老提出了明确的规范：“孝子之事亲，居则致其敬，养则致其乐，病则致其忧，丧则致其哀，祭则致其严。五者备矣，然后能事亲。”明确了子女对老人处于“居”“养”“病”“丧”各种状态下，关于“孝”的具体礼仪要求和行为规范。在国家礼制层面，《礼记·王制》规定：“凡养老，……凡五十养于乡，六十养于国，七十养于学，达于诸侯。”对不同年纪的老人的养老待遇做了明确，但主要是荣誉性质的。《礼记·内则》则从养老待遇和荣誉两方面都做了具体规定："五十异粻，六十宿肉，七十二膳，八十常珍，九十饮食不违寝，膳饮从于游可也……五十杖于家，六十杖于乡，七十杖于国，八十杖于朝。九十者，天子欲有问焉，则就其室。"当然这里的老人，都是士大夫贵族阶层的老人，并不包含平民百姓。

百姓的养老主要依靠家庭赡养，父母年老后与子女同住，由子女提供物质赡养、生活照料和精神慰藉。老年人的养老保障完全依赖于子女，日常的衣食住行甚至心情都基于子女的供给，养儿防老是传统中国养老的主要保障。在先秦时期，国家就设有"乡大夫"一职，负责登记可以"免除赋役"的老者信息。汉文帝时规定："年八十以上，赐米人月一石，肉二十斤，酒五斗。其九十以上，又赐帛人二匹，絮三斤。"到了明朝，朱元璋也规定："贫民年八十以上，月给米五斗，酒三斗，肉五斤；九十以上，岁加帛一匹，絮一斤；有田产者罢给米。"同时，对于鳏寡孤独病残老人，国家还会设置一些救济院，给予养老支持。但总体而言，均未建立系统的老年福利制度，传统中国的养老方式仍是以孝文化为支撑的家庭养老。

（二）改革开放后养老文化变迁

新中国成立后，中国社会经历了一次集体化社会主义改造运动，孝文化一段时间内被看作是旧思想、旧文化、旧风俗、旧习惯的一部分而遭到批判和否定，家庭伦理关系一定程度上被政治关系所取代。虽未改变中国以家庭养老为主的基本情况，但很大程度上弱化了家长的权威，尊敬老人的价值基础遭到破坏，传统的家庭伦理基础开始动摇，传统养老文化受到了巨大冲击。

改革开放后，社会生产方式发生了天翻地覆的改变。以家庭为单位、以经验为基础的传统农业的主体地位，被以行业为领域、工艺分工为基础的工业生产逐步取代，经验在获取财富中的作用逐渐被知识、技术所取代。在这一背景下，父系家长权威被瓦解，经济地位迅速下滑。人们的生活方式也发生了巨大改变，同居共财的大家族环境下产生的孝文化和对父权的服从，由于家庭规模缩小、核心家庭数量增加、成年子女可通过劳动获得收入与掌握私有财产权，而逐渐瓦解。此外，随着市场经济推进，人口流动性增强，青壮年劳动力外出务工及妇女就业机会增加，孝文化所提倡的基本要求在现实中也越加难以实现。

养老观念也随着社会的全面发展逐渐转变，慢慢接受了由国家、社会福利组织提供的养老服务，对不同养老模式的接纳度逐渐提高。随着社会保障体系的逐步完善，特别是近年来城乡养老保险制度实现全覆盖，老人养老的自给能力不断提高，可以不完全依赖子女而实现经济独立，从而获得自主养老的能力，选择养老方式的态度更加积极；老年人在精神文化方面的需求越来越大，不再满足于生存型养老，而对生活质量和生命质量有了较高追求。社会化养老已成为社会共识，但家庭养老功能并未退却，家庭养老的文化根基依然深厚，家庭因素仍然是社会养老事业实践中需要参考的重要指标。

第2节 国际经验与中国实践

他山之石，可以攻玉。

社会养老服务体系建设作为一场社会实验，立足本土，借鉴国际先进经验和国内先进做法，对于推进本区域养老服务事业发展而言，无异于站上了巨人的肩膀，可以以更广的视域和更先进的做法推进本地养老服务事业的发展。

一、国际城市养老先进经验

福利制度决定了政府、市场、社会、家庭等四方在养老服务供给中的职责和边界，进而产生了不同的养老服务模式。瑞典、英国和日本分别为三种不同福利体制的典型代表。瑞典属于社会民主主义体制福利国家，其特点是普惠型社会福利体制，高度去商品化与普遍性方案混合，由公共财政负担八成以上的养老服务；英国深受新自由主义影响，既保留了具有普惠性质的福利模式，又纳入市场力量提供有差别的养老服务；日本属于东亚福利模式——资本主义福利体制，其特点是在社会保险的基础上实施具有普惠性质的选择性分配。

（一）瑞典的养老服务体系与经验

作为福利体制的重要构成，瑞典的养老服务体系根植于“公民权利”这一法理和文化传统之中。基于公民权利，国家向全体社会成员提供无差别的福利，养老被视为公共责任而非家庭责任，子女和亲属对老人的赡养并非法定义务。公共部门主导养老服务的提供，市场、家庭和其他社会部门仅发挥补充性作用。瑞典《社会服务法案》明确规定：“自治市政府负责在其所辖区域内提供社会服务”“自治市政府负有确保辖区内的公民获得他们所需要的支持和救助的最终责任”“自治市社会福利委员会应该确保老人获得良好的住房，应该在老人家中提供支持和救助。”“任何无法通过其他方式满足个人所需的公民，都有权从自治市的福利委员会获得维系生存所需并达到一般生活水平的支持。”这样，为养老服务的公共责任提供法律支撑，同时强调公民自主的重要性和对公民权利的尊重。

瑞典居家养老服务的资金主要由财政提供，市财政承担82%～85%，国家财政承担10%，个人承担5%～8%。市政府综合考量老人的收入、享受服务的类型和水平确定收费标准，制定最高收费限额。从1992年《新地方政府法案》颁布开始，瑞典允许市场组织和社会组织参与养老服务供给，以竞争式招投标的方式选择供应者。为了防止养老市场垄断，2009年瑞典出台《公共部门选择制度法》，规定地方政府引入“消费者选择模式”，赋予老人自主选择权，以更贴近老人服务需求。目前，87%的瑞典社会养老服务由市场组织提供，约10%由社会组织提供。

瑞典采取居家为主、机构为辅的养老服务模式。居家养老是瑞典政府优先支持的养老模式，以确保老人生活的自主性，同时可以降低机构养老带来的高成本。对居住在家的老人，由公共服务部门负责包括家庭护理援助、送餐上门、居家健康照护、日间活动安排、家政服务和交通服务等服务递送，并由政府提供居家医疗护理和保健卫生服务，“就地安老”和“去机构化”成为瑞典养老服务体系的新趋势。

机构养老有两种形式。

1. 老年住房。由私人业主将适老化的住房租借给55岁以上老人居住，租住的老人可以享受市政公用住房设施、申请家庭护理援助和家庭医疗护理。

2. 专门住房。“专门住房”是瑞典官方对所有公共养老机构的统称，主要分为服务之家、服务式老年公寓、老年之家、疗养院和集体之家五类。

服务之家与服务式老年公寓。二者在居住环境和建筑形态上稍有差别，但养老服务职能相同。享受的公共服务项目与“老年住房”一致，但只需要老人缴纳少量的房租，并且低收入入住者还可以享受政府补贴。

老年之家。针对需要长期持续照料的老人，特点是集体居住，居住空间较为狭小，但有独立卫生间，有公共活动室和公共餐厅，提供24小时照护。

疗养院。主要为入住老人提供医疗护理服务，除满足日常基本医疗需求之外，针对老年痴呆治疗、临终关怀需求还提供专门的服务。是一种医养结合紧密的养老服务机构。

集体之家。主要为认知受损老年人提供服务，集体居住，6人一组，每个人有独立的房间，公共区域集体使用，由通过专业选拔的人员驻点提供24小时服务。

值得注意的是，近年来，随着瑞典经济衰退、老人的情感需求和学界呼吁，以老人亲属提供养老服务的“非正式养老服务”正在逐步回归居家养老服务，但由政府为“非正式养老服务”提供支持，并由国家财政提供资金支持。

（二）英国的养老服务体系与经验

作为最早实施社会福利制度的国家，英国公民将政府为人生中的生老病死提供服务和保障视为自己的基本权利。但这种“公民权利”在福利上的体现与瑞典不同，瑞典强调公民无差别的平等福利权利，英国的“全民保障”并非“全民平等保障”，而是通过不同方法、标准和渠道覆盖全体公民，是“选择型”和“普惠型”的结合。

从20世纪50年代开始，英国的养老服务体系经历了机构养老，到石油危机爆发后的“去机构化”与“社区照顾”，及80年代的“在社区照顾”走向“由社区照顾”，再到90年代的社会化和私营化改革。并于1990年颁布《社区照料法》，由中央政府医疗卫生部门统筹管理治疗性的康复照料服务，地方社会服务管理部门统筹管理非治疗性的社会照料服务，鼓励私营部门和社会组织参与购买服务，以“使用者付费”或“政府补贴使用者共同付费”机制取代政府提供的免费服务。截至2012年，由地方政府出资建设与管理运营的养老服务机构约占16%，社会组织约占21%，其余由私营部门提供。

经过几十年的探索，英国逐步发展形成了以社区照顾为主的四大服务项目，包括居家照护、社区医疗服务、社区照顾、机构养老等四种养老服务项目。

1. 居家照护。一般针对居家但活动不太方便的老年人。根据老年人身体、经济和需求状况，由照护者提供每天几次或者每周几次的服务，包括助洁、做饭、穿衣、个人照护、送餐上门等生活服务，以及注射、吃药等需要一定医护知识的服务。这类服务大多由公立或慈善机构提供，后者提供的服务通常是免费的。另外，志愿者可以帮助老人买东西、清理花园以及陪老人聊天等。

2. 社区医疗服务。全民免费医疗服务体系中的“初级医疗卫生”项目，包含老人健康服务的子项目。该项目明确每个患者都有一位全科医生，全科医生与NHS（英国国家医疗服务体系）中的家庭健康服务局建立契约，担任社区内健康服务工，并扮演二级医疗服务“守门人”角色，负责在老人病重或有特殊需要时进行住院等转诊服务。

3. 社区照顾。包含三个主要功能：一是提供日间护理，为老人提供康复和护理服务。二是承担日间照护中心功能，为老人提供日间照护服务。老人白天待在社区照护中心，晚上回家居住。日间照护中心为老人提供膳食、康乐和心理疏导和喘息服务，一些民营机构还提供日托服务。三是提供社工支持，虽然社工并非专门为老人提供服务，但社工在社区养老服务中承担着不可替代的角色。

4. 机构养老。和瑞典相似，英国的机构养老也有四种形式。

住院照护。为重疾老人提供的长期住院护理，但长期住院护理费用较高。

护理院。主要为鳏寡孤独、生活自理能力较差、需要长期照护、缺乏家庭支持的老人提供服务，类似于我国古代救济院。当然其服务质量要远远高于救济院。在满足老人的基本生活需求之外，还提供了专业的医疗、康复和护理服务等。

养老院。主要向非失能老人提供助餐、助浴、助行、助厕等服务，同时由全科医生提供医疗服务。

老年公寓。为生活基本能够自理、对他人依赖不大并且有人照护的老年人提供服务，一般是平房或者是专门建的养老院。公寓有医疗、保卫人员，还配有紧急呼叫装置，相对独立，有个人隐私空间，但也有服务和公共的休息区域。因为比较适合于大部分老年人，老年公寓占护理机构比例较大。

从其养老服务内容看，在英国的养老体系中，医疗健康护理贯穿了四大项目，医养结合比较紧密。

（三）日本的养老服务体系与经验

日本于20世纪70年代步入老龄化社会，是世界上最早进入老龄化社会的国家之一，也是当前面临老龄化问题最严重的国家之一。日本政府于 1989年开始实施社会养老《黄金计划》，1994年实施了《新黄金计划》，2000年开始实施《介护保险法》，每次养老政策制定和调整均有中央层面的立法行为作为法律保障。《介护保险法》第一条明确规定："因年老而发生的身心变化所引起的疾病等原因，国民陷入需要介护的状态，入浴、排便、饮食等需要照顾，需要机能训练和护理，需要疗养及其他医疗，为其提供必要的保健医疗服务和福祉服务，使其能够有尊严地度过与其具有的能力相适应的自立生活。"

目前，日本养老服务体系是基于《介护保险法》建构的，日本中央政府和地方政府在养老服务领域引入市场竞争机制，通过"定向委托"和"公开招投标"的方式鼓励社会资本参与养老服务供给，并赋予老年人自主选择权，以满足个体化的服务需求。其中，中央政府服务则服务整体调整规划、资金筹集、监督协调，及向弱势老年群体提供免费的兜底性救助时招呼服务；地方政府根据实际财政水平及老年群体的具体服务需求，自主制订社会养老服务计划和开展服务项目。在这种格局下，逐渐形成了由中央政府、地方政府、社会组织、市场、居民等多元主体共同参与的养老服务体系。该体系以居家养老为主体、社区提供咨询服务、机构养老为补充。老人根据自身需求可以选择接受不同等级的居家护理服务，也可入住疗养院、托老所、护理院等来享受设施服务。

日本的介护服务大致上分为居家介护服务、社区咨询服务和设施介护服务三种。

1. 居家介护服务。主要针对选择居家养老人员和暂时未能住进养老机构的人员。服务形式主要包括上门服务、往返日间照料服务和养老用具租赁服务等。上门服务内容主要包括助浴、助食、护理，家政援助、定期访问、应急访问、夜间应急等服务项目；往返日间照料服务的主要内容是白天接送老人进行健康检查、身体机能训练、午餐和洗澡等服务；养老用具租赁服务主要是针对行动不便但仍想在家养老的老人，通过租赁的方式将适合老人身心状况和生活环境的养老用具提供给老人，以帮助老人维持和改善身体机能及生活能力。

2. 社区咨询服务。主要为老人及家属提供咨询服务，由保健师、社会福祉师等专业护理人员免费为老人提供疾病预防等咨询服务。

3. 设施介护服务。根据服务对象、经营主体的不同，日本的养老机构可分为护理保险设施、老年公寓、低收费型养老院、高收费型养老院四类。

护理保险设施。包括老人护理福祉“设施”、护理康复“设施”、医疗型病床三类，这些“设施”主要接纳达到相应护理级别的老人。老人护理福祉“设施”的服务对象是达到中度或重度护理级别的养老护理对象。护理康复“设施”的服务对象主要是因为伤病入院治疗后，还需要继续接受康复治疗，但病情已经处于较为稳定状态的老年人。医疗型病床则是开设在医院里的特殊病床，因为在医院内可以24小时实施专业的医护服务，拥有医疗型病床护理服务的老人都是需要长期住院治疗的对象。

老年公寓。主要接收援助级别低、行动方便但有明显的老年痴呆症症状、不具备独立生活能力的老人。工作人员和老人一般按1∶3的比例配置，人数限制在10人之内，居住环境和家庭较为接近。

低收费型养老院。主要接收经济条件一般或较差，而又缺少子女和亲属照顾的60岁以上老人。由于低收费型养老院受运营成本的限制，无法提供深度的护理服务，如果老人身体状况恶化导致生活不能自理，就需要转入其他类型的养老机构。

高收费型养老院。一般由市场主体经营，收费高、服务好，入住之前还要支付一笔不菲的入住金。

此外，日本通过构建“地域综合护理”体系，具有小规模、近距离、一站式、专业化、多样化等特点：注重在日常生活圈中加强医疗与介护的紧密合作，延长健康寿命；为了避免因健康恶化陷入要介护状态而加强介护预防；充实高龄者居住和生活服务。得益于日本发达的医疗技术和全覆盖的医疗保险制度，其国民能够随时随地就地就诊，实现了“医院完结型”向在宅医疗、地域治病的“地域完结型”模式的转变。

二、国内城市养老先进经验

（一）上海嵌入式社区养老模式

上海是我国最早进入老龄化社会的城市，也是我国老龄化程度最高的大型城市，截至2017年底，上海市老龄化比例达到14.3%，位居全国首位。

面对强烈的社会需求，上海市推行了“嵌入式”社区养老，打造“15分钟养老服务圈”，构建“1+2+3”养老服务网络（所谓的“1”，是“一个服务圈”，就是“15分钟养老服务圈”；“2”是实现“两级服务供给”，也就是“综合为老服务中心”+“家门口服务站点”；“3”是实现“三大服务场景”，让老年人在“综合为老服务中心”或“家门口服务站点”或“直接在自己家里”接受到养老服务），建成“一站多点”的社区养老综合服务体系，让养老服务与居家之间只有“一碗汤的距离”，实现了机构养老、社区养老和家庭养老的有机整合，使社会养老更加便利、可及，老人出行成本更低。

根据社会嵌入理论和各社区老人需求、社区资源的具体情况，通过利用社区可调度的物业，实现资源嵌入、功能嵌入、管理嵌入老人日常居住的环境和文化、人际，满足老人养老的需求，因而各社区可根据自身的特点，在标准化的基础上设定不同的特色化养老服务，更能满足老人的个性化需求，让“六个老有”在社区落地。比如，静安区的芷江西路综合为老服务中心入驻了街道老年协会、居家养老服务中心、社区卫生服务站等社区“标配”，引入了乐慈爱老服务中心、福寿康居家康复护理服务机构等专业机构，设置了日间照护、康复护理、便民驿站、休闲娱乐、餐饮服务、医疗诊治等6大区域，各类沙龙和科技助老系列培训班等服务一应俱全。在这里，老年居民可以享受各式各样的服务：老年餐厅在中午提供午餐，下午成了怀旧咖啡馆，老人可以在这里喝咖啡听音乐。社区老年课堂开设了十数种课程，包括戏剧沙龙、影视留声机、科技助老讲座、心理咨询等。便民驿站提供老人离不开的理发、修小家电、缝纫修补服务。中心除了专业服务人员，还有很多志愿者，包括心理咨询师和律师等。中心满足了老人多元的养老服务需求，为居家养老服务提供了服务平台，为家庭养老角色转变提供了支撑，整合了社会资源，形成了综合性服务的枢纽型平台。

（二）北京社区“养老驿站”

北京作为中国首都，是我国人口和资源聚集地，是老龄化程度仅次于上海的城市。其社会养老服务体系较为完善，居家养老、机构养老和社区养老均实现了标准化建设；经过多年探索，养老服务机制也日趋成熟，2018年成为国家居家养老和社区养老改革示范区。

北京社区“养老驿站”服务体系建设，作为养老服务体系中至关重要的组成部分，2016年出台了《关于开展社区“养老服务驿站”建设的意见》：作为北京市构建市、区、街道（乡镇）、社区（村）四级养老服务体系的基础，是居家养老体系建设依托日间服务平台；整合利用社区各类物业，与镇街养老服务中心建立合作，设计了日间照料、呼叫服务、助餐服务、健康指导、文化娱乐、心理慰藉六大基础功能板块；打造“一刻钟服务圈”，就近为有需要的老年人提供生活照料、陪伴护理、心理支持、社会交流等服务；由法人或具有法人资质的专业团队负责运营，是政府为社区老人提供养老服务的重要载体，实现老人理发、吃饭、日间照料一站式解决。

为了支持社区养老驿站的可持续发展，2018年出台了《北京市社区养老服务驿站运营扶持办法》，由财政对养老驿站的运营机构提供服务流量、托养流量补贴和连锁运营补贴、维运支持；2019年发布了《社区养老服务驿站设施设计和服务标准（试行）》，对社区养老驿站建设具体标准进行了规范，明确社区养老服务驿站可以采取“主体服务区+加盟服务点”模式为老人提供服务。将服务站点建在居民家门口，老人赶上家里装修，还能申请在里面住上一段时间，解决了为老服务的最后一公里问题。

（三）杭州智慧养老服务体系建设

2016年，杭州市印发了《关于开展杭州市智慧养老综合服务转型提升工作的实施方案》，对杭州市智慧养老项目进行了安排部署。2017年初，随着市级监管平台正式启用，养老服务热线开通，杭州市正式启动了“智慧养老”综合服务项目。智慧养老服务以搭建统一的智能监管评价体系为突破口，以“市场化+”引导和支持民间资本和社会力量进入养老服务领域，以“互联网+”积极运用大数据、物联网、人工智能等技术对传统养老服务业态进行改造升级，全面推进智慧养老服务体系建设。

智慧养老体系建设的核心是通过大数据手段实现市级监管平台的搭建和对各区服务商平台服务质量监管。杭州市政府通过公开招标产生了市级“智慧养老”监管平台开发（运维）单位，推进“两平台两中心”建设。其中，市级养老服务综合信息平台作为数据中枢，平台数据将作为监管平台基础数据；市级监管平台主要承担对各区平台服务商提供的养老服务内容过程、质量等方面进行综合考核评价，动态反映平台服务商真实服务情况，作为市、区两级民政部门对各服务商考核、资金拨付的主要依据；“96345100”呼叫中心作为全市统一的养老服务热线，主要承担“智慧养老”服务相关咨询、投诉建议，对服务商服务质量进行跟踪回访，定期提供回访数据报表；杭州市“智慧养老”展示中心以大屏展现的形式，反映全市养老数据综合分析、统计、展示等，并在展示中心内同步实现品牌展示、服务运营、客户体验、专业交流等功能。

智慧养老服务平台主要功能是为70周岁及以上空巢、独居、孤寡老人，80周岁及以上高龄老人，以及享受政府养老服务补贴的老人这三类群体提供服务。服务内容包括助急、助洁、助餐、助医、助浴、助行、助聊等在内的13项服务，通过大数据打通居家老人与外界资源之间的信息阻隔，完成居家养老的服务递送。

智慧养老作为杭州市养老事业建设的重点工作，代表着杭州市社会养老事业发展的未来方向。为确保智慧养老事业的可持续发展，杭州市出台了《杭州市市级养老服务资金补助实施办法（试行）》，将智慧养老作为居家养老的重要项目，列出专项，由市财政按照实际支出的50%给予补助。

当然，杭州居家养老服务体系除了智慧养老平台的打造外，还推出了“嵌入式”微机构，为失能失智老人提供服务；试点老人家庭适老化改造、试行居家养老“一卡通”，从“吃”“住”“用”上进行适老化环境和为老服务能力升级改造；推出“喘息服务”计划，为家中主要照顾者提供短期入院式照顾服务，缓解照护者照顾的压力，建立长者扶持的长效机制。

通过对国内外的典型国家与城市分析后发现，社区养老是一种国际通行做法和选择。将养老环境、服务、管理嵌入了老人熟悉的生活环境，老人不需要离开家庭和日常社交圈，也不用完全依靠家人，就能获得养老服务，既满足了老人居家需求，也降低了机构养老的财政负担，对于深圳市龙岗区推进社区养老服务有着重要的启示和参考价值。

第3节 龙岗养老服务现状与创新探索

深圳是特区，作为特区的特点是“摸着石头过河”，边尝试边总结经验。社会经济的高速可持续发展的要求和人口老龄化的现状，对深圳的养老模式提出了高要求。然而，深圳的养老服务事业相较于北上广等城市有着很大的差距，其规划建设无法应对该地区即将到来的老龄化高潮。面临这一处境，深圳不敢懈怠，各区根据实际展开了探索与实践，开启了深圳养老服务事业的“追赶之旅”。

一、龙岗区人口老龄化的现状与需求

深圳市地处珠江三角洲前沿，是全国重要的经济中心和科技创新中心，作为副省级计划单列市和国家综合配套改革试验区，国际影响力和知名度也不断扩大。目前深圳市下辖9 个行政区、1 个新区和深汕合作区。龙岗区位于深圳市东北部，占地388.59平方千米，占深圳市总面积的19.4%，是深圳市土地面积排名第二的行政区，仅次于宝安区。下辖平湖、布吉、坂田、龙城等11 个街道和111 个社区。龙岗区处于珠江口东岸深莞惠城市圈几何中心，是深圳辐射粤东粤北地区的“桥头堡”，是深圳市未来规划中的东部中心。

近年来，在大量外来人口迁入的过程中，老年人口呈井喷式增长。深圳市法制办公布的数据显示，截至2017年底，全市户籍老年人

28.87万，占户籍总人口的6.6%；按照常住人口统计大约有90万老年人，加上内地来深投靠子女和“候鸟”型老年人，实际上有超过120万的老年人。年轻的深圳目前也要承受约120万人的养老问题，与严峻的老龄化趋势相对应，深圳养老产业的建设相对滞后与单薄。

以龙岗区为例，截止到2018年底，全区共有户籍人口75.7万，其中60岁以上户籍老人3.16万，占户籍人口的4.1%。相较于户籍人口老龄化形态，常住老年人口不仅基数大，而且增速快。2000年常住老年人口为2.19万，占全区常住人口的1.57%，到2010年增至5.18万，10年间增长了1.36倍，占全区常住人口比例提升为2.75%。到2018年，快速攀升至23万，8年间增长了3.44倍，占比也相应增加至8%（见图5和图6）。预计2025年，龙岗区户籍老人将达10万，占全区户籍人口的比例提升至6.5%；常住人口将达418万，常住老人将达33万，常住老年人口占常住人口的8%。

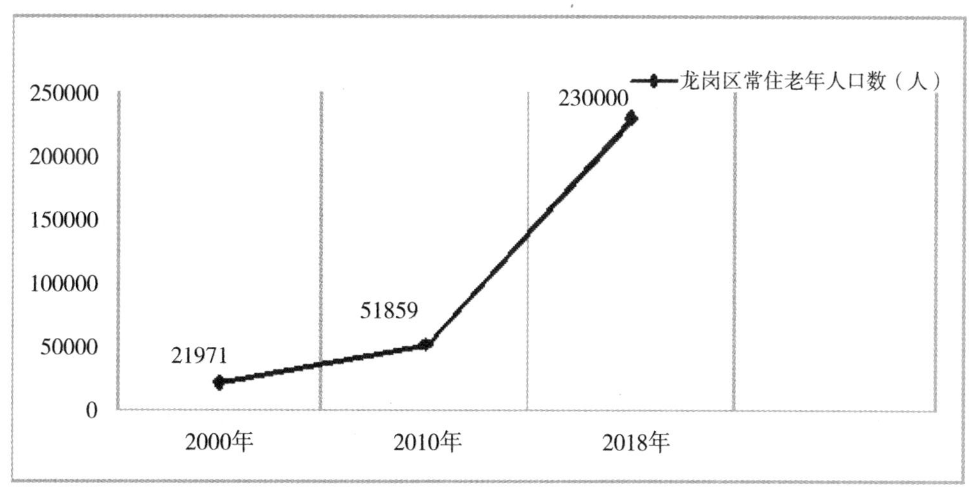

图5 深圳市龙岗区常住老年人口数据变化折线图（2000—2018）

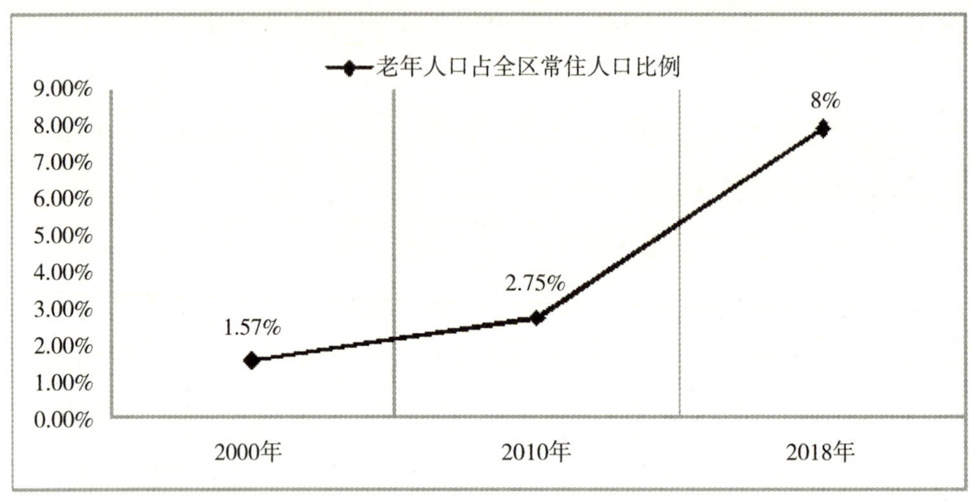

图6 深圳市龙岗区老年人口占全区常住人口比例（2000—2018）

从过去十几年的老年人口构成和增速来看，龙岗区老龄化整体进程在加快，并且出现户籍老人与非户籍老人严重倒挂现象。到2020年，龙岗区常住老年人口预计达到13.4万，户籍老年人口达到3.16万，前者是后者的4倍。

但龙岗区在养老需求回应方面明显不足。首先，养老设施不足。目前该区有街道敬老院5家，公办民营养老机构1家，民办老人日间照料中心3家、养老服务机构3家。全区养老机构共有床位1179张，其中公办养老机构提供床位339张，民办机构提供床位840张，每千名户籍老人拥有养老床位37.3张，养老需求床位预计数为1246张，总体上相差67张。但由于综合服务能力不能满足居民需求，造成床位空置率较高，民营机构提供的床位并不能有效保障当地养老需求，养老床位的实际需求仍然较大（见表1）。其次，养老服务人才极度短缺。目前全区登记注册的养老服务人才只有239人，管理者44人，医护人员31人。最后，对常住人口养老问题尚未引起足够重视。目前政府在回应养老问题中往往仅限于户籍人口，包括人口统计路径、养老需求梳理、养老服务建设等，显然与"来了就是深圳人"的"深圳精神"不相符合，也不利于吸引和留住人才。整体而言，为满足快速老龄化与养老服务需求，养老服务事业面临较大挑战和压力。

表1　龙岗区养老机构床位使用情况

机构性质	床位数（张）	空置数（张）	空置率（%）
民办	840	603	71.79
公办	339	116	34.22
总体	1179	719	60.98

随着人民生活水平提升和对美好生活的向往越发强烈，不仅养老服务需求量显著增加，人民群众对服务品质也提出更高要求，且不同人口特征和社会经济地位群体对于品质的需求也呈现显著差异。为回应这种多元化养老需求，未来养老服务将更加灵活、多样、精细、人性化。

二、龙岗区养老服务事业的发展沿革

（一）机构养老为主导的初级阶段

在1993年建区前，龙岗地区基本以公办养老机构为主，即敬老院。这类机构建成于20世纪八九十年代，由民政公益资金出一半资金，当时的镇政府出一半资金共同兴建。在前者的扶持和激励下，大大调动了镇政府兴建敬老院的积极性，随着经济社会发展，这类机构普遍存在定位过时、设施投入不足、产权不清晰、身份不明、经费保障不足、人员素质不高等问题。首当其冲的是定位过时。当时仅用于接收供养散居的户籍“五保”老人，随着老年人口增多及社会养老需求增大，其功能定位已不符合当前要求。其次是投入不足。各种基本设施设备大多停留在兴建时的档次水平，配套不健全，更新速度慢。

受到“孝道”文化的深厚影响，国人对敬老院养老普遍存在偏见，辖区内的乡镇养老院只有少数无人照料的老人入住，由国家和社会提供适当的物质帮助，保障其晚年基本需要，其衣食住行医皆由敬老院工作人员负责管理。缘于人们对养老事业认识上的局限，龙岗地区乃至深圳的养老事业滞留在初级阶段，与深圳城市高速发展的节奏极不相称。

龙岗建区后的近10年时间内，区内仅有布吉敬老院、平湖敬老院、坪地敬老院、横岗敬老院和龙岗敬老院等5家公办养老机构，服务内容均以生活照料服务为主，几乎不提供文化娱乐、心理支持、临终关怀等精神层面的服务，且普遍存在环境差、设备简陋、没有内设医疗机构等问题，不具备打造医养一体化的软硬件环境，难以为老人提供有效的医疗康复服务。这种传统养老机构和养老模式已不能满足城市快速发展背景下的养老服务多样化和个性化需求。

（二）养老服务多元化的探索阶段

21世纪初期，相比较传统的“敬老院”养老服务方式而言，龙岗区的养老服务有了更为丰富的呈现。

“老年星光计划”开始启动。2001年，民政部提出“社区老年福利服务星光计划（简称‘星光计划’）”。该计划以福利彩票公益金的资助为手段，依靠区、县政府的组织领导，广泛动员社会参与，大力挖掘社区资源，建立和完善社区老年福利服务网络，为居家养老提供支持，为社区照料提供载体，为老年人活动提供场所。为响应民政部的文件精神，深圳市龙岗区的“老年星光计划”随之启动并开展推进工作。截至2011年，龙岗区建设社区“星光老年之家”205家，这是当时龙岗区投入最大、覆盖面最广的老年福利工程，使老年人活动和服务设施得到显著加强。

居家养老服务初步探索。为加快推进社会福利社会化进程，促进老年福利事业发展，2006年，民政部下发《关于开展养老服务社会化示范活动的通知》，广东省民政厅也相应颁发了《关于开展社区居家养老服务示范活动试点工作的通知》。深圳市龙岗区民政局为响应民政部和广东省民政厅的要求和文件精神，研究制定了《深圳市龙岗区社区养老服务的实施方案》，推进社区居家养老服务工作。该方案以保障老人群体中的高龄老人（80岁以上）和特殊群体老人（包括分散供养的“三无”老人、低保、重点优抚老人）为重点，以落实老有所养、老有所医、老有所为、老有所教、老有所学、老有所乐的“6个老有”为目标。2008年，龙岗区在全区社区开展居家养老服务，以发放服务代币券的形式使4925名符合服务条件的老人享受到政府出资购买的居家养老服务，共投入居家养老资助金1424.4万元。截至2012年，龙岗区建成全区居家养老服务信息平台，有1300多名符合条件的老人自愿申请享受到政府出资购买的居家养老服务。

养老机构“公办民营”开展试点。2011年，位于龙岗街道南联社区龙溪村的龙岗街道敬老院被列为深圳市首批街道敬老院“公办民营”试点单位，对硬件设施进行完善，规范护理院资质，建立专业化服务队伍，完善各项制度，还注重老人的精神文化娱乐和康复服务，引进深圳市任达爱心护理院运营，并更名为“龙岗任达爱心护理院”，同年4月正式对社会老人开放入住。作为深圳第一个“公办民营”的创新试点，正式运营后就向社会公开了200张养老床位，并向社会所有老人开放，出现了公办养老院一床难求的局面。相较于仅限于服务“五保户”等政策指定的老人的其他公办的街道敬老院，有了质的变化。

社区老年人日间照料中心落地。社区老年人日间照料中心是指为社区内生活不能完全自理、日常生活需要一定照料的半失能老年人提供膳食供应、个人照顾、保健康复、休闲娱乐等日间托养服务的设施，是一种适合半失能老年人的“白天入托接受照顾和参与活动，晚上回家享受家庭生活”的社区居家养老服务新模式。作为居家养老服务的补充，深圳市龙岗区研究制定《龙岗区养老设施建设标准》《龙岗区社区老年日间照料中心建设标准》，使得社区老年人日间照料中心建设工作有了标准依据，从而促进了社区养老服务的标准化建设。截至2015年12月底，当时全区8个街道的社区老年人日间照料中心建设工作完成。

从2016年至2026年，是深圳市龙岗区进入老龄化阶段以前，提前筹备、大力发展养老服务业的“黄金十年”。社会养老理念逐渐转变，养老院从迫不得已的选择变为一种可接受的养老方式。从环境简陋、设施老化、服务单一的“敬老院”养老，到居家养老、社区服务养老、机构养老同步推进的养老格局，深圳市龙岗区的养老事业呈现出一条由单一到多元、再到综合的发展脉络。这一脉络成为接下来的“夕阳红”养老服务体系建设的基础，循序渐进的探索之后，迎来了“夕阳红”的明天。

三、新时代龙岗区养老服务模式创新

《礼记·礼运篇》中“天下为公”的社会应是“……故人不独亲其亲，不独子其子，使老有所终，壮有所用，幼有所长，鳏寡孤独废疾者皆有所养……”。

千百年前，晚辈给长辈养老送终是中国的传统。千百年后，现代化和城市化催生着养老方式的变化。但人们对家庭的责任意识，对老人的关爱并没有被冲淡。就算是在人口流动性最大的珠三角地区，在外来人口占据绝大多数的深圳，子女们还是希望就近照顾父母。即便愿意接受更多新鲜的养老方式，老人们也多倾向在熟悉的环境中颐养天年。

2019年政府工作报告中指出：“要大力发展养老特别是社区养老服务业，对在社区提供日间照料、康复护理、助餐助行等服务的机构给予税费减免、资金支持、水电气热价格优惠等扶持，新建居住区应配套社区养老服务设施。”政府工作报告强调的“社区养老服务”再次明确了我国未来养老发展的方向。

如何让老人能够在熟悉的环境中养老？如何才能满足老年人就近养老的愿望？近年来，深圳在探索养老新模式上做了很多尝试。深圳市龙岗区就是典型范例，该区对于建构现代化养老服务体系有清晰的定位和思路：以居家智慧养老为基础，社区养老为依托，机构养老为支撑，推动形成区、街道、社区、家庭四级联动的“夕阳红”养老服务体系。这是龙岗区立足实际，聚焦老人群体，积极探索新时代养老事业发展的新路径。

深圳市龙岗区作为深圳市的产业大区和人口大区，一方面人口老龄化问题日益凸显，另一方面养老问题也是龙岗历史遗留的短板问题，养老设施建设欠账多、缺口大。为此，深圳市龙岗区民政局践行“民政为民、民政爱民”工作理念，主动作为，勇于创新，积极推动社区民生微实事“夕阳红”都市养老模式在龙岗落地生根，并取得阶段性成效。截至2018年12月，47个社区“夕阳红”都市养老服务中心项目已投入运营，64个在推进，其最终目标是实现111个社区全覆盖。

推动这一养老模式的发展需要几个要素：一是思想共识；二是组织体系建设；三是制度保障；四是统一规范；五是打造核心亮点；六是整合资源。

达成思想共识是开展工作的有效推力。在实践过程中，龙岗区形成了三点思想共识：一是社区“夕阳红”都市养老服务关系民生、连着民心；二是全区“夕阳红”都市养老模式聚焦特殊群体，聚焦群众关切；三是补齐民生短板、保障困难老人生活是党员干部共同的使命担当。

推行社区“夕阳红”都市养老新模式，组织体系建设是关键。为此，龙岗区民政局从健全机制入手，确立了“夕阳红”都市养老服务“三级中心”，即成立区“夕阳红”都市养老指导中心、街道“夕阳红”都市养老管理中心、社区“夕阳红”都市养老服务中心，并明确了“三级中心”各自的职责定位，以统筹协调各方力量、形成工作合力。其中：“夕阳红”都市养老指导中心由区民政局主要领导担任负责人，负责做好管理制度顶层设计；街道“夕阳红”都市养老管理中心由街道办分管领导担任负责人，负责落实综合监管措施，确保规范化、标准化运作；社区“夕阳红”都市养老服务中心由社区工作站站长担任负责人，负责实施各项具体运营管理工作，为老人群体特别是困难群体提供“方便、快捷、亲切、暖心”的高效优质服务。在具体分工上，龙岗区民政局注重全区性的统筹指导；各街道“夕阳红”都市养老管理中心注重实施综合监管措施；各社区“夕阳红”都市养老服务中心注重办好“夕阳红·长者食堂”，重在向社康中心和居家智慧养老延伸。

近年来，党中央、国务院高度重视养老服务，相继出台了一系列政策指引。如何将宏观政策与龙岗具体实际结合起来，是社区“夕阳红”都市养老模式能否取得实效的关键。2018年7月，龙岗区印发了《深圳市龙岗区社区民生微实事“夕阳红”项目建设与运营管理办法（试行）》，将上级宏观政策具体化，同时将社区“夕阳红”都市养老项目纳入龙岗区“民生微实事·大盆菜”范畴。

在充分调研和反复论证基础上，龙岗区民政局制定实施社区“夕阳红”都市养老模式“1+6”办法。“1”即制定实施项目建设与运营管理办法，“6”即社区“夕阳红”项目建设标准、运营服务、长者食堂、资助申报、监督管理、考核办法6项配套措施，较好地解决了社区“夕阳红”都市养老模式怎么建、建好后怎么运作的问题。在经费保障方面，龙岗区将民生微实事“大盆菜”延伸到社区“夕阳红”，项目建设运营、设施设备购置等相关经费优先从“大盆菜”项目予以保障，同时实行多渠道资助，确保重点困难群体服务全覆盖。

同时，龙岗区积极响应市级政策，对户籍60周岁以上的低保户、低保边缘户、“三属五老”等困难群众及户籍85周岁以上老人实行“一日三餐”免费助餐服务，将市里有关户籍70周岁以上老人每餐5元补助以及每人次2元送餐补贴这三项政策落实到位，惠及特殊困难群体，增强其获得感、安全感和幸福感。

第四个要素则是实施统一规范标准。实行“六个统一”，即统一服务标识、统一服务对象、统一服务理念、统一服务标准、统一运营模式、统一清单管理，以此作为“夕阳红”都市养老的特色亮点。在此基础上，龙岗区还实施“310”清单管理，针对“夕阳红·长者食堂”、保健康复、娱乐活动、辅助功能四大功能区，制定实施长者食堂工作规则、长者食堂食品加工规则、长者食堂就餐公约、心理疏导室工作规则、保健康复室管理制度、学习制度、娱乐活动规则、书画室文明公约、居家智慧养老服务平台管理制度、办公值班室工作规则等10项监督管理清单，以确保社区“夕阳红”都市养老服务中心标准化、规范化、精细化运作。

“夕阳红·长者食堂”是龙岗区“夕阳红”都市养老新模式的重点工程及亮点。在项目推进过程中，龙岗各社区“夕阳红”都市养老服务中心面向全区户籍和常住老人提供助餐服务，重点保障低保户、“三无户”等困难对象和户籍85周岁以上老人就餐，为符合规定的重点保障对象提供一日三餐免费用餐服务，让老人们充分享受改革开放的发展红利。这成为龙岗以民生需求为导向、以民生幸福为落脚点推进“夕阳红”项目的一个缩影。

“夕阳红”都市养老服务项目要办得好、办得长久，资金来源问题非常重要。对于如何融合多方力量参与，整合资源，龙岗区有自己独到的做法。通过“政府补一点、慈善捐一点、企业机构让一点、服务对象出一点”的办法，旨在建立多种资助渠道，缓解资金难题。同时，通过资源整合还突破了场地局限这一大难题。一方面，社区“夕阳红”都市养老服务项目将社区星光老年之家、幸福老人计划等民政领域带“老字号”的经费、设施资源实行优化整合，形成社区老年人综合养老服务平台；另一方面，在场地利用方面，部分社区“夕阳红”都市养老服务项目还与社区党群服务中心实行了资源共享，将社区老年大学、党建书吧、文体娱乐等资源共享共用，既避免了原有部分场地空置浪费问题，又提高了场地整合使用效率。

如今，龙岗区民政局正在积极推进区“夕阳红”养老护理院和各个街道“夕阳红”敬老院建设及“居家智慧养老”建设，积极探索建立“互联网+智慧养老平台+呼叫中心+智慧终端”的智慧养老服务模式，全面打造街道、社区、居家三级养老服务体系，打通养老服务信息传递和服务递送的“最后一公里”，旨在让老人足不出户就能享受便捷、优质、高效的养老服务。所有社区“夕阳红”都市养老服务中心均与附近的社康中心签订了服务合作协议，实行“医养结合”，由专业医护人员定期上门为老人提供服务，开辟就医“绿色通道”，给居民们带来实实在在的福利。部分街道已启动“医养结合”项目，“嵌入式”的社区养老体系和智慧健康服务能力建设正在紧锣密鼓地推进。

深圳市龙岗区“夕阳红”都市养老模式已落地生根，各街道根据实际情况在项目选址、服务能力体系建设上各具特色，呈现出遍地开花的可喜景象。其中平湖街道通过“互联网+”养老体系建设，强化了社区“夕阳红”的服务枢纽作用，将街道、社区服务中心和居家老人链接在一起，打造了一张智慧养老服务信息数据网络，确保了信息及时传递和服务递送快速到达，实现“一键即达、一呼百应”。

2019年11月6日，龙岗区平湖街道、布吉街道均入选国家“第三批智慧健康养老应用试点示范名单”。深圳市龙岗区社区养老事业虽然起步稍晚，但起点高、发展快、质量好，既深受当地群众欢迎，也受到社会各界的广泛关注。入选工业和信息化部、民政部、国家卫生健康委员会联合出台的应用示范点名单，正是对深圳市龙岗区社区养老模式的充分肯定。

龙岗区“夕阳红”社区养老服务项目已初见成效，但如何实现高标准、高质量、规范化运营发展，仍须不断探索。

参考文献

[1] 曹炳良．老龄事业发展史上的重大转折点［J］．中国社会导刊，2008（5）．

[2] 杨根来．新中国养老服务70年发展历史脉络［N］．中国社会报，2019-9-30．

[3] 刘继同．中国现代社会福利发展阶段与制度体系研究［J］．社会工作，2017（5）．

[4] 陈茉．中国养老政策变迁历程与完善路径［J］．吉林大学，2018．

[5] 国务院新闻办公室，《改革开放40年中国人权事业的发展进步》白皮书．

[6] 胡广阔，汪璟，孙振兴．老龄化社会下的养老需求与居家养老服务模式研究［J］．发展月刊，2013（8）．

[7] 周红云．协同视角下居家养老服务体系建设研究［M］．中国社会科学出版社，2018，9．

[8] 杨维琴．家庭养老之孝文化的变迁与调适——基于文化人类学的视角［J］．东北农业大学学报，2011，12．

[9] 徐翌．我国养老文化的变迁与老年文化消费市场的培育［J］．经济视野，2015（18）．

[10] 徐倩，陈友华．典型福利体制下社会养老服务国际比较与启示［J］．山东社会科学，2019（2）．

[11] 林闽刚．东亚福利体制和社会政策发展［J］．浙江学刊，2008（2）．

[12] 马骁．当代瑞典养老服务体系研究［D］．山东大学硕士学位论文；柳桂龙．瑞典的居家养老服务研究［J］．劳动保障世界，2014（5）．

[13] 陈海钰．英国、日本社会养老服务体系研究及其经

参考文献

验借鉴［J］．湖北经济学院学报，2017（6）；柴化敏．英国养老服务体系：经验和发展［J］．社会政策研究，2018，3.

［14］史娜、张茂刚．日本养老服务体系对我国养老服务体系建设的启示——以日本三重县津市为例［J］．无锡商业职业技术学院学报，2018，2（1）；周扬、宋协毅．日本养老服务业的发展经验及对我国的启示［J］．大连大学学报，2018，2（1）．

［15］朱勤皓，上海社区嵌入式养老服务发展的探索与思考．中国民政，2017（16）．

第二章　样本透视：

龙岗区“夕阳红”都市

养老模式的体系建设

夕阳红满天

一直标榜“年轻城市”的深圳，也将面对“银发浪潮”。统计数据显示，预计深圳将在2023年进入老龄化社会。“家有一老，如有一宝”。何处安放这些老人的晚年生活？“让老年人拥有幸福的晚年，后来人就有可期的未来。”2019年全国两会《政府工作报告》如是指出。国务院总理李克强更是在答中外记者问时说：大数据显示，“一老一小”的问题需要得到更多重视。老年人能安度晚年，孩子们有幸福的童年，那就有千家万户幸福愉悦的家庭，也可以让青年人或者中青年人有更多的精力去就业创业。由此，符合老人心理需求和生活习惯的“居家+社区”养老模式应运而生。

本章重点解析深圳市龙岗区社区“民生微实事·‘夕阳红’”项目嵌入式养老服务，推进医养结合，促进老有所养、老有所为、老幼共融的创新实践，为深圳积极应对即将到来的人口老龄化，构建养老、孝老、敬老政策体系和社会环境，加快老龄事业和产业发展提供“龙岗经验”。

第1节 味蕾赞歌

民以食为天。

随着老龄化社会的来临，符合老人心理需求和生活习惯的“居家+社区”养老模式，成为当前人们最能接受的方式。深圳市龙岗区利用民生微实事建设“夕阳红”都市养老综合服务体系，重点打造“长者食堂”，悉心解决社区有需求的老人“哪里吃、吃什么”的问题。通过一份份严格把关的香喷喷、热腾腾的老年餐，龙岗区的老人们实实在在地感受到了“夕阳红”所给予的温暖。

老人用餐有了好去处。图为深圳龙岗社区“夕阳红”都市养老服务中心为老人提供“长者食堂”就餐服务的现场情景

一、运营与管理：“四个一点”助力“长者食堂”

一边免费享用政府补贴的午、晚餐，一边与邻里老人共话家常，其乐融融。前来就餐的老人们对“长者食堂”连连点头称赞，已然成为社区的一道亮丽风景。

破冰户籍壁垒“慈善捐一点”

“长者食堂”面向龙岗区50周岁以上的户籍和常住老年人提供助餐服务，重点解决高龄、孤寡、独居、空巢等老年人群的就餐需求。资金方面，采取“政府补一点、慈善捐一点、企业机构让一点、服务对象出一点”的办法，为符合规定的重点保障对象免费提供一日三餐的助餐服务。从解决吃饭问题入手，“夕阳红”让老人们充分享受到了深圳特区改革开放的发展红利，以此营造共建共治共享的养老服务新格局。

平湖街道白坭坑社区“夕阳红·长者食堂”堪称龙岗区“长者食堂”的建设标杆。这个“长者食堂”的布置十分温馨，墙面选择淡黄色，让老人仿佛有回家的愉悦感和舒适感；一幅“家的味道”裱装书法挂于墙上，老人们围坐在宽敞的就餐桌上，吃着用心制作的可口的饭菜，真正尝出了满满的“家的味道”。“我和老伴儿两个人是空巢老人，之前没心情做饭的时候，就随意将就一下了。现在不同了，有了长者食堂，我们常常来这里用餐，还能碰到许多同龄人一起聊天唠嗑，日子惬意多了！”白坭坑社区的常住居民刘阿姨高兴地说。

白坭坑社区的“长者食堂”按照标准设置，规划内设配餐区和就餐区，用餐标准为早餐6元/人，午、晚餐15元/人。如果是龙岗区户籍人口且年龄在60周岁以上的低保户、低保边缘人员、“三属五老”、特困人员、经卫健部门认定的计划生育家庭中失去独生子女或者独生子女三级以上残疾的老年人，或者85周岁以上的深圳户籍老人，就餐费用将全额由政府补贴。这部分人群可以享受“一日三餐”（含节假日）的免费助餐服务。

除了特殊人群，其他就餐老人则按用餐标准收费，不享受补贴。助餐时间为工作日的“一日三餐”时间。便捷的餐饮供应、健康的饮食搭配、实惠的餐单定价，“长者食堂”获得了不少白坭坑社区常住老人的青睐。

“我们吃的不仅仅是饭菜，更感受到了政府对老年人的关怀。我们为深圳的经济发展作出过贡献，深圳并没有忘记我们。”刘阿姨动容地说，因为“长者食堂”的开放，身边不少老年朋友都在无法家庭用餐时有了可去的地方，“食堂的建设已经是政府出了补贴，如今我们服务对象‘出一点’可以理解！”

特别值得一提的是，由于白坭坑社区的原住民较多，白坭坑社区还盘活社区慈善资源，在与社区一些慈善人士沟通后，运用慈善资金为“长者食堂”提供更多资金，帮助白坭坑社区的非户籍居民享受部分时段的免费用餐。原住民与外来居民，因为“长者食堂”慈善资源的搭台，两种身份的群体之间待遇鸿沟渐渐破冰。

盘活社区资源“机构让一点”

明亮的菜单显示牌高高地挂在配餐区墙上，三菜一汤荤素科学搭配、一排开来，让社区老者选择多多。这是龙岗区龙城街道社区“夕阳红”长者食堂内午餐的场景。据介绍，该“长者食堂”菜式每天均不一样，每周菜单都会更新。

该“长者食堂”运营商深圳市合嘉乐食品有限公司具备A级食品安全卫生等级和配送资质。作为一家龙岗本土企业，在了解龙城街道老人的用餐需求、用餐习惯、饮食口味后，做的餐品味道更符合龙城街道老人们的口味。同时，其区位较好，位于龙城街道的地理中心，能在半小时内将饭菜送达辖区内所有社区，因此成为街道“夕阳红”项目“长者食堂”的优质服务商。

经过深入洽谈，龙城街道“长者食堂”的运营商对老年人实行优惠让利。辖区老人在所居住的社区“夕阳红”登记之后，85周岁以上的户籍老人可免费用餐，50周岁至85周岁的老人只需15元即可享用营养美味的午餐，其价格接近成本费用。

愉园社区江叔是龙城街道“长者食堂”的常客，对夕阳红“长者食堂”服务赞不绝口：“孩子上班，我一个人在家，买菜做饭很麻烦。做的量也不好控制，之前午餐都在外面快餐店解决，不太卫生但也没办法。现在街道办起了‘长者食堂’，监管严格，安全卫生，荤素搭配，菜品每天都不一样，还有汤喝，价格也便宜，再也不用为做饭而烦恼了！”余阿姨是一名“太极拍拍操队员”，最开心的便是“长者食堂”的惠民价，即便和社区老年朋友玩到中午，也不用心疼饭钱而回家做饭了。“现在在‘长者食堂’，既便宜又方便！大家一起玩得高兴，不用中途扫兴而回家做饭了！”

龙城街道“长者食堂”深受辖区居民欢迎，社区老人都被“长者食堂”的菜品丰富和低廉价格所吸引，纷纷拉上他们的老年朋友过来用餐。据统计，目前已有近千名老人登记了用餐需求。

中央厨房配餐人工智能来帮忙

龙岗区首家“长者食堂·中央厨房”——坪地街道六联社区的“夕阳红·长者食堂”——独具特色。该中央厨房聘请了专门的厨师、营养师等，根据老人用餐需求量身定制老年餐，为坪地街道所有社区配餐。由于地理位置相近，中央厨房设在三楼，六联社区“长者食堂”设在二楼，因此，该社区的“长者食堂”吸引了不少周边老人过来用餐，他们能在第一时间尝到热乎乎的刚出锅的饭菜。

“主要是食堂周边的老人家，他们往往是上午来‘夕阳红’玩半天，中午到‘长者食堂’吃个饭。饭后可以在我们的康复床上休息，下午能继续在‘夕阳红’活动。全天流程无障碍链接，老人们都很喜欢。”六联社区“夕阳红”项目负责人介绍。除了六联社区，其他社区因为需要配送员配餐，因此老人们较少前往“长者食堂”，多在固定点取餐或由家人代领。

和坪地街道类似，多个街道由于缺乏资源，且考虑到就餐的安全性等问题，多选择与市面上的大型餐饮公司合作，让其为有需要的老人们进行配餐。可是，人数少了，餐饮机构不愿意配送；老人需求有变动，餐饮机构又不知情，很容易造成资源浪费。这种情况怎么解决？在互联网人工智能的助力下，“智能配餐”有望普及成为现实。

以横岗街道为例，该街道计划结合原有的智慧养老服务系统，因地制宜地依托“1个线上平台+1个中央厨房+N个社区mini智能餐柜”，缩短配餐时间，扩大配餐服务半径，为老人提供营养均衡、科学合理的助餐服务。根据规划，该项目计划以横岗街道六约新村、四联社区、横岗社区、怡锦社区为试点安装智能配餐柜，老人可通过电话、微信小程序订餐，并在就近的智能配餐柜刷脸取餐。此外，龙城街道“夕阳红”也将通过智慧点餐系统，老人用餐需求得以及时反馈，配餐资源能够有效流通。

深圳市龙岗区民政局主要负责人这样看待“夕阳红·长者食堂”之于社区养老的意义：“‘夕阳红’都市养老服务项目重点要办好‘长者食堂’，这不单纯是解决困难群众的吃饭问题，更有非常重要的政治意义。用大白话来讲：龙岗老人吃饭不要钱，就会感怀我们党和政府的好政策。”

无论是招投标运营机构建设中央厨房配餐，或是整合原有社区餐饮资源合作开办食堂，或是与有资质的市场餐饮机构合作，不同社区的运营模式取决于社区现有基础如何。管理理念因地制宜，提倡个性化发展，但所有的“长者食堂”都遵循一个原则，即运营机构全方位保证食材购进、加工、烹饪和备餐、送餐等环节的食品安全质量。

“夕阳红·长者食堂”的建设仍在火热推进中。根据规划，深圳市龙岗区民政局2019年将全面完成社区民生微实事“夕阳红”项目建设任务，力争111个社区全覆盖。而“长者食堂”建设，是“夕阳红”工作的“重中之重”。

二、安全与健康：严格把关，守护长者健康

百善孝为先，“夕阳红”最美。对于“夕阳红·长者食堂”而言，能为老人们量身定制最为健康可口的饭菜，让社区老人们“吃得放心、吃得舒心”，就是最大的满足。

79岁的白奶奶是坂田街道四季花城社区“夕阳红·长者食堂”的常客，她为政府养老服务的好福利点赞：“这一道道香喷喷、热腾腾、软糯糯的饭菜，传递的是经营者的用心，我们老人也吃得放心。”白奶奶常常约上三五好友一起，在“长者食堂”解决一日三餐。好几个月下来，她甚至都在“食堂”吃出了“家”的幸福味道，“常听年轻人说‘唯有爱与美食不可辜负’，我看长者食堂就是这样，不仅有美食，还有爱！”

正如白奶奶所感受到的，“长者食堂”对厨房装修设置、食品安全、加工制作、配送环节等，都有着严格而细致的规定。为了保障“长者福利餐”吃得更加放心，龙岗区民政局还在考虑，对“长者食堂”的监管，今后将移交给更专业的食品监管部门。

安全把控：高标准、严要求

“夕阳红·长者食堂”的食品安全控制可谓“高标准、严要求”。首先，“长者食堂”的食品安全等级应达到《深圳市餐饮服务食品安全量化分级管理规定》的B级以上；“长者食堂”运营单位应取得食品安全相关许可证书并严格按

照《深圳市餐饮服务食品安全量化检查表》要求自行对照检查，确保食品安全达标。运营单位还需自觉接受并积极配合食品安全监督管理部门的监督和检查，违反食品安全相关法律法规的，将依法追究法律责任。

与此同时，运营机构应参考有关标准保证长者食堂环境卫生，物品摆放有序，地面清洁干燥，墙面无油腻污垢，水池、地沟清洁畅通，防虫设施齐全、完好。从事直接接触入口食品工作的管理、服务人员每年必须予以健康体检，取得健康证后方可上岗，并定期接受卫生部门的健康检查。运营机构自觉接受社区工作站的日常管理，若发生疑似或认定为食品安全事故的，参与长者食堂服务的各单位应当配合政府相关部门的调查，并依法妥善处置所涉及的不安全食物。

至于“长者食堂·中央厨房”，送餐车应装有具备保温功能的送餐箱，保证餐品送达时温度适宜食用；出品菜品须加贴封条，并备注出品时间、配送时间、建议食用时间；封条上宜用长者容易辨认的字体字号，餐食食物宜用符合国家标准的食品级器具予以封装等。

以六联社区长者食堂为例，食堂所用的米、油、菜品原材料等，均是精挑细选特别采购而来，老人在这里完全可以“吃得放心”。宝龙街道南约社区“长者食堂”厨房器材配备齐全，饮水机、电冰箱、消毒柜、微波炉一应俱全。这个“长者食堂”为辖区50周岁以上的老人提供日常就餐、配餐服务，可实现线上、电话等预订，线下配送餐服务，能够满足老年人的整体养老需求。

餐品制作：既健康、又好吃

而为了让老人们“吃得舒心”，坪地六联社区负责人根据外地老者众多的特点，开展亮出你的“家常菜”活动，让老人们都来做一道自己拿手的菜肴。让四川人做四川菜、让本地人做客家菜，大家都把自己喜欢的菜品做出来分享，把自己家里的味道带到“夕阳红”中来。“这样做是一种融合，老人还是比较念家的，还是喜欢家乡的味道。因此我们就从饮食开始，让老人能够在‘夕阳红’找到家乡的味道”。

“我们食堂每月会把菜单张贴出去，做到丰富品种、样式，每天不重样。老人可以知道食堂每天都有什么菜，可以选择自己喜欢的菜品进行点菜”。当然，长者食堂首要的还是要老人吃得健康。设立在此的坪地街道“中央厨房”，配有一位专门的营养师，“我们除了在老人的菜品口味上下功夫，根据老人家的身体特点和时令变化，充分考虑老年人的饮食习惯和禁忌，作出合理的膳食安排确保饭菜质量，还尽量把姜、蒜减量使用，尽可能减少一些化学调味品的使用，免得老人家肠胃不适。”

营养师负责根据时令特点安排健康科学的饮食，厨师则负责“小锅”烧制出美味可口的饭菜。“现在是两荤一素一汤，每月的餐谱都会变化调整，特别是蔬菜的选择，一定做到季节性，保证菜品原材料新鲜健康，为老人着想。”

贴心的是，考虑到一些老人可能患有高血压、糖尿病等疾病，饮食上有诸多禁忌，一些街道社区“长者食堂”还特别推出“量身定做”。比如，龙城街道会特别记下用餐老人的身体状况，饮食方面有无要求等，从而进行针对性的制作和配餐，同时兼顾老人的味觉系统退化等情况，进行适当平衡。

“口味清淡，健康，容易消化，谢谢‘长者食堂’这么照顾我们老人家的胃口，太贴心了。”六联社区的一位老人边嚼着软糯的米饭，品尝着美味的菜品，边不由自主地竖起了大拇指。

由于每个社区的“长者食堂”不可能兼顾到所有周边小区的老人，因此，一些居住距离稍远的老人在来回“长者食堂”用餐的过程中，很容易出现危险状况。特别是遇到极端天气老人又要回家的时候，“夕阳红”的工作人员会感到特别被动。为此，坪地街道“夕阳红”项目运营机构还特意为所有“长者食堂”就餐老人购买了相关保险。

三、保障与服务：精心组织，满足长者需求

深圳市龙岗区民政局组织的一份调研数据显示，“夕阳红·长者食堂”老人愿意自行前往就餐的人数为164324人，占比59.2%；希望送餐上门的人数为101809人，占比36.68%；希望送餐上门并喂食的人数仅有7547人，占比2.7%。不少社区“夕阳红”的经营者们也发现，不少符合条件可以享受全额补贴的老人往往年龄较大，一旦居住地点稍远，他们往往不会选择前来就餐。另有部分老人已经卧床在家，压根没法出来享受用餐福利。

这种情况如何解决？龙岗区民政局要求，对于行动不便又有配餐要求的，应由“夕阳红”的项目运营机构指派工作人员、党员志愿者、老人互助组人员，将

餐食配送到老人住所。配送餐应及时、准确，饮食应保温、保鲜、密封，防止细菌滋生，符合相关卫生规范要求。另外，配餐到送达时间不可超过30分钟，且需符合食品安全相关要求，所有供应“长者食堂”的餐食实施48小时留样制度。

配餐服务：精准响应长者需求

坂田街道四季花城社区的老人们就更加愿意自行前往“长者食堂”就餐，这与该社区的老年人较为年轻、活动意愿较强有关。“他们可能出来散个步的时间，就顺便来食堂吃个饭了。对于他们而言，不仅是吃饭，街坊邻居们在一起拉拉家常联系下感情也是非常好的事情。”坂田街道四季花城社区相关负责人说，除非有的长者真的生病了，或者家里出了特殊情况，或者天气极端急需送餐的，该社区“长者食堂”都会聘请爱心志愿者为这部分人群免费送餐。为了保障送餐服务持续进行，该社区目前正在组建专业送餐的志愿者服务队伍。

对于坪地街道而言，除了六联社区“中央厨房”人气较高之外，其他社区的老人多选择配餐服务。“大部分都要求配送到家里，或者老人的孩子到时间点后约定去哪里取餐。之后再让老人拿张当天报纸合影拍照传回，从而保证是老人用餐。”坪地街道“夕阳红”相关负责人表示，目前配送人员力量有限。该街道也在进一步思考送餐区域大、人员分散的问题如何解决。

龙城街道也面临着“配送人数过少、地点太分散”的难题。该街道计划与市场上的餐饮公司合作配餐。由于分散配送人工成本较高，老人就餐需求流动性较大，目前这个问题正在探索中。而“集中配送、上门取餐”则是横岗街道的解决方法，他们计划使用“中央厨房+分配智能柜”的形式，利用人工智能、互联网等新技术，方便老人集中到社区取餐。

用餐服务：提前统计精细化运营

老人用餐需求时有变化，运营机构如何分类核实核准用餐人数，并及时掌握用餐动态，以保证用餐质量，避免浪费。坪地街道“夕阳红·长者食堂”相关负责人介绍，其运用电话预约订餐，老人们通常提前预约一周饮食，但工作人员也会在用餐当天11时之前打电话确认。

龙城街道“夕阳红”长者食堂优化点餐设计，社区居民通过手机、电脑、有线电视购物等即可进行订餐，如此一来，现场就餐或配餐人数得以进行精准统计。

第2节 守望相伴

敬老、孝老、养老是中华民族的传统美德。龙岗区民政局“夕阳红”构建起的完整为老服务体系，通过生活照料、保健康复、文体娱乐、志愿服务等方式服务老人，亲近老年人、关爱老年人、优待老年人，让老人在熟悉的生活环境中情感得到尊重、需求得到满足，在日常的守望相伴中，托起最美“夕阳红”，为老人优雅老去找到了破解之道。

主题活动促进老人融入社区。图为深圳市龙岗区横岗街道举办“爱满夕阳·乐享生活”长者生日会

一、尊重与价值重建：莫道桑榆晚，夕阳红满天

“老年阶段是人生的重要阶段。和年轻人一样，我们有我们的快乐和追求，不愿意被当成社会的累赘，更不愿意被人当作只会吃饭等死的人。”龙新社区的谷阿姨，一边抚弄着手里的扇子，一边说道。

“微学堂”拥抱现代城市生活

宝龙街道南约社区“夕阳红”项目位于宝荷路与沙荷路交界的仁恒峦山美地3栋配套1层1号，中心设有长者食堂、多功能室、保健康复室、心理咨询室、休息室、阅览室、儿童室等设施，为社区内需要一定照料的老年人提供膳食供应、个人照顾、保健康复、休闲娱乐等日间照料服务。该服务中心于2019年3月15日开放运行，占地面积680平方米，自开放以来，日均人流量超过300人，极大地丰富了社区老人生活。

在该社区的“夕阳红”项目点内，休息床位干净、整洁、舒适，还有专门的医护总监、主管、护理员为老人提供健康服务。在“夕阳红”诸多功能区内，最受欢迎的还有推拿、按摩等各项服务；“长者食堂”非就餐时间，就成了老人活动乐园，笛音与二胡相伴，在悠扬的乐声中，笔端起起落落，而象棋盘上早已战了几个回合……好不惬意！

宝龙街道另外一个龙新社区“夕阳红”项目点则位于恒裕嘉城花园4栋半地下01层P03号，内部设有前台接待、棋牌室、书画阅览室、值班室、儿童室、保健康复室、心理疏导室、公共卫生间。平常该项目点为社区老人提供书法、象棋、跳棋、军旗、跳舞、报刊阅读、乒乓球、棋牌等文娱休闲，其中乒乓球和棋牌最受欢迎。

龙新社区的谷姨今年58岁，她从湖北老家来深圳帮女儿带孩子。谷姨特别喜欢“夕阳红”舞蹈队。“不仅能锻炼身体，还结交了不少新朋友，大家相约一起跳舞，让我对这个社区的归属感都提升了不少！”谷姨幸福地说。她还提到自己在“夕阳红”参加过的一场“我设计我制作我快乐”主题手工DIY杯垫活动。谷姨对工作人员的细心和耐心印象深刻，她也在其中找到了设计与创作的乐趣，带娃之余谷姨的生活丰富多彩起来。

这只是“夕阳红”所营造的“浓情夕阳”的一个微小缩影。根据相关办法，

各社区“夕阳红”负责为老年人提供日间照料、用餐等服务；依托社区社康中心，“夕阳红”还需开展医疗健康服务，组织老年人健康体检，为老年人提供医疗保健、助医服务、康复训练、心理慰藉等服务；通过健康知识讲座、理论学习培训、歌舞书画、图书阅览、上网等服务，“夕阳红”为老年人提供有益身心健康的文体娱乐活动，有条件的还可开办“老年大学”。

欢声笑语是“夕阳红”的常态，不少社区老人在“夕阳红”找到了“家门口”养老的怡然自得与其乐融融。在园山街道银荷社区，“夕阳红”项目开展了诸多活动活跃邻里氛围，“和谐邻里情·美食齐分享”可谓该社区“夕阳红”的品牌活动。其以美食为纽带，将社区里的长者们连接起来，大家一起分享厨房手艺，组织者还特别邀请高龄长者、社区留守老人、低保、孤寡、军烈属等特殊困难群众来品尝美食，在游戏互动中，大家共享欢乐，畅叙邻里情谊。

“同粥共济·过腊八”“38节关爱母亲·最美白发义剪”“爱满夕阳·长者生日会”等特色主题活动……银荷社区“夕阳红”项目组织者还特别关怀社区的高龄长者，呵护他们孤独的心灵。银荷社区相关负责人表示，希望通过“夕阳红”搭建活动平台，帮助社区里的每位长者都能更好融入社区；同时尽可能地引导社区里的居民，每人都来尊重老人、关怀老人，共筑和谐社区。

老有所养，怡然自得。银荷社区“夕阳红”还通过“长者微学堂·手机讲堂/健康艾灸/智慧居家收纳”等，从不同的生活技能角度举办别开生面的特色主题活动，让老人在晚年也能掌握新潮的智能手机操作、现学现用艾灸养生，以及智慧家居收纳为子女解忧。老年不言老，老人们在“微学堂”中不断提升自我，拥抱现代城市生活。

“银发能人”发挥余热别样“夕阳红”

关注到许多“银发老人”也是“银发能人”，在诗歌、书法方面颇有造诣。不少社区“夕阳红”都在尽力提供平台，为这些“银发能人”提供舞台发挥才能。其中，银荷社区“夕阳红”牵手“社区能人发展项目”，让有才艺、有组织能力的老人在老年阶段也有才能展示的平台。

坂田街道四季花城社区人才济济，据不完全统计，该社区领取国家津贴退休的专家学者共有79名。为了利用好这笔宝贵的人力资源，四季花城社区“夕阳红”提供“冬日暖阳”项目，将这批老专家学者聚集起来让他们在老年阶段也能发挥余热“老有所为”。其中，83岁的丘老号称“不用挂号的耳鼻喉科专家”，不仅年年参加便民服务义诊，还写了很多健康小文章印制送给居民。心理学专家李世超老师已经退休，但他组建了“四季阳光心理咨询团”，无偿担任花城小学心理辅导老师，为社区居民和学生多次讲授心理辅导课。

横岗街道怡锦社区的“红枫叶”义工队也吸纳了一对特别的志愿者夫妻。他们退休前都是优秀的医生，如今已经70多岁，但是他们坚持常年参加社区义诊，发挥自己的专业价值，为社区老人免费量血压、测血糖、提供健康咨询等，深受社区居民欢迎。

老人不仅是被服务的对象，也能成为服务其他老人的志愿者，即在“老有所养”的同时“老有所为”。《深圳市龙岗区“夕阳红”养老综合服务体系建设规划》提出，要大力发展老人志愿者服务队伍，开展“银龄活动”，即低龄、健康老年人为高龄、失能老年人提供志愿服务，实现老年人自助养老和互助养老。

坂田街道四季花城社区的“奶奶厨房帮”、“益力多”暖心服务队、“冬日暖阳”等8个特色服务项目团队，吸引了大量的“银龄老人”成员，他们虽是老人，却不言老。他们志愿定期上门为居民提供理发、清洁、帮厨、医疗保健等服务，让年龄更大的老年人群得到关怀、感受温暖。其中，全部由“奶奶”群体组成的“奶奶厨房帮”最为出名。这群平均年龄在60岁的奶奶们，帮助平均年龄为80岁的空巢、孤寡、高龄等特殊对象，上门提供帮厨、义诊、日间照料等暖心服务，每年开展各类志愿活动100多场，深受社区居民好评。

如何让“为老助老”形成志愿化服务新常态，横岗街道决定设定“时间银行”储蓄服务积分的方式，搭建完善的为老助老志愿服务网络。这也正是《深圳市龙岗区“夕阳红”养老综合服务体系建设规划》的要求：完善老年人志愿服务登记制度，促进志愿服务活动持续健康发展。积极推进养老志愿服务“时间银行”，志愿者或者其直系亲属进入老龄后根据其养老志愿服务时间储蓄、志愿服务积分等优先、优惠享受养老服务。规划显示，到2023年，龙岗全区老人志愿者人数将达到老年人口的12%。

二、陪伴与照护：真心换真情，扶老不言累

打造“有温度的养老”，“夕阳红”一直在努力。长者如楠、使命如山，这是所有“夕阳红”项目经营者的心态。他们充分整合星光老年之家、幸福老人计划、社区健康服务中心、社区党群服务中心为老服务等场地、设施、经费及项目资源，旨在打造社区“夕阳红”综合服务平台，为社区老人提供更优质、全面、人性化的综合服务，提升老年人多元需求获得感。

值得一提的是，社区志愿者服务队伍发挥了巨大作用。他们在“夕阳红”项目中，无偿为社区老人提供义工服务、公益服务和老年人之间互助活动指导。真心换真情，针对孤寡老人、空巢老人、残疾人等特殊群体服务，多个社区“夕阳红”项目通过引导志愿者组建心理咨询团、“爱心餐桌”等服务团队，定期为特殊人群上门送关爱、送温暖，受到了社区老者和家属的一致好评。他们在“夕阳红”这个“养老驿站”，为社区老人们“颐养天年”提供了最具温暖的“夕阳红”体验。

社区义诊很受居民欢迎。图为龙岗区南湾街道丹竹头社区居民现场咨询“医养结合”知识

“志愿服务贵在恒常”

横岗街道充分挖掘和整合社区资源，搭建“党员+医疗+康复+法律+便民”志愿服务网，为社区高龄老人提供助老服务。其中，红枫叶义工队最为知名，自2013年成立以来，坚持开展慰问探访、文艺会演、健康义诊等公益活动，丰富居民的精神文化生活，守护社区老人的健康。截至2019年，红枫叶志愿者已经达到193人，服务小区老人600人次。

吉华街道则与社区党群服务中心开展服务联动，特别设立了“夕阳红”党员志愿服务岗，招募党员和社区群众志愿者参与“夕阳红”服务运营，提供心理辅导、保健康复、文娱活动等为老敬老爱老服务。

坂田街道四季花城社区也通过引进香港专业培训体系，凭借“养老豆”先进的时间养老理念，培育社区为老服务守护者队伍，打造一支187人的守护者队伍，提供服务总时长2558小时，发放5866颗养老豆。

“志愿服务贵在恒常。”四季花城社区工作站相关负责人介绍，社区固定每月最后一周的周四为“志愿者便民服务活动日”，每年12月开展“社区志愿服务文化节”，旨在让志愿服务常态化，扩大志愿服务影响力。据初步统计，截至2018年底，四季花城社区义工共为居民理发1800多人次，裁缝衣服2300多件，提供保健服务1000多人次，为贫困地区募捐衣被28000余件。

在这些“社工+义工”团队的服务下，社区不少居民都感受到了来自政府的温暖。四季花城社区居民李叔就是“夕阳红”的受益者之一，有一天晚上他疾病突发，面临生命危险，儿女恰巧出门在外，家中只有老伴在旁。老伴扶不动李叔下楼就医，情急之下，拨打了社区“冬日暖阳”服务卡电话，值班志愿者马上赶到，将李叔背送至附近医院，为其成功抢救治疗赢得了宝贵时间。

四季花城有一个事业单位退休人员季叔，也是社区志愿者关爱养老力量的受益者之一。季叔前几年患重病期间，社区各方给予他关爱、支持、安慰和鼓励。在他最需要帮助的时候，党委、社会、社区给了他温暖。他在康复后也希望为社区建设作一点贡献。季叔酷爱收藏书籍，家中藏有各类书籍3000多册，其中不乏珍贵名著。为了回馈社区，在“夕阳红”的牵线搭桥下，季叔决定将这些精神财富捐给社区，希望在社区发挥更大作用。

“一楼一守护”服务

对于园山街道银荷社区的老人们而言，因为“守护者”的存在，社区老人们的生活更安心。银荷社区相关负责人介绍，守护者是养老服务志愿者，主要由社区居民组成，大致分为三类：一是有空余时间的，可以选择来做义工；二是有一技之长的老人，可以对社区其他老人进行专业培训；三是“一对一”的爱心守护。

考虑到空巢老人无人照顾的难题，银荷社区“夕阳红”还特意发起“一楼一守护”的活动。以楼层为基本单位，邻里互助为核心，通过调研数据采集、居住信息匹配等方式，使作息时间一致、居住相邻的两名新空巢老人，或1名新空巢老人和1名“守护者”，双方邻里“结对子”，定时探访问候、邻里守望相助。大家平时通过敲门、电话、微信等日常方式问候、聊天解闷、心理疏导等来排解老年人的孤独感；如遇雨天路滑，“守护者”还可帮助新空巢老人代买菜及日常急需品等，来解决老人日常生活不便；通过定时敲门，如果偶遇老人患病等突发情况，能够及时协助就医或紧急联系子女等，降低新空巢老人独处时发生意外无人知晓、患病得不到及时救治的情况。

据统计，银荷社区“夕阳红”开展以来，已有566位社区居民享受到了“夕阳红”带来的新变化和新惊喜，包括日常血压测量、每周六上午长者血糖监测、护士现场健康答疑等慢病日常养护，护士到家、高龄长者健康管理等特殊群体上门一对一服务，以及头痛、痛风、颈肩腰痛、膝关节炎四个课题的香港名医医养大讲堂等。“夕阳红”的持续推进，让社区老人感受到了政府实实在在的关怀和温暖。

“守护者”激励。银荷社区还按时开展“守护者之星”月度评选会，凭借“养老豆”时间银行先进的养老理念，培育社区守护者（养老服务志愿者）队伍，解决养老服务人员短缺问题，落实长者在家养老，在社区养老。同时，积极开展“守护者入楼”行动，尽可能地让社区所有居民熟悉“夕阳红”项目，了解“夕阳红”项目，让每位居民都能参与其中，获取服务的同时发挥余热、爱老助老，共建和谐社区。

据统计，截至2019年1月，园山街道银荷社区已实名注册加入养老服务的志愿者共计51位，守护者开展为老服务工作共计296小时，平台发放养老豆1195

颗，该社区已搭建了一套志愿者“养老豆”时间银行智慧管理体系。根据目标，“养老豆”志愿者服务体系将全面覆盖银荷社区，目前覆盖进度已达30%左右。

“互联网+”智慧养老平台

为给社区老人们提供更加完善细致的养老服务，不少社区“夕阳红”借力互联网，进入智慧养老平台，将老人、子女、护理员、运营机构及政策监管部门有机互联，实现各项管理智能一体化。

以宝龙街道南约社区为例，该社区“夕阳红”打造智慧养老与医养结合的新养老服务，引入第三方推出社区“夕阳红”项目智慧养老服务平台，让养老与互联网、物联网相结合，让老人享受到智能、便捷的照料。创建“系统+服务+老人+终端”的智慧养老服务模式，为老人提供包括生活照料、健康管理、医疗护理、精神关爱等方面的个性化服务。

通过将真诚贴心的服务与高科技智慧养老物联网系统相结合，从会员登记、门禁管理、自助体检、活动报名、时间银行、购买服务等方面，均采用智慧化管理系统，将老人、子女、护理员、管理人员及政策监管人员有机互联。实现安全监护、健康监护、时间银行、活动管理、配餐管理智能化。既节约人力物力，同时也方便老人、子女及护理员使用，方便监管人员进行有效监管。

横岗街道怡锦社区也是“互联网+”智慧养老的实践者之一。该社区与第三方合作为辖区60周岁以上老人免费配备了一个依托云计算、大数据、互联网和物联网的智慧养老服务平台设备。通过“三位一体”+“一键呼叫、24小时随时响应”模式，将老人与监护人、服务资源紧密地联系在一起，为居家老人提供安全、健康、情感等不同方面的70多项专业服务，具体包括天气预报、小区活动、交通路线、聊天咨询、电话探视、医院预约挂号、家政服务、公益课堂、健康顾问、体检预约等，全方位地呵护老人生活，为子女解决后顾之忧。

怡锦社区83岁的张阿姨就是智慧养老设备的使用者之一。有一天，她用语音对智慧养老设备说，家里老伴生病了，需要转院至深圳某家医院，但由于家中儿女不在身边，自己年龄也大了，没有精力跑上跑下办理住院相关手续，希望社区“夕阳红”帮她在社区找个义工，陪同自己去医院办理相关转院和住院手续。在后台接收到张阿姨的请求后，社区“夕阳红”及时帮助张阿姨匹配了一位线下义工，帮助张阿姨解决了“无人帮忙”的难题。

据介绍，怡锦社区像张阿姨一样享受智慧养老服务的共有264位老人。只要60岁以上，不分户籍，均可享受社区购买的健康、情感、生活、社交和娱乐五大类智慧养老服务。健康方面，使用者能通过智能健康监测设备，将血压、血糖等传输到智能终端后台，如果有异常会进行提醒；该智慧养老还与怡锦社康互联互通，社区老人可以通过平板电脑或呼救器预约社康医生，或向社康专家进行简单健康知识问询。

怡锦社区“夕阳红”所打造的智慧养老平台还贴心地考虑到，一些老人万一走失或者家中子女不在身边时突发疾病无法救治怎么处理？社区“夕阳红”特别为老人配备了紧急呼救器和紧急手表，定位功能可在后台终端与子女的手机App同步，老人的行走轨迹、血压、心率等数据可实时监测；老人若遇突发情况按下紧急呼救按钮，“夕阳红”将帮忙联系老人家属、所住小区物业或社区，并与120打通绿色救助通道，保障老人得到及时救治。

在智慧养老平台的有力支撑下，怡锦社区“夕阳红”的开展十分顺利。该社区相关负责人表示，借力科技今后将细化服务内容，让社区老人“养老”插上“智慧”的翅膀，从而为社区老人养老提供更加全面细致的服务。

第3节 颐园胜境

“夕阳红”养老服务中心是居民家门口的养老服务机构，老人不用离开熟悉的生活环境就能享受到专业的服务，是龙岗“夕阳红”的魅力所在。

一、嵌入与融合：“在家门口养老”深得人心

“让老年人拥有幸福的晚年，后来人就有可期的未来。”2019年全国两会《政府工作报告》提出，我国60岁以上人口已达2.5亿。养老问题成为全国民生热点。深圳市龙岗区作为深圳的人口大区，同样面临着养老难题。

“家有一老，如有一宝”，何处安放这些老年人的晚年生活，居家养老、社区养老抑或机构养老？故土难离，恋乡思归。不少社区的“夕阳红”项目负责人都在调查中得出结论，现实生活中许多老人因为多方面的顾虑不愿意去养老院，待在家中又太孤单。这时，适时出现的“夕阳红”，好比社区中“没有围墙的养老院”。

这种嵌入式的养老模式，集中了传统家庭养老、社区居家养老和机构养老三者的优势，打通了社区老人的生活圈与养老圈，让老人实现在“家门口”养老。白天在社区中与老人们一起休闲、康复，其乐融融；晚上回到家中，与家人们同享天伦之乐，幸福无比。“夕阳红” 依托社区、嵌入社区、深耕社区、盘活社区，成为社区老人最理

想的养老居所。

嵌入社区“做加法”盘活原有养老资源

龙岗街道龙岗墟社区是一个旧改中的纯社区，这里居住的绝大多数人都是本地居民，客家人居多。龙岗墟是以前的旧墟，周边的乡民定期来此处赶集。“榕树头”是该社区的文化地标，一棵几百年的老榕树是龙岗墟居民心中最神圣的所在。“榕树头”文化也成为当地最大的特色。

考虑到龙岗墟社区居民的精神需求，根据就近、就地原则，龙岗墟社区“夕阳红”项目最终选址在“榕树头”附近，与龙岗墟社区党群服务中心在同一栋楼。龙岗墟社区“夕阳红”相关负责人介绍，“夕阳红”经常以“榕树头”为依托，组织社区老人们开展客家文化美食活动，不仅传承客家传统文化，还能促进居民住户之间的交流与沟通。

巧合的是，龙岗墟社区的“夕阳红”项目主要由正阳社工机构在运营，此前他们已经入驻该社区且负责该社区党群服务中心的运营工作。基于先前党群服务的工作基础，正阳社工机构很快适应了“夕阳红”项目的运营。他们分为2支团队进驻该社区开展服务工作，一支负责运营党群服务中心，另一支负责运营“夕阳红”项目。目前，“夕阳红”项目匹配了4名专职人员负责“夕阳红”的日常运营工作。

这样一来，龙岗墟社区的“夕阳红”项目既与党群服务中心相融合，又有自己独立的空间和运营方式。它们共享一些休闲娱乐空间，共享当地居民的信息资源，甚至是社工义工之间的互联共享；同时，“夕阳红”项目又作为一个专门针对老人的服务项目区别于党群服务工作，专门开辟长者活动的空间，如长者食堂、日间照护空间等，并开展一些专门针对老人的义卖、义诊等活动，让当地的老人能够享受更多的照顾。

“善用加法，有机整合”。龙岗社区“夕阳红”项目点盘活了社区原有的养老资源，在推进“夕阳红”项目建设中，按照“做加法”的思路，做到“资源整合密、挖掘潜力深、无缝连接紧”，利用龙岗社区利群颐养院现有养老条件，着力现有资源利用最大化，有机整合形成“夕阳红”合力。这样既提升了服务功能，又拓宽了服务渠道，进一步满足了辖区居民的养老需求，实现了助餐服务与生活照料、心理慰藉、文体社交、医养结合等养老服务协调发展。

考虑老人就近用餐需求，龙岗街道还充分利用具备建设长者食堂条件或有现成可以整合使用的地点，选址建设五联社区万科清林径“夕阳红”项目点。此外，根据新兴大型花园小区居住人口多、缺乏老年人活动场所，而周边党群中心又辐射不到的实际，选址水岸新都、金地龙城中央等为“夕阳红”项目点，贴近居民养老需求。

融合养老三大板块，形成服务合力

“社区养老为什么那么受人欢迎？这和传统意识里的养老习惯有关。”一位社区“夕阳红”项目点负责人介绍，他们在和不少社区老人聊天时得知，很多老人都受到传统观念影响，认为去养老院是被儿女抛弃不得已而为之，如果子女想把老人送去养老服务机构更是“不孝”。另外，很多老人节俭惯了，觉得居家养老已经很好，不用再去养老院花钱。“但实际上他们对社区养老也有需求，平时大家一起组织活动、吃饭聊天，也极大地丰富了他们的精神生活。”

上午9时许，在坂田街道四季花城社区“夕阳红”养老综合服务中心的功能区外，已经有几位老人在宽敞的广场上随着音乐起舞，舞姿缓慢而安定，透露出他们对老年生活的满足。还未走进功能区内，就能听到一曲悦耳的笛胡合奏曲，原来是几个老人围坐在一起，大家默契地吹拉弹唱，好不快乐。“夕阳红”功能室内分布有序，棋牌室、电视区、聊天区、阅读空间，来自五湖四海的老人可以在居家养老之外，在这里找到丰富多彩的生活追求。

“夕阳红”作为“嵌入式”社区养老模式的具体体现，设立在社区内部，以社区为依托，盘活周边养老服务资源。老人在熟悉的社会环境和生活环境中，可以享受“居家养老”的安全安心，还能在“家门口”享受专业细致的社区养老服务，有效补充居家养老的不足。“夕阳红”的嵌入与融合，有机衔接养老三大板块，形成养老服务合力。

“居家养老不能成为空养老，要有支撑体系。‘夕阳红’实际上就是对居家养老的一个支撑，社区养老要延伸到家庭里去。”平湖街道白坭坑社区是龙岗区首批“夕阳红”项目点，该社区相关负责人介绍，白坭坑社区“夕阳红”的选址十分讲究，不仅靠近社区原有的老年活动中心，周边老年人居住密集，离社区党群中心也不远，“夕阳红”周边还有功能齐全的华侨医院白坭坑社康中心。秉持着“老人在哪里，夕阳红就在哪里；社康中心在哪里，夕阳红就在哪里”的空间建设理念，“夕阳红”还聚集了专业的医养力量补充“老无所医”的不足。

白坭坑社区是典型的村改居社区，本地老年人较多。针对本地老人的健康生活追求、日常棋牌爱好，在标准化的功能区外，白坭坑社区“夕阳红”项目还适当设置了一定量的麻将桌和大量的康复设施。此外，白坭坑社区“夕阳红”项目点特别聘请了专业理疗师，为老人提供日常保健和康复理疗服务，并进行专业康复训练指导。由于与社康中心地理位置相近，老人们体检再也不用跑到社康中心，十分方便。

嵌入与融合相辅相成。贯彻“嵌入式”社区养老思路，南湾街道社区“民生微实事·夕阳红”根据“夕阳红”项目建设要求，组织街道社会事务办、建管中心、设计单位到各社区进行实地考察筛选，最终确定4家“夕阳红”项目选址。这4家“家门口”的“没有围墙的养老院”均设有生活服务区、保健康复区、娱乐活动区、辅助功能区、室外活动场地等，“长者食堂”面积也在30平方米以上。

二、颐养与互动：邻里相亲，“老年不孤独”

作为龙岗区首个由社区股份公司提供场地并全额出资装修的“夕阳红”项目，白坭坑社区“夕阳红”的占地面积颇大，特别是室外场地区域有720平方米。这个2019年3月刚建成的小型休闲广场，已经成为周边社区老人的休闲新去处。

广场上设置了不少适老健身器材，周边新修建的花圃呈流线型散落在周围，老人们或坐着聊天，或起身锻炼身体，或单纯放松闻着青草芬芳，怡然自得，乐在其中。而在白坭坑社区“夕阳红”项目内，几位90多岁的本地老人，坐着轮椅都还要过来看看电视聊聊天。

一些本地老人酷爱棋牌，在棋牌室休闲一阵后也不忘去排队理疗熏蒸。白坭坑社区的户籍内外老人在这里都找到了社区养老的快乐。这也是他们在居家养老之外，与外界交际和获知讯息的一个重要窗口。

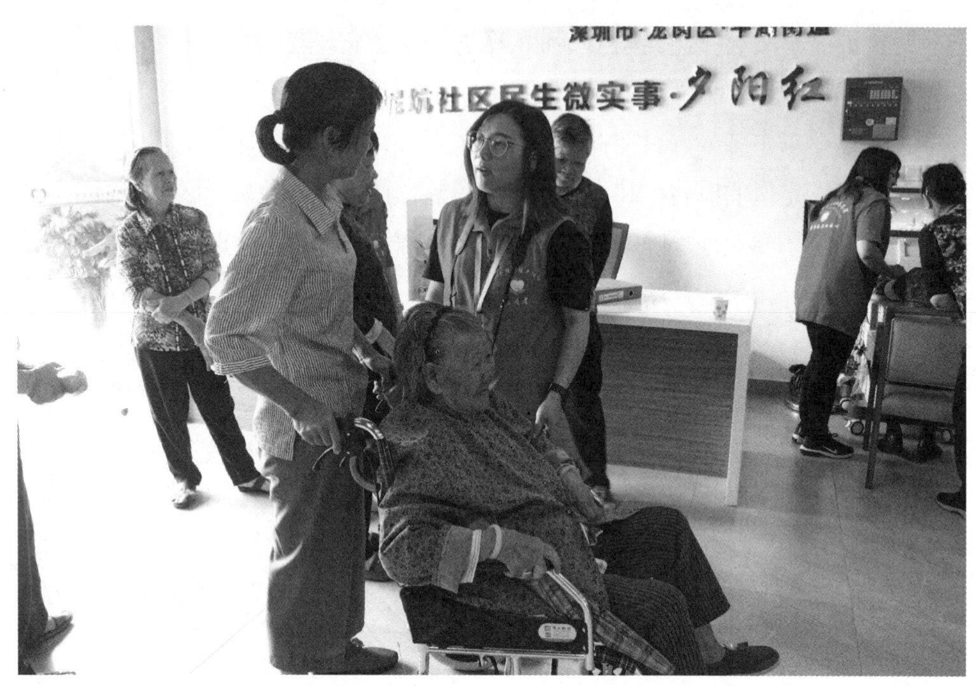

“夕阳红”是社区老人的快乐根据地。图为深圳市龙岗区平湖街道白坭坑社区“夕阳红”都市养老服务中心吸引90多岁老奶奶每天打卡

白坭坑只是龙岗区推行社区“夕阳红”的典型社区之一。《深圳市龙岗区民政局2018年工作总结及2019年工作思路》显示，深圳市龙岗区四位一体的“夕阳红”养老服务体系建设初具雏形，2018年已经顺利实施社区“夕阳红”项目47个；2019年，龙岗区每个街道计划再新建4家以上“夕阳红”，力争111个社区全覆盖。

耄耋老人天天打卡“夕阳红”。

白坭坑社区95岁的刘奶奶最喜欢的事情，就是每天上午让保姆推着自己去社区老年活动中心转悠一下，看看电视，或者单纯和那里的工作人员聊聊天。“大家都去，聊聊天很好。”坐着轮椅的刘奶奶正在白坭坑社区“夕阳红”项目中心内看电视。工作人员介绍，不只是刘奶奶，白坭坑社区周边近10位90多岁的老人是白坭坑社区“夕阳红”的“常客”。“他们喜欢这里才会经常来的。我们会请本地社工和他们交流，他们觉得你态度好、关心他们，就像家人一样，所以会叫上自己身边的伙伴一起来，虽然家里都有电视，但就是这里更热闹更有味儿。”

工作人员说，“现在这几个90多岁的老人可积极了，虽然坐着轮椅，但常常是8点多钟‘夕阳红’还没开门的时候，他们就等在了门外。这里已经成为他们的一个活动根据地。”不仅是这些90多岁的爷爷奶奶，“夕阳红”还吸引了一大批80岁以上的老人来此休闲养老，他们有的子女在香港或国外，身边没人照顾，非常孤单。但有了“夕阳红”之后，他们经常来这里玩棋牌，聊聊天，做理疗，还有长者食堂可以就餐，活动丰富得大家都不想回家。

相识相知，社区邻里不再隔阂。

通过前期问卷调研，白坭坑社区“夕阳红”运营机构发现，该社区老人对于棋牌休闲和理疗健康特别看重。在“夕阳红”未进驻之前，原有的老年活动中心也有棋牌室，“夕阳红”怎样才能办出不一样的社区养老特色？经过讨论，白坭坑社区“夕阳红”特别聘请了专门的理疗康复师，这比专门的养老机构还专业，不仅有“养”更有“医”。

白坭坑社区72岁的孙阿姨特别喜欢理疗室的红外线滚动艾灸，只见她“轻车熟路”地将艾条插进艾灸器，拿着滚动艾灸就能在手上随意滚动。“操作特别简单，可以用来通经活络。”孙阿姨是东北人，来深圳已经20多年，目前常住白坭坑。孙阿姨的儿子现在也在深圳工作，她年纪大了就在家休息。2019年3月，听到身边邻居说社区开了一个“不要钱”的老年活动中心，她就赶紧来了。“‘夕阳红’里面的康复理疗器材都是免费的，大家可开心了。”

来自河南的陈阿姨夫妇也经常到“夕阳红”来活动一下。“也不管是不是外地人，深圳对我们真的很包容。”陈阿姨开心地说。在“夕阳红”没开之前，她和老伴在家吃完饭就看看电视，没有什么休闲活动。现在不一样了，陈阿姨常来用健身器材活络下筋骨，陈叔叔则喜欢到书画室练习书法，陶冶情操。

借助“夕阳红”平台，陈阿姨和孙阿姨在此相识，大家平时聊聊家常，互相问候一下，时间长了，大家也都感受到了如老家邻里之间的热情。“以前是关上门，谁也不认识谁，现在有了一个平台，大家还可以共同参加一些休闲活动，增强邻里交际，特别好！”孙阿姨开心地说。在深圳这座快节奏的大都市里，她也越来越感受到社区养老的温暖。

特色互动，让老年生活好惬意。

“老人满意的微笑就是最高的赞赏”，为了让老人们有满意的养老生活，不少社区“夕阳红”都别出心裁地打造特色养老项目。其中，布吉街道4个“夕阳红”着重“家的环境”营造，采用暖色调布置，给人以舒心、暖心、放心的感觉。通过长者食堂、保健康复、文体娱乐、心理咨询等多元化形式，社区老人们能得到亲情化的照顾。

布吉街道在心理咨询区域特别配备了“唱吧机”，显得格外新颖。布吉街道相关负责人解释，心理咨询与特殊音乐设备相结合，可以弥补性格内向的老年人不善于表达表现、苦于无处抒发情感的缺陷，有助于纾解社区老年人精神压力，为老年人排忧解惑。这一举措受到了社区老年人的欢迎。不少社区老人通过“唱吧机”舒缓心情，这成为他们表达情感的“好帮手”。

据统计，截至2019年9月，布吉街道已经全部建设完成的4个“夕阳红”项目点，为29747名50周岁以上老年人（其中户籍老年人5099人）提供服务，可享受全额就餐补贴人数为28人。等到该街道17个社区“夕阳红”项目建成后，将成为龙岗全区覆盖面最广、服务人群最多的街道。

“夕阳红”里的娱乐功能区，是老人纾解心情的好地方。图为龙岗区布吉街道东方半岛社区老人翩翩起舞活动的场景

龙城街道“夕阳红”则着重探索“适老化”精细养老新理念。不仅参照养老建筑设计标准，实现社区“夕阳红”项目场所的适老化，如消除高差、设置扶手、防滑地胶、阳角阳面的圆角矩形防撞处理等；同时，采用“功能室+开放空间”的模式建设，引入柔和的自然光，合理安排适老家具布局，为老年人创造通透的空间、安全的设计，打造多功能一体适老化交互空间。

龙城街道相关负责人表示，目前该街道依托其他10个社区已经打造成社区级老年人综合服务中心，还根据老年人需求设置了个性化的功能室，如老年剧场、康复站等。此外，由社区级养老中心辐射N个花园小区、城中村等微型养老站点，为社区老年人开展个性化的社区居家养老服务。2019年，该街道进一步完善第一批5个试点“夕阳红”项目，新增6个社区“夕阳红”项目服务点，年内实现社区“夕阳红”项目全覆盖。

第4节 医养相宜

党的十九大报告进一步明确提出：“积极应对人口老龄化，构建养老、孝老、敬老政策体系和社会环境，推进医养结合，加快老龄事业和产业发展。”当前，“医养结合”在深圳市龙岗区的试点随着社区民生微实事·夕阳红的推进而不断深化。社区“夕阳红”项目快速整合发展，以居家为基础、社区为依托、医养结合、智慧养老的养老服务体系初步形成。

一、协同与提升：养老医疗“融合联动、相得益彰”

“社康中心在哪里，夕阳红就在哪里。”龙岗区将医养结合通过邻近社康选址、功能区设计、医疗机构参与、智能系统开发运用等方式，将老人对健康的需求在日常运营工作中作为重点内容体现出来，深受群众欢迎。

2019年3月11日，深圳市民政局领导在全市民政工作会议上给予高度肯定：“龙岗区社区‘夕阳红’都市养老新模式顺应了社区民生需求，抓住了关键、做实了服务，值得其他区借鉴学习。”

“医养结合”新探索

作为深圳人口大区，龙岗近年来的人口老龄化问题日益凸显。据不完全统计，龙岗区现有24万名60周岁以上老人，其中户籍老人将近3万人。与之不相匹配的是，养老问题是龙岗发展的短板，欠账多、缺口大，急需政府发力解决民之所需。近年来，为了应对民生养老难题，龙岗区构建了“1234新时代养老服务体系”：“1”是指在服务宗旨方面以满足老年人对幸福老年生活的追求和向往为中心；“2”是指在服务政策方面以积极推动政府托底，广泛推动社会参与为两条主线；“3”是指在服务模式方面打造以居家社区养老为重点、机构养老为补充、医养相结合为支撑的三大路径；“4”是指在服务网络上构建以区、街道、社区、家庭为四级的养老服务供给网络。

“夕阳红”即是落实“1234新时代养老服务体系”的重要成果，是由政府发起、依托社区、盘活社会养老资源的综合性社区养老服务平台，也是双方融合养老医疗、居家智慧养老的“连接器”。医养结合在社区“夕阳红”项目建设中分量颇重。龙岗区民政局表示，2019年将推动龙岗区“夕阳红”养老护理院项目建设，重在医养结合，承担区内重疾、失能老人医疗与护理服务职能。

南湾街道“医养结合”的典型社区——樟树布社区——拥有深圳首批日间照料中心。该日间照料中心2014年由爱心人士筹建，属公助民营性质，位于丽景公寓五楼，三楼是樟树布社区党群服务中心，六楼是社区工作站，中心主推“医养结合”，主要帮助老人进行日常理疗，同时开展健康知识讲座。目前，该日间照料中心已合并到樟树布社区“夕阳红”项目之中。

“这个中心里面的设备都是无障碍设置，很多用品也都做了适老化处理。”樟树布社区相关负责人介绍，居家养老短托是这个日间照料中心的亮点之一，“虽然很多居民愿意让老人过来做短托，特别是年轻人要外出的时候老人独自在家不放心，但最近几年短托不太成熟，特别是护理员的安全资质方面审核比较严格。”

《深圳市龙岗区新时代“夕阳红”养老服务体系建设实施意见（讨论稿）》提出，要深化龙岗区特殊护理与养老学院和各个高等院校、科研机构的合作，利用广东医科大学、北京师范大学-香港浸会大学联合国际学院、广东岭南职业技术学院三大高校相关资源，指导龙岗区制定具有前瞻性和科学性的养老服务产业发展政策。同时，加强养老服务从业人员的培训，加强对医养结合护理员的指导，开展养老护理培训基地认证。推行养老服务机构工作人员和居家养老服务工作人员、评估人员持证上岗、定期培训，完善注册考核制度，提高养老服务专业化水平。

“医养共融”新实践

龙岗区南湾街道丹竹头社区也是“夕阳红·医养结合”的实践者之一。丹竹头社区引入了一套健康大数据信息分析系统，输入了社区老人的基本信息数据，建立针对性的健康趋势分体图谱，对老人未来的身体健康进行走势研判和康复指导。该社区“夕阳红”还与周边两大社康紧密合作，为辖区老人签约“一对一”的家庭医生服务，为老人提供全方位的医疗保健服务和照顾。

根据有关规定，社区65岁以上的老人可享受全身免费体检，“夕阳红”项目工作人员会对老人们进行宣传，并组织带领大家前往周边社康检查。“夕阳红”项目点内没有体检设备，但社康每个星期都会派人过来帮忙，为老人提供测血糖、量血压、心电图监测等服务。

与丹竹头社区“夕阳红”合作的是深圳市龙岗区第七人民医院简竹社区健康服务中心（以下简称简竹社康）。这也是龙岗区首家以医疗为主、以养老为辅的大型公立医养融合机构，于2018年10月19日开业。这家集预防、医疗、康复、保健、养老等为一体的医养融合特色社康，具有医疗、健康咨询检查、疾病诊治和护理、大病康复以及安宁疗护等功能。

简竹社康的医养融合项目也是龙岗区的重点民生工程。该项目分两期进行，共300张床位，一期开放床位70张。中心配有远程心电图机、彩超机、血细胞分析仪、尿常规分析仪、全自动生化分析仪、DR机、微波治疗仪和各种康复治疗仪，二期配有核磁共振等系列现代医疗设备。中心拟配置全科医师、康复医师、物理治疗师、作业治疗师、药师、营养师、心理咨询师、护师、护理员等专业人员，按照卫生准入、民政扶持、医保定点原则打造一站式医疗陪护康复护理院。中心建成后服务内容除满足社康中心设置要求外，重点突出“老年保健”的内涵建设，将对失能、半失能或肢体、器官功能障碍的老年人或残疾人等提供医疗健康保障，并开展老年常见病、慢性病的健康指导和治疗。

简竹社康相关负责人表示，医养结合由医院主动牵头推行，这在龙岗首开先河。该社康将为丹竹头社区“夕阳红”项目提供尽可能的医疗支撑，义诊或者简单的医疗器材，社康都会无偿提供。“‘夕阳红’启动后，大家加强了联系，如果他们有65岁以上的老人，可以介绍到我们社康来进行免费体检，如果需要我们现场进行健康培训，我们极力配合。”该负责人提到，“夕阳红”项目深入社区，掌握了不少老人基础健康资料，社康与“夕阳红”互通信息，这也为社康服务社区医疗工作提供了基础。

“如果老人家行动不便，我们会提供家庭医生上门服务。如果老人家突然发病，也可以通过‘夕阳红’通知我们上门帮忙。”简竹社康相关负责人说，有一次就有一位80多岁的老人突发骨折并哮喘，老人侄女马上跑到社康求救，社康工作人员立马带了氧气袋上门抢救，为老人紧急吸氧处置的同时拨打120。幸好120及时赶到，社康工作人员为老人的抢救争取了宝贵时间。“这些服务都是免费的。社康和‘夕阳红’共同为社区老人服务。”

丹竹头社区“夕阳红”的进驻，解决了简竹社康很多沟通的烦恼。“一些本地老人可能会误解我们，认为我们免费体检是为了做推销让他们买药，他们对这种免费体检也有不信任。但是实际上这就是政府的免费福利，现在我们就会说是和社区‘夕阳红’合作，老人家对‘夕阳红’熟悉，这样他们就相信我们了。”简竹社康相关负责人认为，社区“夕阳红”与社康中心共同打造的“医养融合”是社区养老的新模式，方便照顾社区老人，特别是一些居家养老不方便的特殊老人，对机构来说，资源共享合作共赢；于老人而言，有“医”有“养”，养老服务更完善，更无后顾之忧。丹竹头社区“夕阳红”和简竹社康双方“共赢”，共同为社区老人养老谋福利。

二、健康与关怀：“老有所依”“老有所医”

南湾街道丹竹头社区68岁的董阿姨每天的“例行动作”之一，就是起床后简单收拾一下家里，去家附近的“夕阳红”项目中心康复理疗室。头部拨筋、康复理疗、背部刮痧是董阿姨最喜欢的项目。“得早点儿去，去晚了还要排队呢。”董阿姨笑呵呵地说，这些康复保健项目全都免费，“上哪儿找那么好的服务去！”

“周边好几个小区的叔叔阿姨们经常过来玩儿，也常来做做免费的康复保健。他们说，在这里感受到了家一般的温暖。”丹竹头社区“夕阳红”项目负责人欣慰地说。让社区老人“老有所养”的同时“老有所医”，是“夕阳红”的最大价值所在。

享受“医疗养老”服务，安享健康晚年

根据规定，社区“夕阳红”项目应设置生活服务、保健康复、娱乐活动、辅助功能及室外活动等区域。保健康复区包括医疗保健室、康复休息室和心理咨询室。社区“夕阳红”项目依托社区社康中心开展医疗健康服务，组织老年人健康体检，为老年人提供医疗保健、助医服务、康复训练、心理慰藉等服务。

南湾街道丹竹头社区就严格遵照这一规定，与社区内的简竹社康紧密联系，双方“医养结合”共同开展社区养老服务。除了免费体检、健康知识讲座等常规动作，丹竹头社区还特别针对村改居社区本地老人喜欢打牌的爱好，特别与社康合作聘请专业的老师，让本地老人们可以在打牌之余，跟着老师在“夕阳红”做做老年操；“夕阳红”内设的健身房和理疗室也对老人免费开放，成为老人棋牌休闲之余的健康新选择。

南湾街道“医养结合”的有益探索，得到了深圳市龙岗区民政局的认可。2019年5月13日，龙岗区民政局主要负责人带队调研南湾街道社区“夕阳红”都市养老项目建设并给予充分肯定：“街道党工委、办事处和各社区党委、工作站高度重视，规定动作很到位，自选动作恰到好处。”

园山街道银荷社区“夕阳红”的“医养结合”康复项目也格外受到欢迎。该社区“夕阳红”聘请了2名康复师和1名护士。康复室内，社区老人可以享受日常血压监测、定期血糖监测等老年人健康体检服务，同时进行理疗、脑动力集体训练、身体机能行走器械锻炼辅助、中风偏瘫语言康复训练等特色老年人健康服务。每天都有超过50位社区老人前来康复室锻炼，为了缓解现场压力，银荷社区还特意开发了线上预约系统。老人可以提前线上预约，按时前来进行康复训练。

银荷社区“夕阳红”运营方与香港琪和医院签订义诊协议，每月会邀请医生到社区做义诊，并举行“医养大讲堂进社区”等活动，很受居民欢迎。专家也会定期举行义诊心理健康康复咨询、疏导情绪，排解心理抑郁、疑难问题解答等活动。

坪地街道“夕阳红”开展的“医养结合”也是有声有色。六联社区“夕阳红”与社康中心合作开展老年人免费体检，香林世纪华府社区“夕阳红”项目邀请专业医护人员每周二到社区义诊，高桥社区“夕阳红”项目邀请专家针对老年人不定期开展健康养生讲座。坪地街道的“夕阳红”项目一直向社康中心延伸，不仅与坪地人民医院辖区社康中心签订了服务合作协议，积极导入社康医疗资源，充分发挥医护人员尤其是全科医生的专业作用，为老人提供服务，还与之合作开辟社区老人就医的“绿色通道”，提供“医养结合”的新型养老服务。

宝龙街道则充分整合辖区各类医疗、护理资源，主动链接辖区保健康复等资源，为辖区老人提供康复理疗、保健按摩等个性化、一体化养老保健服务，深受群众好评。

“上门服务”打通养老“最后一公里”

对于平湖街道白坭坑社区88岁的本地老人陈奶奶而言，社区“夕阳红”的进驻，让她的老年生活更添一份色彩、一份保障。每日8时多还未开门，陈奶奶就会催促家人赶紧推着坐轮椅的她到白坭坑社区“夕阳红”“打卡”。“准时准点，一天不落。”陈奶奶的家人无奈又觉得好笑，原来陈奶奶这么着急过来，是要在白坭坑社区“夕阳红”都市养老服务中心做足部按摩，虽然该中心开放还不足1个月，但已深得陈奶奶“欢心”，足部按摩的个性化服务让一向热衷健康养生的陈奶奶倍觉关爱，中心内医护人员专业的手法也让陈奶奶十分安心。

志愿者是“夕阳红”亮丽的风景。图为社区“夕阳红”志愿者为老人提供心灵陪伴的场景

除了陈奶奶这种能自主到“夕阳红”享受康复保健服务的，平湖街道还把保健康复的服务延伸到社区失能、半失能的长者。平湖街道是如何做好与居家养老老人的无缝连接的？原来，失能、半失能老人只需点一下智能手环，“足不出户”即可享受到康复保健等照料服务。

平湖街道相关负责人介绍，平湖街道“夕阳红”的医养结合，注重与“居家智慧养老”有机结合。平湖街道充分利用“互联网+”的信息技术优势，开发智慧养老服务云平台，这为社区老人提供健康信息管理、服务资源链接、服务质量管控、就近养老等服务。社区“夕阳红”则建立统一共享的智慧养老服务对象数据库，完善老人基本信息，通过与云平台配套的App、终端智能设备，从而感知老人的健康服务需求，云端快速甄别、分拨至线下养老机构场所，实现“一键即达、一呼百应”，打通养老服务“最后一公里”。

目前平湖街道智慧养老云平台已采集、收纳辖区116个符合条件的服务对象信息，并为他们提供助医、助餐、助乐、助急、助浴等服务，让长者不用出门就能看病拿药还能做康复。

此外，园山街道银荷社区常驻在小区里的护士还提供为期七天的“护士到家”服务，为高龄长者进行健康管理，收集长者的健康档案数据，并为每一位高龄长者量身定制健康指导方案，为有需求的长者进行血压测量、血糖监测、心理疏导等，让社区每一位长者都能享受极致医疗服务、安享健康晚年。

心理疏导让长者得到慰藉

免费体检、健康宣讲、康复理疗……对于社区老人而言，他们需要的健康服务还有更多的内涵。社区“夕阳红”不仅要为社区老年人提供生活照料、膳食供应、保健康复、文体娱乐活动等日间综合服务平台，也要进行心理辅导健康关怀。

南湾街道丹竹头社区57岁的王奶奶就尝到了该社区“夕阳红”心理咨询服务的“甜头”。 王奶奶是丹竹头社区“夕阳红”的“常客”，也是社区舞蹈队的爱好者之一。但是有一段时间，王奶奶和媳妇之间闹了矛盾。双方情急之下都说了不好听的话，儿子在中间左右为难，王奶奶气得甚至想“一走了之”。

在闹婆媳矛盾那几天，王奶奶的心里堵得慌，又不好直接和姐妹们“吐槽”。后来有一次，王奶奶偷偷落泪被一位细心的工作人员发现，这才引导王奶奶到了“夕阳红”心理咨询室。“我这才知道，我们这些老人的心里如果有不舒服了，也能在‘夕阳红’找到慰藉。”王奶奶说，在和心理咨询师的聊天中，她慢慢感受到工作人员的“感同身受”；与姐妹们聊天时姐妹们一致偏袒自己不同，王奶奶还感受到了心理咨询师的专业指导，“感谢心理咨询师的耐心倾听，我跟他们说出我的心里话后，这人也舒畅多了。”

丹竹头社区“夕阳红”项目运营相关负责人介绍，其所聘请的心理咨询师都是有专业资质的。目前运营的短短几个月时间，主要针对社区老人与年轻人之间相处时可能发生的一些矛盾和心理危机进行调解。“甚至包括老人家有时候身体不舒服，心里跟着难受，只是想单纯地找我们聊聊天，我们也会给予最大可能的关注和关怀。”该负责人表示，在王奶奶的“婆媳矛盾”案例中，他们就成功地帮王奶奶和媳妇解开了彼此的心结，成功劝和，让居家养老更加幸福和谐。

布吉街道也着重关注老年人在伴随年龄增长、时代变化、观念更新的过程中产生的不同程度心理问题的解决。布吉街道“夕阳红”项目与党群服务中心资源共享、融合发展，在辖区4个“夕阳红”项目点均设置心理咨询室，并配备兼职心理咨询师，为老年人提供各类心理疏导服务，切实为服务对象排忧解困。除了为个例制订心理慰藉和干预方案外，街道各个社区“夕阳红”还不定期开展心理健康讲座，普及心理健康知识及心理疏导基本方法和技巧，引导老年人保持乐观心态，享受晚年生活。

第5节 爱的律动

2019年全国两会上，国务院总理李克强在答中外记者问时指出：大数据显示，"一老一小"的问题需要得到更多重视。老年人能安度晚年，孩子们有幸福的童年，那就有千家万户幸福愉悦的家庭，也可以让青年人或者中青年人有更多的精力去就业创业。

龙岗区"夕阳红"项目，用爱给社区赋能，为人们描述了一幅幅生动的老少共融、老得其乐的美好生活图景。

一、老少共融："夕阳"与"朝阳"相映生辉

为给社区老人提供更优质、全面、人性化的综合服务，提升老年人多元需求获得感，龙岗多个社区"夕阳红"在做好组织老人开展文体娱乐活动等"规定动作"的同时，还结合社区隔代教育、感恩教育、"家文化"活动等实际情况，在"夕阳红"内创造性地设置"托老"又"托幼"的儿童游乐区域，或"学生志愿者服务老人""照顾老人学习感恩文化"等"自选性动作"，"夕阳红"内老少共融，别有一番温馨趣味。

儿童区"黄发垂髫，怡然自乐"

平湖街道白坭坑社区"夕阳红"吸引了社区周边不少老人积极参与。但在运营一段时间后，白坭坑社区"夕阳红"的运营工作人员发现，不少老人都会带着孩子过来参加活动。"这也很好理解，一般老

人都是要带孙子的，如果孙子没办法带过来，他也不可能一个人过来。”该负责人表示，之前白坭坑社区“夕阳红”的内部空间设置里没有“老少同乐”的项目，今后计划在700平方米的室外活动区域打造一个儿童游乐区域。“主要针对外地随迁老人，他们大多承担着隔代教育的重任。”该负责人表示，除了硬件配套，白坭坑社区“夕阳红”今后也会考虑开展一系列“老少同乐”的活动，既“托老”又“托幼”，也能提升白坭坑社区“夕阳红”的人气。

龙城街道中海康城社区是一个花园式社区，考虑到社区70%以上的老人都肩负着隔代教育的重任，在社区“夕阳红”建设之初，中海康城社区“夕阳红”就开辟了专门的儿童游乐区域，内设简单的波波球池、滑滑梯等学龄前儿童游乐设施。

“主要是针对3岁及以下的小孩，这个年龄阶段的孩子老人看顾得比较多，如果给他们提供一个游乐场所，老人在看护的同时也能做些其他的锻炼，对于‘托老’和‘托幼’两方面而言可谓两全其美。”在该社区“夕阳红”项目运营相关负责人看来，老少共融是“夕阳红”社区养老所乐意看到的美好画面。

从湖北刚到深圳不久帮女儿带孩子的孙阿姨今年54岁，孙女刚刚一岁多，她每天忙得焦头烂额。用她自己的话说，既要照顾孙女的吃喝拉撒，还得为女儿女婿准备一日三餐，自己天天忙个不停，压根没有时间放松。时间长了，孙阿姨也觉得全身酸痛，很希望有放松锻炼的时间。

前两个月，中海康城社区“夕阳红”面向社区老人正式开放了，她也跟着邻居过来尝鲜。这一来不得了，孙阿姨发现，这里不仅有小孩儿游乐的设施，相当于“足不出小区”就能免费“遛娃儿”，还能在儿童游乐设施的周边使用老人专用的健身器材，放松一下劳累的身体。“实在是很人性化，极大地缓解了我们带孩子的疲劳。”孙阿姨笑着说，通过社区“夕阳红”的“老少同乐”服务，她也更多地理解了“来了就是深圳人”的含义，“这一点要为深圳、为龙岗、为中海康城点赞！”

宝龙街道南约社区“夕阳红”也开辟了儿童游乐场区域，让带孩子的老人可以放心做自己想做的事，真正实现了“黄发垂髫，怡然自乐”。“自从有这个中心后，我都不去楼上的游乐场啦！我办了卡，每天上午和下午就带着我的小孙女过来，她玩她的，我锻炼我的，那可比以前单纯看孩子好多了！”南约社区55

岁的胡阿姨说。

未成年人开展志愿服务“老幼互助”

龙城街道中海康城社区“夕阳红”工作人员在运营过程中发现，不少老人忙于看护孩子，很少有时间能够使用其他适老化健身器材。为此，中海康城社区“夕阳红”项目计划发动社区居民形成一个帮老人看护小孩的志愿者队伍。

这个队伍由三部分人群组成：一是社区内有时间的老年志愿者，二是社区内有爱心的年轻居民，三是主打“老幼互助”的未满14周岁的有精力愿意付出的未成年人。其中，打造未成年人志愿者队伍主要基于“老幼互助”，通过未成年人为老年人托幼提供服务，为社区打造互帮互助的友爱氛围。

中海康城社区“夕阳红”相关负责人表示，按照计划，这些志愿者经过专业培训才能上岗，提供辅助老人看护小孩的引导服务，如维持秩序等。实践过程中，工作人员也会随时观察，有针对性地深化培训。

坂田街道四季花城社区则长期开展“宜真宜美”“知礼行孝”系列活动，社区工作站通过与社区内小学和幼儿园进行协调合作，发动学校里的家长带着孩子一起探访“空巢老人”。“我们每个人都会变老，可能你我就是下一代的空巢老人。”四季花城社区工作站相关负责人说，社区“夕阳红”的工作重点还包括四季花城下一代的教育问题，“我们应该言传身教地去告诉孩子们，如何去孝顺老人。”

该负责人还记得，社区里有一对文化水平很高的退休老人，夫妻俩年轻的时候都是教师，素质都很高，等退休后子女在国外工作不在身边，他们就成了“空巢老人”。老奶奶患有风湿，治疗后长期没有效果，让人想不到的是，为了缓解风湿痛苦，老奶奶听闻一个用针扎手的“秘方”后，竟然相信还实践了。待到幼儿园的家长带着孩子去探访的时候，这位老奶奶的手都变成黑色的了。“这就是空巢老人的‘痛’，他们就是需要我们多去问候一下他们，多跟他们沟通。”四季花城社区工作站负责人动容地说。

幸好，去探访这位老奶奶的家长是化学领域的专家，在辗转找到同学问到祛风湿的有效药膏后，这位家长和自己的孩子一起去购买，还专门给老奶奶送去，并嘱咐老奶奶之后的时间里每天要擦多少次以及如何护理。再到后来，这对父女和老奶奶夫妻形成了“连队”关系，长期守望关照空巢老人。

这只是“老幼互助”的一个缩影。四季花城社区内花城小学也经常开展学生探访老人活动，在给老人们唱唱歌、聊聊天的过程中，老人们得到了温暖，学生也付出了爱，收获了快乐。四季花城社区“夕阳红”项目相关负责人表示，希望通过这种探访教育活动，不仅让社区有需要的空巢、失能、半失能等特殊老人感受到幸福和温暖，也让社区青少年儿童学习尊老、爱老、敬老、助老的优良传统，感受到关怀老人的意义，从而获得更多的快乐和爱。

四季花城社区还通过为社区老人编辑“家风”系列的回忆录，并通过展览的形式，将老人过往的种种证书、勋章、荣誉展现在他们的儿女、孙辈以及社区更多的年轻人面前。“很多人在参观后就说，哇，原来我爸爸这么牛！原来爷爷这么厉害！”四季花城社区工作站相关负责人表示，希望通过这种展览的形式，有机地连接社区的老、中、青、幼四代，让代际之间更多沟通与理解，从而涵养更多关爱和包容。

如今，四季花城社区“夕阳红”不仅是为老服务的综合性平台，更是联动老、中、青、幼四个年龄阶层的重要连接器。四季花城社区已围绕“孝文化”成功设计了“知礼行孝·爱的传承”“手绘背影·爱的印记”“遇见80岁的自己·爱的体验”等活动，通过老少共融拉近邻里距离，促进家庭和睦，营造和谐、温馨的社区氛围。

二、公益互助：“老有所为”“老有所乐”

龙岗街道中海康城社区“夕阳红”工作人员在平时的社区养老工作中发现了一个有趣的现象：随迁来深圳的老人第一共性需求是“适应这个社区”，第二是“找到有对应共同需求的群体”，三是“知道社区哪些养老资源可以为我所用”，四是“老人有自我实现的需求”，也是老人需求的最高层面。

“老人们希望自己除了享受社区养老服务之外，也能为社会服务。”中海康城社区“夕阳红”项目相关负责人表示，目前该社区“夕阳红”已在着手打造“长者互助会”，为每个社区老人建立一套“特长档案”，如果老人愿意则邀请老人通过授课的形式服务其他社区老人，回馈社区。

值得关注的是，一些选择“居家养老”的老人通过社区“民生微实事·‘夕阳红’”平台，找到了“结对子”的“另一半”，双方“互助养老”，成为社区“夕阳红”养老中独具特色的一抹亮点。

“60”公益服务“80”献出一己之力

坂田街道四季花城社区的老人们是幸福的。在社区“夕阳红”的纽带作用下，他们各自的兴趣爱好得到了汇聚，也拥有了发挥的平台。多才多艺的退休老人们组成不同社团，以合唱团为例，高峰时期有200位社区老人参加。四季花城老人合唱团还参加过多次比赛，并多次获奖，他们还曾获得维也纳国际合唱节的银奖。不仅是合唱团，舞蹈团也是四季花城社区的主力，在全国各大比赛上摘得多枚奖牌。此外，全国秧歌、腰鼓、剪纸比赛，四季花城的老人们获得的荣誉也不可胜数。

但就是这样一个拥有多才多艺老人的社区，老人们并不满足于享受“夕阳红”项目提供的各种服务，他们还在做着更有意义的事情，通过自己的志愿服务，证明自己的价值，发挥自己的“余热”，温暖社区里更多的人。

四季花城社区居民石文霞奶奶即是其中一位。她曾获得“深圳市最美长者”，是四季花城社区“奶奶厨房帮”志愿者服务队的队长。“我们主张‘30服务60’‘60服务80’，有能力的稍微年轻的老人服务更加年老的需要帮助的老人。”石文霞介绍，“奶奶厨房帮”主要为社区一些有需要的老年人提供清理、打扫、帮厨服务。多年来，“奶奶厨房帮”的志愿者服务队伍越来越大，其中以“银龄老人”居多。

“我女儿就说，你做义工我支持你，但是你不要去做负责人。我知道，她是怕我操心。”说起家人，石文霞一脸的骄傲，“我原来没退休时也是负责管理这块，经常晚上想着计划就一晚上睡不着觉。现在好了，退休了又来做管理，这不又得操心。”石文霞笑着说，尽管女儿老是这么对她说，但她就跟“老小孩儿”似的，“她说她的，我做我的。”

“说实在的，我本来就是一个闲不住的人，你让我退休后就这么闲坐在家里我还真是不舒服。”如今石文霞的孙子已经上初二，她的空闲时间更多了。她充满感情地说，生活在四季花城社区格外幸福。这个社区有这么好的“夕阳红”空间，“奶奶厨房帮”还在这里聚集到这么多愿意付出的“银龄老人”，“大家伙在一块做志愿服务、一起聊聊天，也是一个相互学习的过程，通过帮厨还能交流到各地美食的做法，真是非常开心。”石文霞说。

横岗街道怡锦社区也有一个著名的“以老助老”义工服务队——红枫叶志愿者服务队。他们大部分由社区里比较年轻、愿意付出时间的老人组成，主要提供医疗、法律、康复、便民等几方面服务。70多岁的廖阿姨夫妻都是医生。医生岗位上退休的他们坚持数年如一日地为社区老人量血压、测血糖，深受居民欢迎。还有坪地街道香林世纪华府的义工队，不少“60”老人参与为“80”老人服务的行业中来，让人感动。

居家老人“结对子”互助养老

受中国传统文化的影响，不少老人都会选择“居家养老”，在他们看来，没有比家人的日常陪伴更幸福的晚年。“居家养老”的老人各自在家，仿佛一座“孤岛”，相互之间缺乏沟通。不过，随着龙岗区社区“民生微实事·‘夕阳红’”的推进，“居家养老”的老人们在“夕阳红”综合服务平台上相遇、相知、相识、相扶。

“老人的养老需求很大，但是他们不愿意进养老院，甚至有的老人家里很有钱但是没法照顾，他们去了养老院三个月后还是回来了。”四季花城社区工作站相关负责人介绍，在他们的调查中，近年来更是出现了“老人互助”的现象。“就比如说，有一个老人的眼睛已经看不清楚了，然后一个老人行动不便，这两个老人就会相互扶持，互助养老。这也是这部分不愿意去养老院的独居、空巢、失能老人很大的需求。”

以美食为媒介打破户籍制度养老壁垒

深圳作为一座移民城市，“新深圳人”来自五湖四海，他们的父母也多随迁来到深圳，开启新的养老生活。不过，与深圳户籍的老人不同，非深圳户籍的老年人在社区养老中或多或少遭遇文化差异、认同感差、难以融入本土生活等问题。如何通过组织系列活动，让本地老人和外来老人、深圳户籍老人和非深圳户籍的老人更多地理解与融合？这是龙岗各社区“夕阳红”项目都在思考的问题。

以龙岗街道龙岗墟社区为例，这是一个典型的村改居社区，本土老人所占比例很大。为了帮助外来老人更多地融入本土客家生活，龙岗墟社区“夕阳红”项目的工作人员多方探讨，决定以美食为媒介，为本地客家老人和外来老人搭建一个共同交流的平台。在一届届的“客家文化美食节”上，社区通过邀请本地老人教外地老人做糍粑、糖水、肉粽等客家美食，一起分享客家文化，拉近本地老人与外地老人的距离。

再如横岗街道，也多次开展客家菜学习比拼活动，开展本地老人和常住老人的融合。腊八节当天，“夕阳红”还邀请本地老人与义工们一起为社区老人挨家挨户送腊八粥，表达本地老人对外地老人的善意与祝福。

为破解户籍制度的养老壁垒，平湖街道白坭坑社区还计划尝试“夕阳红”非深户籍老人积分制，通过鼓励外地老人做义工兑换一些礼品、奖品、购物卡等方式，为社区有需要的老人送去帮助；社区“夕阳红”同时为这些志愿者老人颁发优秀义工证，让他们获得荣誉感和归属感。

结合现在流行的沟通工具，白坭坑社区工作人员还特别建了一个社区老人微信群。“能玩手机的老人就能聚在一起了。”该负责人说，在这部分老人中不乏本地老人，也有外地老人，建群的目的就是希望开展“老人义工互助”。比如，本地老人可以穿上红马甲帮助外地老人，在沟通中建立友谊；外地老人也可以穿上红马甲，为本地老人提供力所能及的帮助。

这种形式已经在实践中收获了良好的效果。有一次，在白坭坑社区“夕阳红”长者食堂内，两位本地老人正在因为配餐的问题争得不可开交，这时一位穿着红马甲的外地老人默默地为他们服务，就算是自己没有吃的也不计较。“我相信本地老人终究会接纳外地老人，付出总是有回报的。”这名负责人深情地说。

第三章　模式构建：

龙岗区“夕阳红”都市养老模式实践经验

习近平总书记指出，我国老年人口增加很快，老年服务产业发展还比较滞后，要推动养老事业多元化、多样化发展，让所有老年人都能老有所养、老有所依、老有所乐、老有所安。这为应对新时代人口老龄化，解决当前中国养老领域面临的城市养老难问题指明了方向。在探索新时代都市养老服务发展路径的过程中，深圳市龙岗区紧紧抓住老年人“需求”这个牛鼻子，从扩大养老服务多层次供给、提供多样化养老服务入手，构建起以三级中心为架构的“夕阳红”都市养老服务体系。通过创新养老服务模式，完善服务运行机制，切实回应老年人需求，补足了民生短板，从而探索出党委领导下，政府、社会、市场、家庭多方共建共享的都市养老新格局。

本章从“夕阳红”项目的制度设计、行动策略、实施成效等方面全方位呈现龙岗都市养老服务体系，并在此基础上总结当前破解都市养老难困境，提高都市养老服务社会化、专业化、智能化水平的龙岗经验。

第1节 制度设计与基层实践

习近平总书记在中共中央政治局第三十二次集体学习上的讲话中明确指出：“满足数量庞大的老年群众多方面需求、妥善解决人口老龄化带来的社会问题，事关国家发展全局，事关百姓福祉。”深圳市龙岗区始终坚持制度设计和基层实践相结合，大胆创新管理体制和工作机制，探索以设立“夕阳红”都市养老服务“三级中心”为发展新路径，全力构建起以居家为基础、社区为依托、机构为支撑，医养相结合、智慧化覆盖，设施齐备、功能完善、布局合理的“夕阳红”都市养老综合服务体系，为老年人提供“方便、快捷、亲切、暖心”的优质养老服务。

一、龙岗“夕阳红”都市养老模式的制度设计

20世纪 80 年代，我国都市老年人的服务需求主要依靠家庭满足，政府仅针对一部分特殊困难的老年群体，以建立福利院、敬老院等社会福利机构方式为他们提供养老服务。随着经济社会发展、人口结构和家庭结构的变化，养老问题已从单纯的家庭问题逐渐演变为转型期中国社会面临的重大社会问题，社会化养老服务需求日益大于政府提供的养老服务供给，由此导致的养老服务供需紧张关系，日益成为全社会关注的焦点和政府民生工作的重点。2000 年开始，国家大力推进社会福利社会化，鼓励社会各方面积极参与养老事业，明确建设多元

化养老服务体系的发展思路。党的十八大以来，党中央、国务院高度重视养老服务，出台了加快发展养老服务业、全面放开养老服务市场等政策措施，都市养老服务体系建设在建设理念、支持政策、市场化程度、基础设施供给、运作模式和专业化进程等方面取得了一定的成绩，但在发展过程中，仍然存在现阶段养老服务体系不能有效满足老年人需求，养老产业市场活力尚未充分激发，养老产品有效供给不足、养老服务质量不高等突出问题。认识是行动的先导。深圳市龙岗区在构建都市养老服务体系过程中，始终坚持把建立顶层设计和政策支持体系作为先导性工作、关键性工作，确保以科学的制度引领、推动、规范和保障“夕阳红”都市养老服务有序规范发展。结合国务院、广东省出台的养老政策指引，根据《深圳市养老设施专项规划（2011-2020）》《深圳市养老服务业发展“十三五”规划》以及《深圳市龙岗区国民经济和社会发展第十三个五年规划纲要》等规划文件，龙岗区2018年开始探索具有龙岗特色的养老服务政策支撑体系。2018年7月，在充分调研和反复论证基础上，龙岗区制定实施社区“夕阳红”都市养老模式“1+6”办法，同时将社区“夕阳红”都市养老项目纳入龙岗区“民生微实事·大盆菜”范畴。“1”即《龙岗区社区民生微实事“夕阳红”项目建设与运营管理办法》，“6”即社区“夕阳红”项目建设标准、运营服务、长者食堂、资助申报、监督管理、考核办法6项配套措施，较好地解决了社区“夕阳红”都市养老模式怎么建、建好后怎么运作的问题。这样，既填补了龙岗都市养老服务体系的政策空白，又体现出当前都市养老实践的龙岗特色。

（一）纵向规划布局，以“三级中心”构建都市养老四级网络

近年来我国养老服务政策不断丰富，推动养老事业发展的制度环境逐步走向完善。但在养老需求逐渐呈多元化、养老服务业基础薄弱、家庭养老功能不断弱化的发展趋势下，都市养老服务模式欠缺系统性规划，一些制度设计还比较零散，呈碎片化状态。这体现在我国社会养老服务体系建设中普遍存在机构养老、社区养老和居家养老三种服务模式相互独立、互为割裂的问题，各项养老政策较难形成合力。因此需要有一个系统完整的服务体系，以系统性思维增强都市养老服务政策设计的科学性，整合机构、社区、居家各领域横向福利政策，逐级打通纵向服务体系，同时结合医养融合和“互联网+”等服务形式，保障养老服务体

系的系统化和专业化。龙岗“夕阳红”综合服务体系是以区、街道、社区、家庭四级养老服务设施建设和培育为基本框架，优化养老设施和机构的区域布局和结构，以医养结合的全面嵌入提高养老服务质量，结合智慧养老提高养老的现代化信息化智能化水平，最终全面建成“以居家为基础、社区为依托、机构为支撑、医养相结合、智慧化覆盖”的养老服务供给体系和覆盖区、街道、社区和家庭的管理服务网络。

为从组织体系上保障“夕阳红”四级都市养老服务模式，龙岗区提出设立“夕阳红”都市养老服务“三级中心”，即成立区“夕阳红”都市养老指导中心、街道“夕阳红”都市养老管理中心、社区“夕阳红”都市养老服务中心，并明确了“三级中心”各自的职责定位，以统筹协调各方力量、形成工作合力。其中：区“夕阳红”都市养老指导中心由龙岗区民政局主要领导担任负责人，负责做好管理制度顶层设计；街道“夕阳红”都市养老管理中心由街道办分管领导担任负责人，负责落实综合监管措施，确保规范化标准化运作；社区“夕阳红”都市养老服务中心由社区工作站站长担任负责人，负责实施各项具体运营管理制度。因此，“夕阳红”都市养老服务“三级中心”在功能上各有侧重，实现了区、街道、社区“夕阳红”都市养老模式从指导、管理到服务的全覆盖。与此同时，龙岗区将医养结合和智慧养老全面嵌入都市养老服务网络中。医养结合方面，龙岗区提出在区、街道级养老机构和医疗机构中增设医疗护理项目和养老护理服务，嵌入医疗护理服务，打造机构养老的新型医养结合服务模式，如：区级公办养老院同步建设龙岗区老年病医院，设置老年病床位，新建街道敬老院有条件的可以建设医院或者门诊部；在全区三级甲等以上医院设立老年病专科或康复科，鼓励其他医疗机构根据条件设立养老康复护理中心。在社区“夕阳红”都市养老服务中心自身建设中植入医疗、康复等健康养老服务内容，如在硬件建设上社区“夕阳红”项目设置包括医疗保健室、康复休息室和心理咨询室在内的保健康复区，在软件建设上依托社区社康中心开展医疗健康服务，为老年人提供医疗保健、助医、康复训练、心理慰藉等服务。在居家养老医养结合方面，主要实行家庭医生制度，采用家庭签约家庭医生方式，享受相应社康中心、区级医疗机构、市级医疗机构延伸医疗服务，如受理长护险申请、老年照护需求评估、定期体检、医疗照护等。智慧养老方面，龙岗区提出在全区层面开发统一的智慧养老服务系统，利用统一平台对接老年人养老服务需求和各类主体服务供给；区、街道养老机构主要提供困难老人兜底保障工作，其智慧养老侧重于安全保障和医疗服务；社区层面主要利用智慧养老服务系统整合辖区资源，为老人提供线上线下相结合、便捷可及、优质高效的订餐服务；居家智慧养老服务主要为老年人提供生活照料、家政服务、医疗康复、精神慰藉、紧急救援等服务，开发更多服务于老年人个性化需求的产品。

在以"三级中心"构建的都市养老四级服务体系中，最大亮点在于社区"夕阳红"项目实现了两条延伸：一是延伸到区街层级的医疗机构或社康中心，方便老年人就近享受医养服务，使社区养老服务从日常照料为主拓展到医养结合的整合照护服务；二是延伸到居家养老，支持和巩固了家庭养老在都市养老服务体系中的基础地位。因此，区—街道—社区—家庭四级"夕阳红"都市养老服务之间既功能明确、相互独立，又互为支撑、彼此联动。只有从制度设计层面做到科学规划布局，建立起纵向统筹和上下联动的工作机制，才能解决各层级之间的割裂，有利于系统性、整体性推进龙岗"夕阳红"都市养老综合服务体系建设。

（二）横向资源整合，提高都市养老服务供给能力

党的十九大报告提出打造共建共治共享的社会治理格局。2018年3月7日，习近平总书记在参加十三届全国人大一次会议广东代表团审议时要求广东在营造共建共治共享社会治理格局上走在全国前列，为龙岗区都市养老服务体系建设指明了方向、明确了路径。龙岗"夕阳红"都市养老服务始终坚持共建共治共享，在养老设施和养老服务的供给上遵循整合优化、综合服务、灵活运作的原则。

养老服务设施供给方面。一是注重规划引领，整合优化全区福利设施用地，合理布局养老服务设施。2014年，龙岗区民政局制定《龙岗区养老服务设施中长期规划（2014–2020）》。2019年，龙岗区民政局根据《龙岗区公共设施项目台账及规划研究》，提出在不挤占现有用地的前提下，通过置换方式，以龙岗东、中、西部为轴线，充分整合现有21块福利设施用地，整合调整出3块2.5万平方米以上土地新建养老设施：东部以龙岗街道为中心，由龙岗、龙城、宝龙、坪地四个街道组团，未来建设1家覆盖20万老人的养老福利机构；中部以横岗街道为中心，横岗、园山、平湖、南湾四个街道为组团，未来建设1家覆盖20万老人的养

老服务机构；西部以布吉街道为中心，由布吉、吉华、坂田街道三个街道组团，未来建设1家覆盖35万老人的养老服务机构，以应对龙岗未来养老服务发展需求。二是坚持资源共享，整合利用现有资源，加快推进社区养老设施建设。龙岗区在《社区民生微实事“夕阳红”项目建设与运营管理办法（试行）》中提出，社区“夕阳红”项目场地物业可利用建成区现有公共配套物业，充分整合优化各类社区养老公共设施，利用城市更新改造项目中预留的日间照料中心公共配套物业，如社区公共配套物业无法满足社区“夕阳红”项目建设要求的，可按就近原则租赁场地。《社区民生微实事“夕阳红”项目建设标准清单指引》中进一步提出，社区“夕阳红”项目设施“应符合养老服务体系规划的要求，充分利用现有公共资源和基础设施，因地制宜地进行设计”，在建设标准上要求尽量选择独立运作的场所，确需与党群服务中心合并运作的，要预留充足的空间，且建筑面积应在300平方米以上，床位设置10张以上。对于工业园区、老旧小区的养老服务设施短缺问题，龙岗区民政局牵头协调街道、社区，充分挖掘利用现有的各类为老服务设施、为老服务场地及项目资源，如为老服务机构、星光老年之家、社区党群服务中心、社区股份公司等，以综合服务、灵活调配为原则，保障社区老年服务的设施供给。三是在社区“夕阳红”养老设施内部建设上明确各类设施的配建标准。《社区民生微实事“夕阳红”项目建设标准清单指引》对社区“夕阳红”新建工程项目以及改建和扩建工程项目建设提出总体要求，并从设计规范、城市规划、消防、建筑安全等方面对项目场地提出细化要求，要求龙岗全区所有社区“夕阳红”项目至少设置4个基本功能区，即“夕阳红”长者食堂、保健康复区、娱乐活动区、值班室和公共卫生间等辅助功能区，同时要做到“夕阳红”项目的功能室应统一标识和装修风格。这体现了“夕阳红”养老服务模式从制度设计到具体实践的落地，有力保障了养老服务的设施供给。

养老服务智慧化建设方面。一是以智慧手段精准识别老年人需求。“夕阳红”项目运用“互联网+养老”智慧养老为技术支撑，建立统一共享的智慧养老服务信息平台，即对全区老年人状况和需求进行摸底调查，包括收入状况、身体状况、现居住状态、养老意愿等方面，并实施动态更新，以现代信息技术手段精准识别老年人服务对象、项目和个性化需求。通过评估对老人居家环境进行科技适老化改造，利用物联网和无线传感技术，对老人进行24小时实时监测和风险防控。当老年人有服务需求或监控中出现老年人需要服务时，信息服务平台会自动采集并识别老年人的服务需求，调控专业养老机构的养老服务资源，安排人员上门为老人提供照护服务，实现各环联动。二是采取“互联网+养老”模式推动智慧医疗服务。龙岗区聚焦互联网发展的前沿，推动互联网技术和为老服务、医养结合的双向融合，有效提升都市养老服务智慧化水平。区、街道、社区“夕阳红”项目通过整合辖区内各类医疗、护理资源，主动链接辖区保健康复等资源，建设“智慧养老院”，推广物联网和远程智能安防监控技术，实现24小时安全自动值守，降低老年人意外风险。全区统一的智慧养老系统通过对居家养老的全覆盖，能够为居家老人提供生活照料、家政服务、精神慰藉、紧急救援等服务，极大拓展了居家养老服务的广度和深度。三是利用智慧服务系统提高社区“夕阳红”项目在长者助餐方面的服务水平。为加强社区“夕阳红”项目服务规范化管理，《龙岗区社区民生微实事“夕阳红”项目服务标准清单指引》明确规定在提供膳食服务时要“利用龙岗区居家智慧养老服务系统，根据服务对象的需要提供配餐、助餐服务”，调动辖区内各方面积极性，所有提供长者助餐服务的机构都在智慧养老服务系统登记在册，支持养老机构、区域性助餐机构的餐饮功能延伸到社区和居家，为老人提供线上线下相结合、便捷可及、优质高效的订餐服务，保障老人的饮食健康。

（三）创新工作机制，“1+6”“310”确保养老模式运行到位

在推动构建“夕阳红”都市养老服务体系过程中，存在着政府与社会、市场等多元治理主体的联系和互动，如何在各主体的联系和互动中形成良性发展局面，是保证养老服务体系有效运作、健康发展面临的现实课题。龙岗区在这一过程中深入调研，注重上下联动，根据龙岗养老服务发展现状，在政府主导下逐步建立起良好的管理体制、完善的运作机制，以及健全的监督考核方式。2018年7月起，龙岗区先后印发实施社区“夕阳红”项目建设运营“1+6”文件。“1”即印发《深圳市龙岗区社区民生微实事“夕阳红”项目建设与运营管理办法（试行）》。该办法明确社区“夕阳红”项目是指为社区老年人提供生活照料、膳食供应、保健康复、心理辅导、文体娱乐活动等日间综合服务平台，在项目建设与运营管理中遵循整合优化、综合服务、灵活运作、社区覆盖原则。并提出到2020

年底，实现全区111个社区“夕阳红”项目全覆盖的目标。该办法对社区“夕阳红”项目的服务对象、服务内容、经费保障与资助标准、运营与管理、责任落实方面作出具体要求。其中，社区“夕阳红”项目在运营与管理上分别明确了街道办、社区党委、区民政局与运营机构各自职责：街道办负责确定实施项目选址、建设、维护以及运营方式；社区党委负责社区“夕阳红”项目具体实施，做好项目前期的意见建议征集、项目申报、项目具体落实以及运营方式选择；区民政局负责制定社区民生微实事“夕阳红”项目监督管理制度指引；运营机构负责社区“夕阳红”项目的具体运营管理，根据运营协议要求为服务对象提供服务。2019年2月，龙岗区民政局配套出台5个清单指引和1个考核办法，即社区“夕阳红·长者食堂”清单指引、“夕阳红”项目资助申报清单指引、建设标准清单指引、服务标准清单指引、项目监管清单指引，以及《深圳市龙岗区社区民生微实事“夕阳红”项目考核办法》。可以说，社区“夕阳红”项目建设运营“1+6”文件理顺了社区“夕阳红”项目各方参与主体的管理体系，明晰了各自职责分工，从建设、运营、服务、监管、考核等多个方面为“夕阳红”项目提供了针对性指引。以机制创新拓展了都市养老服务空间，使社区“夕阳红”项目在为龙岗区老年群体服务中彰显实效，为推进111个社区“夕阳红”项目全覆盖奠定了坚实的基础。

2019年，为推动龙岗区“夕阳红”都市养老服务项目建设，实现高质量全覆盖目标，龙岗区民政局印发了《关于加强龙岗区“夕阳红”都市养老服务组织和制度建设的通知》。该通知提出建立龙岗区“夕阳红”都市养老服务“指导、管理”三级联动组织体系，并在实施社区“夕阳红”都市养老服务“1+6”文件规定基础上，围绕“夕阳红”4个功能区制定了10项工作规则、管理制度，请各街道抓好社区“夕阳红”都市养老服务中心的制度上墙和日常监管工作。三级联动组织体系即“三级中心”、10项服务点标准化管理制度，也被概括为“310”清单管理模式。三级中心指的是区级“夕阳红”都市养老指导中心、街道“夕阳红”都市养老管理中心，以及社区“夕阳红”都市养老服务中心，分别由区民政局主要领导、街道分管民政领导和社区工作站站长担任负责人。在构建“夕阳红”都市养老模式中，各级中心功能明确、各司其职、上下联动、形成合力。区级“夕阳红”都市养老指导中心重在全区性的统筹指导；各街道“夕阳红”都市养老管理中心，重在实施综合监管措施；各社区“夕阳红”都市养老服务中心重在办好“夕阳红·长者食堂”，重在向社康中心和居家智慧养老延伸。10项管理制度，即全区所有社区“夕阳红”都市养老服务中心统一制定长者食堂工作规则、长者食堂食品加工规则、长者食堂就餐公约、保健康复室管理制度、心理疏导室工作规则、学习制度、书画室文明公约、娱乐活动规则、办公值班室工作规则、居家智慧养老服务平台管理10项制度清单，确保全区每个社区“夕阳红”都市养老服务中心规范有序运作。

二、龙岗“夕阳红”都市养老模式的行动策略

龙岗“夕阳红”都市养老服务体系是在充分评估当前龙岗区都市养老面临的服务设施规划布局不科学、养老服务内容单一、精准化服务能力不足以及社会力量参与不够等问题基础上，结合龙岗养老服务的发展基础与有利条件，提出以搭建养老服务供给能力大幅提升、质量明显改善、结构更加合理的多层次、多样化、智慧型龙岗区“夕阳红”都市养老综合服务体系为总目标，按照渐进式原则，逐步实现四级“夕阳红”都市养老服务模式全面铺开、医养结合养老模式全面覆盖、智慧养老服务方式大力推进、养老人才队伍建设成效显著、孝亲敬老社会氛围日渐浓厚，以及老人合法权益得到有效保障的目标效应。

（一）实施方向

1. 都市养老模式与龙岗特色相结合

据调查，深圳老年人口膨胀速度快，截至2017年底，深圳全市户籍老年人为28.87万，占户籍总人口的6.6%；按照常住人口统计，大约有90万老年人，再加上内地来深投靠子女和“候鸟”型老年人，实际上有超过120万老年人。预计到2020年，深圳市60周岁以上户籍老年人将增加到35万人左右，非户籍常住老年人和户籍老年人的养老问题将相互叠加，养老服务面临的形势日益严峻。龙岗区老龄人口增长迅猛，据龙岗区网格办数据显示，截至2018年底，全区管理实有人口达480万，其中老年人口23万，60岁以上户籍老人3.16万；随着老年人口持续快速攀升，龙岗正快步迈向老龄化社会，预计到2025年，龙岗区户籍老人将达

10万，占全区户籍人口提升至6.5%，常住人口将突破500万；常住老人将达33万人，占常住人口的8%。面对日益严峻的养老问题，深圳积极采取一系列措施应对人口老龄化，初步建立起以居家为基础、社区为依托、机构为补充、医养相结合的社会养老服务体系。与深圳市养老服务发展方向相一致，龙岗提出以居家智慧养老为基础、社区养老为依托、机构养老为支撑，推动形成区、街道、社区、家庭四级联动的“夕阳红”养老服务体系，这既是对当前深圳推行的都市养老服务模式的落实和细化，又是基于龙岗老年人口需求所作出的探索和尝试。

四个“一点”办好“长者食堂”。按照习近平总书记对民政工作提出要“聚焦脱贫攻坚，聚焦特殊群体，聚焦群众关切，更好履行基本民生保障”的重要指示精神，龙岗“夕阳红”都市养老服务项目以办好“长者食堂”为重点，开展对老年群体的兜底性、基础性保障工作。通过对龙岗区47个在建“夕阳红”项目的社区中50周岁以上共27.76万老年人的需求调研发现，77.36%的老年人支持建设长者食堂，高达56.29%的老年人愿意自行前往长者食堂就餐，36.68%的老年人愿意送餐上门。龙岗区民政局参照深圳市民政局、市财委、市食药监局联合印发的《关于加快推进长者助餐服务的指导意见（征求意见稿）》，研究制定《龙岗区民生微实事“夕阳红·长者食堂”清单管理指引》，提出要从社区“夕阳红·长者食堂”建设标准、用餐与补贴、运营方式与要求、质量管理标准，以及食品安全标准等五大方面，为全区50周岁以上的户籍和常住老年人提供助餐服务，重点解决高龄、孤寡、独居、空巢等老年人群的就餐需求。其中，“夕阳红·长者食堂”助餐补贴主要针对龙岗区户籍年龄在60周岁以上的低保和低保边缘人员、“三属五老”、特困人员、经卫健部门认定的计划生育家庭中失去独生子女或者独生子女三级以上残疾的老年人，以及户籍年龄在85周岁以上的老年人，这部分老年群体的就餐费用全额由政府补贴，70至84岁老年人按照深圳市规定，每日午餐给予5元补贴，除此之外其他就餐老人则按用餐标准收费，不享受补贴。为拓展“夕阳红·长者食堂”项目对老年群体的覆盖面，有效解决龙岗困难老年人用餐难，包括独居、孤寡、失能等特殊困难老年人在内的全体常住老年人的吃饭问题，龙岗区在《深圳市龙岗区社区民生微实事“夕阳红”项目建设与运营管理办法（试行）》中提出采取“政府补一点、慈善捐一点、企业机构让一点、服务对象出一点”的4个“一点”办法，尝试构建起筹资多元化、运营社会化、服务个性化的配餐服务体系。这4个“一点”工作理念的提出，也是在办好“长者食堂”过程中，精准地找到了企业保本赢利、财政可承受、老人能负担的平衡点。为此，社区“夕阳红·长者食堂”项目在运行中，鼓励社会力量多方参与长者食堂建设，并以新建中央厨房、与品牌供应商合作等灵活多样的方式解决经费不足问题。如平湖街道白坭坑社区“夕阳红”都市养老服务中心，社区股份公司直接出资85万元，并提供室内530平方米的四大功能区和户外广场720平方米的活动场地，为该项目顺利运作提供了充足保障。而白坭坑“夕阳红”运营商厚德世家，则为服务中心配了一套智能服务系统，为社区“夕阳红”建立了智慧养老服务中枢，有力践行了“企业机构让一点”的“夕阳红”项目服务原则。

四级网络办实“医养结合”。党的十九大报告指出要“积极应对人口老龄化，构建养老、孝老、敬老政策体系和社会环境，推进医养结合，加快老龄事业和产业发展”。《广东省养老服务体系建设“十三五”规划》提出，“全面建成以居家为基础、社区为依托、机构为补充、医养结合的多层次养老服务体系。符合标准的日间照料中心、老年人活动中心等养老服务设施覆盖所有城市社区。”《深圳市民政事业发展“十三五”规划》提出探索建设以“养”为特色、以“医”为辅助、以“健”为支撑、以“智”为引领的“健康颐养小镇”或社区，满足老年人日益增长和多层多样的养老服务需求。为此，按照中央要求和相关文件精神，龙岗区民政局推进建立覆盖全面的医养结合服务网络。一是养老机构嵌入医疗护理服务。在新建或已建的公办养老机构规划并嵌入医疗护理服务。区级公办养老院同步建设龙岗区老年病医院，设置老年病床位，高标准设立示范性医养综合体；新建街道敬老院有条件可以建设医院或者门诊部，没有条件和已建成的可与周边公立医院对接，与医疗机构签订合作协议，建立全区范围内公办养老院入住老人就近就医绿色服务通道。鼓励新建或已建的民办养老机构增设医疗护理服务。新建的民办养老机构可同步申请建设医疗门诊部，没有条件和已建成的可与周边公立或私立医院对接，签订医疗服务协议，畅通就医绿色服务通道。二是医疗机构设置养老床位。在医院设置养老床位，新增养老护理项目，打造“以医为主，兼顾养老”的新型医养结合服务模式，服务医养结合的需求。在全区三级甲等以上医院设立老年病专科或康复科，鼓励其他医疗机构根据条件设立养老康复护理中心，有条件的二级及以上综合医院开设老年病专科，增加老年病床数量，做好老年病、慢性病防治和康复护理。三是实现社区“夕阳红”与社康中心融合。社区“夕阳红”都市养老服务中心自身建设上，直接植入医疗、康复等健康养老服务内容；有条件的社区“夕阳红”都市养老服务中心与社康中心、附近医疗机构合作，在选址上尽量与社康中心邻近，就近享受医养服务，实现医养结合。四是推进居家养老服务家庭医生全覆盖。居家养老医养结合主要实行家庭医生制度，采用家庭签约家庭医生方式，享受相应社康中心、区级医疗机构、市级医疗机构延伸医疗服务。实行家庭医生制度落实全市社区卫生基本服务项目，如受理长护险申请、老年照护需求评估、提供定期巡诊、专家坐诊、定期体检、医疗照护、转诊等。户籍老人家庭医生全覆盖，实现签约率达100%。

2. 标准化运作与个性化服务相结合

在“夕阳红”都市养老服务体系建设过程中，各街道社区在“1+6”管理清单、“310”运作清单等制度文件的指引下，以“六个统一”为标准推进项目建设、运营管理、监管等工作，实现区、街道、社区、家庭四级养老服务体系的标准化科学化规范化建设。即实现统一服务标识，全区统一“夕阳红”Logo，明确四大功能室的建设和服务要求，提升辨识度和品牌效应；统一服务对象，为全区户籍和常住老人，特别是户籍60周岁以上低保、低保边缘人员、“三属五老”等困难群体以及户籍85周岁以上老人提供服务；统一服务理念，做到“方便、快捷、亲切、暖心”；统一服务标准，为符合条件的老年人提供膳食供应、保健康复、娱乐活动、心理疏导等服务；统一运营模式，全区统一公开招投标，选定资质条件优、服务能力强、业界广泛认可的养老服务机构或公司开展运营；统一清单管理，出台“夕阳红”都市养老管理清单指引和制度，实行全面规范运营管理。同时，龙岗“夕阳红”项目从老年群体真实需求出发，既对政策执行到位又不拘泥于现有政策，根据街道社区的老年人口结构、硬件设施条件等因素，合理规划建设“夕阳红”项目，从而形成各具特色的亮点项目，为老年人提供更加优质贴心的服务。

例如，平湖街道建立街道智慧养老服务对象数据库，导入物联网、互联网等“智慧”元素，采集老人的基本信息数据，动态掌握老年人身心健康状况，为老年人提供方便优质服务。布吉街道设置心理咨询室并配备心理咨询师，针对社区老人不同心理问题给出最直接、最专业的免费心理健康测试、心理咨询和心理疏导，切实为服务对象排忧解困。吉华街道成立“夕阳红”党支部，与社区党群服务中心开展服务联动，设立“夕阳红”党员志愿服务岗，招募党员和社区群众志愿者参与“夕阳红”服务运营，提升党员和志愿者助老服务水平。南湾街道通过建立辖区老人健康档案并及时更新，运用系统大数据分析、监测老人身体状况，积极与社康中心对接或与专业医疗机构合作，签订合作协议，邀请专业医护人员到社区开展老年人体检、培训和诊疗服务。横岗街道充分挖掘和整合社区资源，发动低龄的健康老人组建党员、医疗、康复、法律、便民服务5支志愿者服务队，通过设定“时间银行”储蓄服务积分，搭建较完善的以老助老志愿服务网络。园山街道充分利用社区“夕阳红”活动平台，发挥党支部作用，开展各类有益于老年人身心健康的文体娱乐活动，特别是客家特色戏曲等文艺活动，展示客家文化魅力，丰富老人晚年生活。龙岗街道整合党群服务中心为老服务资源，提升为老服务设施，增加为老服务项目，设定长者食堂、保健康复、娱乐活动、辅助功能等四大功能室，为老人服务提质换挡。龙城街道与社区党群服务中心、社区股份公司、公配物业单位等开展属地共建，根据老年人需求设置个性化的功能室，重点打造适老化休闲书吧，为社区老人提供健康、医疗、养生等书籍，丰富老人精神文化生活。宝龙街道充分整合辖区各类医疗、护理资源，主动链接辖区保健康复等资源，为辖区老人提供康复理疗、保健按摩等个性化养老保健服务。坪地街道实现“夕阳红”向社康中心和居家养老延伸，提出“老人群众在哪里，项目就选在哪里；社康中心在哪里，项目就建在哪里”的工作理念。此外，针对以平湖街道白坭坑社区、龙城街道嶂背社区为代表的工业园区占比较大的社区，如何将这些随迁非户籍老人纳入“夕阳红”项目服务范围，龙岗区民政局专门尝试提出“来深建设者‘夕阳红’项目试点”工作，探索采取“积分”方式为现有政策保障不到的老年人群体开展服务。

（二）实践成效及经验做法

龙岗区推行的四位一体“夕阳红”养老服务体系建设现已逐步完善。2018年，龙岗全区顺利实施社区“夕阳红”项目46个，2019年实现全区111个社区“夕阳红”项目全覆盖。龙岗“夕阳红”项目既有效回应了民生需求，补齐长期的民生欠账，又积极探索都市养老服务模式，为新时代老年人提供优质高效服务，特别是“夕阳红·长者食堂”这一民心民生工程，成为广受社区老人和辖区居民欢迎的亮点。

解决龙岗区老年人就餐问题。根据深圳市民政局《关于加快推进长者助餐服务的工作方案》和《深圳市龙岗区社区民生微实事“夕阳红·长者食堂”清单管理指引》，“夕阳红”项目为全区常住老人提供膳食供应，按照“困难老人免费、普通老人自费”原则，为全区1473名60周岁以上困难老人和户籍85周岁以上老人提供“一日三餐”；为全区17432名70～84周岁老人实施5元午餐费用补贴；为行动不便符合配餐条件户籍老人提供送餐服务并补贴每人每天2元。以平湖街道为例，平湖街道的原住居民比较集中，尽管助餐服务按照财政补贴标准，经费预算都是以户籍人口为基本，没有扩大到常住人口，但在对老年人的助餐理念上并未区分外来人口和户籍人口，在对老年人的就餐服务上也做到了户籍人口和非户籍人口无差别对待，整体解决了社区老年人就餐问题。坪地街道对老人就餐需求分年龄分户籍进行了充分调研，通过建立中央食堂的方式解决老人的就餐需求。一些高龄老人会让护理人员到配送点取餐回家吃，常来社区“夕阳红”的老人则能在配餐点就餐后，喝点茶、打打牌，既方便了老人就餐，又解决了老人娱乐的问题。

补齐社区养老服务设施短缺的民生欠账。社区养老服务是都市养老服务体系的重要依托。龙岗的社区养老服务建设一直以来存在服务设施不健全、服务质量不高、专业技术人员缺乏等问题，且社区养老服务基础设施在社区之间差别较大，尚未形成制度化的统一规划与建设。以往以社区党群服务中心为主阵地开展的为老服务，大多集中于文化娱乐方面，覆盖的老年人需求十分有限，且服务的专业性不够，因此社区养老一直是龙岗基层民生问题的短板。为此，社区“夕阳红”都市养老服务中心在设施建设中强化了社区日间照料功能，在服务中涵盖了医疗保健、紧急援助、精神慰藉、生活照料、法律维权等几十种基本服务，极大地解决了原本的民生欠账。平湖街道社会事务办工作人员认为“夕阳红项目启动后，养老服务变得更加精细，变得规范了、细致了，有服务理念，方便、快捷、亲切、暖心，提升了整个服务水平”。辖区居民表示“社区老年人服务的功能区分很细，活动空间很多。和‘夕阳红’项目启动之前的养老服务相比，服务更全面更专业”。坪地街道坪西社区工作人员反映，辖区有一位96岁老人，还有一位患癌的91岁老人，每天都会坐着轮椅到“夕阳红”活动中心。对于工业园区老人的需求，一直以来有所欠缺，在“夕阳红”项目实施后，明显弥补了这方面的短板。如嶂背工业园区运营机构工作人员介绍：“在功能室开放后，里面的按摩椅、健身器材等，那些老人都会来用。包括我们里面的电视机，老人们也会去看，我们也会给他们放一些他们比较喜欢的电视节目。另外考虑到他们自身的经济水平，我们的义诊服务会多一些，他们也可以每天来我们这里测量血压。”

解决户籍老人“医养结合”全覆盖问题。辖区养老机构与医疗机构签订医疗服务协议，签约率达100%；实现111个社区“夕阳红”都市养老服务中心与社康中心100%签约；实现户籍老人家庭医生100%签约、户籍老人医保覆盖率达100%。如坪地街道六联社区“夕阳红”项目选址在社康中心对面，充分整合社康、党群服务中心和“夕阳红”项目的为老服务资源，打破了信息壁垒，解决了以往社康对老年人体检难、入户调查难等问题，有效利用“夕阳红”项目资源开展健康理疗、保健宣传、养生讲座、家庭档案、疾病防控等工作，形成了为老服务的合力，受到老年群体的普遍欢迎。龙城街道愉园社区除了跟社康中心合作外，还与其他医疗机构开展合作，每个月定期开展两场义诊，为老年人开展血压、血糖测量义诊服务，以及心脏、心电图，还有白内障等常见病筛查。园山街道银荷社区“夕阳红”项目运营方与广州琪和医院签订义诊协议，每月会邀请医生到社区开展义诊、健康讲座等，很受居民欢迎。

探索解决社区养老服务设施建设与运营的可持续发展问题。龙岗都市养老服务模式在实施过程中，利用统一名称、功能、标识的“夕阳红”品牌，既有力地提升龙岗区养老服务事业整体的对外形象，更重要的是为全区老人打造了一个便捷易得的养老服务网络。通过出台“夕阳红”1+6 管理清单、“310”运作清单等制度文件，引进专业的运营机构实施项目管理，保证了社区养老服务设施的标准化建设、对老年人服务需求的精准识别。同时以“互联网+”手段将整个社区的医疗服务、养老机构、照料中心、文化活动中心等资源进行有效整合和对接，通过信息传播的及时性，将老年人服务的供给和需求进行有效对接，保障养老服务供给的效率，也实现了都市养老服务项目运营的活力和可持续性。龙岗区领导给予充分肯定：“把民生微实事‘大盆菜’延伸到社区‘夕阳红’和工业园区很好，让社区老人和园区群众感受到党和政府的关怀，充分增强获得感。”坪西社区老人表示：“‘夕阳红’项目让我们实实在在看到，其实政府一直在为这个小区做很多实事，一个效果呢，是缓和了政府、业主跟物业之间原来存在的一些紧张的关系，我们现在跟物业的关系也变好了。另一个效果就是老人家平时自己有一些娱乐活动，以前的各种歌唱队、舞蹈队要去到坪西党群服务中心，那边特别远，现在就可以在家门口活动了，这就是个很大的改变。”

为在全区逐步建成111个社区“夕阳红”都市养老服务中心，各街道、社区在“夕阳红”项目推进过程中也积累了经验做法。

“夕阳红”项目前期调研充足。各街道在“夕阳红”项目点选址方面做了大量的工作，如横岗街道六约社区人口多，地域面积广，50岁以上的老年人口约占全街道老年人口的30%。为让社区老年人均能方便地享受“夕阳红”项目带来的实惠，横岗街道以“龙岗大道”为界，分别在道路南北各申请建设“夕阳红”项目一个。但道路以南部分，无政府公配物业，街道经多方走访调研，与六约麻地股份公司沟通协商后，最终确定租赁麻地股份公司320平方米场地作为项目的建设用地，解决了项目用地难题。同时，大多数街道社区发动社工、民政专干对辖区内50岁以上的老年人进行深入调查，了解老人对“夕阳红”及长者食堂的具体需求，为“夕阳红”运营做好前期准备。一些机构开展了有效的前期调研工作，如龙城街道愉园社区的前期调研宣传分为两种：对于辖区高龄老人更多采用上门走访的形式；对于一般老人，采取在各个小区内摆宣传摊位的形式，吸引社区老年人更多地参与“夕阳红”项目，取得了较好效果。

探索“共建共营”养老新模式。在“夕阳红”项目相关文件指引下，各街道社区引入专业养老机构运营管理，但同时坚持整合优化原则，探索开展项目运营机构与社区党群服务中心、社区股份公司、公配物业单位等属地单位共建，与星光老年之家、幸福老年计划、社区健康服务中心等项目共建。共建共营模式有利于整合优化未老服务资源，提升服务效果。如，坂田四季花城社区负责人介绍，该社区面积2300多平方米，包括了社区很多的活动区域、功能室，其实这些都是“夕阳红”项目的配套设施，实现了社区“夕阳红”项目和社区党建资源的共享共融。龙城街道黄阁坑社区在“夕阳红”项目推进过程中，充分发挥社区老年协会等自治组织作用，鼓励一些低龄、身体状况比较好的老人组建起各类自治组织和队伍，共同融入“夕阳红”项目中，增加老年人的归属感和幸福感。横岗街道充分挖掘和整合社区资源，发动低龄的健康老人组建党员、医疗、康复、法律、便民服务5支志愿者服务队，通过设定“时间银行”储蓄服务积分，搭建起完善的以老助老志愿服务网络。

高标准建设“夕阳红”项目。在社区“夕阳红”项目建设与运营管理过程中，除依照文件要求外，大部分街道社区多次与城建办、水务管理中心等专业人员现场考察，邀请资深养老机构专业人士指导，对“夕阳红”各项目点功能区布局、后期的运营管理提出意见和建议。例如，龙城街道在“夕阳红”项目点建设上参照养老建筑设计标准，实现场所的适老化，如消除高差、设置扶手、防滑地胶、阳角阳面的圆角矩形防撞处理等；采用“功能室+开放空间”的模式，引入柔和的自然光，合理安排适老家具布局，打造多功能一体适老化交互空间。在与社区党群服务中心、社区股份公司、公配物业单位等开展属地共建中，根据老年人需求设定个性化功能室，重点打造适老化休闲书吧，为社区老人提供健康、医疗、养生等书籍，丰富老人精神文化生活。这不仅体现出“适老化”精细养老新理念，也保证了“夕阳红”第一批项目高起点、高标准、专业化的建设和运营。同时，“夕阳红”项目在为老服务方面区别于以往党群服务中心的老年人服务内容，从原本以文娱类、普适性的老年服务，转为以项目的形式更为精准地针对老年人需求展开各类精细化、个性化服务，而且强调老年人内部的自助服务，如“60助80”的一些项目设计，同时对于老年志愿者的培训也会适时做些更有针对性的调整。

第2节 都市养老服务新模式的龙岗经验

龙岗“夕阳红”都市养老服务体系是在立足龙岗养老服务实际的基础上，聚焦老年群体、聚焦居民群众关切，准确把握共建共治共享社会治理格局丰富内涵和时代要求，坚持以“充分发挥党委的领导作用、政府的主导作用、社会的主体作用、市场的决定作用、家庭的基础作用”为原则，不断完善养老服务体系，提高养老服务质量，逐渐形成新时代都市养老事业发展的龙岗经验。

一、政策制度是“夕阳红”新模式的有力保障

养老服务业从属性来看，既有准公共产品的福利性事业属性，需要政府加以保障，又有一般商品的产业属性，可以通过市场促进发展。鉴于养老服务业兼有福利性事业和市场化产业属性，龙岗区“夕阳红”都市养老模式着力政策制度的系统设计，坚持“低端有保障、中端有供给、高端有市场”标准，对养老服务市场加以细分，以满足不同层次养老人群的需求。

没有规矩，不成方圆。龙岗区制定实施社区“夕阳红”都市养老模式“1+6”办法，建立“310”体系标准，从对“夕阳红”服务阵地建设、项目申报、服务对象、服务内容、服务标准、资金保障、运营管理等方面的具体措施作了明确和规范。以政府提供基础性公共保障为基础、鼓励社会参与、注重个人义务，从阵地、队伍、资金、标

准、机制等方面，建立起了较为健全的保障体系。

强化政府主导作用。在全面构建和营造“政府主导、企业参与、市场运作、社会共建”的养老服务新格局中，龙岗区民政局在“夕阳红”项目的推进过程中突出政府的主导作用，强化政府的托底功能。政府坚决承担对困难老人的社会照顾全覆盖，通过入户调研掌握困难老年群体，做到特殊服务的精准化；加大对基本养老服务的投入，从文娱活动、日常照料拓展到医养结合全方位的社区照顾，增加服务内容、提升服务水平，实现社区养老服务的多样化；统筹社区居家养老和机构养老协调发展，统筹推动养老设施、运行管理、从业人员、服务主体建设，以政府的制度供给、政策设计鼓励市场力量、社会力量的投入；在老龄工作管理体制和社会参与机制上发挥政府的保障作用，养老既是多部门的融合体又是多种社会服务的融合体，“夕阳红”项目推进过程中，政府注重保障体制内外力量的共同整合和发展。同时，政府规范不同参与主体和不同领域之间的边界，规范他们之间的关系，以养老产业、养老服务的规范化运作为目标，鼓励社会资本通过公建民营、民办公助、项目委托、购买服务和以奖代补等形式进入养老服务市场，提高养老服务市场主体专业化管理和市场化运作水平。因此龙岗区在设定体系标准、监管范围、考核方式等方面，政府持续发挥对“夕阳红”项目的主导作用，这也是“夕阳红”项目生命力和活力的重要保证。

建立规范运营体系。清单制是人们认识、处理社会事务中运用的基本分析工具，也是新一轮城市治理创新中出现的新型制度形态，作为一种治理创新工具在现代城市治理中发挥出独特的制度优势。为提升社区“夕阳红”项目服务质量，龙岗区民政局制定印发《深圳市龙岗区社区民生微实事“‘夕阳红’·长者食堂”清单管理指引》等“五个清单指引”，完善了政府对“夕阳红”项目的管理机制，保证内部治理的规范性、科学性。同时高度重视养老相关制度建设，建立健全相关法律法规，建立养老服务准入、退出、监管制度，加大执法力度，规范养老服务市场行为；完善和细化居家养老、社区养老和机构养老服务的相关标准，制定岗位专业标准和操作规范，大力推动养老服务标准化和服务合同标准化；建立健全老人权利快速救济体制机制。建立养老机构等级评定制度、老年人入院评估和养老服务需求评估制度。同时在政策支持、经费保障等方面链接外部资源，为“夕阳红”项目的可持续性发展创造条件。平湖街道白坭坑社区负责人提出，“‘夕阳红’专业运营机构进驻后跟社区以往开展的老年服务模式有很大不同，以前的老模式是早上6点钟服务员开门，社区工作人员全年无休。因为老人们在那里活动，场地要维护，星期六也无法调休。现在‘夕阳红’专业机构来了，社区人员解放出来了，而且对老年人开展的服务更专业了，不仅仅限于使用场地设施，很多康复理疗、心理疏导的功能都很齐全。”龙城街道黄阁坑社区“夕阳红”运营机构负责人介绍说，在开展老年人就餐服务前，一般会有针对性地对辖区老人饮食状况开展调研，了解老人的身体情况、在饮食方面的特殊要求等，并根据老人的身体情况作出适当的饮食分类，在就餐配餐服务中达到可口健康、及时送达的标准。

建立有效监管体系。多元主体参与老龄事业和老龄服务是“治理”理念的重要体现，但同时也需要政府有关部门及民众对“夕阳红”项目的参与主体开展进行监督、约束和规范，促进各主体在发挥作用中形成自律机制。为此，龙岗区民政局在制定项目运营等清单时，同步制定下发了监管清单指引，提出要充分发挥政府部门、养老服务机构、服务对象及家属等各方力量，促进民政部门与其他相关部门各司其职、协同合作，整体推进养老服务业发展。形成政府部门和街道社区行政监管、服务机构自律管理、服务对象及家属主动监督、社会舆论公开监督的养老服务监管体系，通过机构自查、第三方检查、各级行政单位检查抽查和联合检查等方式，科学组织实施监管。加强行业基础通用标准，机构、居家、社区养老服务标准，老年用品标准等的制定和修订以及养老服务的绩效评估等，逐步形成全面、系统的养老服务标准体系。从规范市场准入、规范定价机制、严格查处违法行为、完善养老服务业统计制度、发挥行业协会作用等方面加强监管。这一过程也是对养老服务高质量体系建设的探索和尝试，以工作机制创新保证项目运行的权责明确、民主监督。如，坪地街道对提供老年人就餐服务的“中央食堂”建立监管机制，开展食品安全、消防安全，以及管理方面的监督，不定期地对食品配料、菜单定制、食品留样等方面监管，同时收集和反馈居民的意见。

二、可持续发展是“夕阳红”新模式的生命线

党的十九大报告强调，要坚持在发展中保障和改善民生，在老有所养、弱有

所扶上不断取得新进展，保证全体人民在共建共享发展中有更多获得感。面对越来越庞大的养老需求与即将到来的老龄化这一长期难题，新时代养老服务必须着眼于可持续的模式构建，推进都市养老服务的发展，才能有效应对老龄化问题的挑战。

2019年8月，中共中央、国务院发布《关于支持深圳建设中国特色社会主义先行示范区的意见》，提出深圳要打造“老有颐养”的民生幸福标杆，这为深圳养老服务事业的发展提出了新的更高要求。如何打造标杆，养老服务模式的可持续发展是其生命线，需要强有力的组织保障和制度支撑。为此，龙岗区将“夕阳红”养老服务体系建设作为打造“民生幸福标杆”的重要突破口来推进，充分发挥党的领导作为社会主义建设本质特征和最大优势，着眼于为辖区长者提供优质养老综合服务和长远发展，强化党对养老事业发展的保障作用，将“夕阳红”项目作为党委政府的重点民生项目，大力推进，保障“夕阳红”项目的全面深入开展，为“夕阳红”养老服务模式的可持续发展固本培元。

项目顶层设计。党的领导核心作用首先体现在对项目的制度设计和统领地位。龙岗社区“夕阳红”项目建设与运营管理严格依照《社区“民生微实事·大盆菜”项目实施办法》执行，2018年该办法出台，其中明确提出要遵循“党委统领原则”，即要由社区党委牵头组织项目的征集、评议、确定、验收以及公示，社区党委应“充分发挥统筹作用，由社区居委会、工作站配合，充分调动居民群众参与项目的积极性，保障居民群众的提议权、评议权和监督权”。这体现出党在对社会事务和社会资源进行管理和配置过程中，首先是通过制度层面的顶层设计，以科学决策、民主决策保证正确的领导方向。可以看到在社区“夕阳红”项目从选址、装修到运营的全过程中，街道、社区党委发挥出统筹协调作用，不断解决执行过程中出现的各类问题，保障了项目的顺利推进。如，平湖街道社会事务办负责人坦言，“在推进夕阳红过程中，协调、达成共识非常困难。我们去租场地，政府能出的租金一般情况下达不到股份公司的要求，因为场地一般都租股份公司，股份公司租金要面对股民，本来对外可以收40块，但要20块租给政府，公司怎么向股东们交代？就得跟他说清楚了，就是为了你们整个社区着想，每个人都会老，你也会老，他们就得去做股民的工作，这就是一个达成共识的过程。”因此，龙岗“夕阳红”养老服务体系建设在制度设计和政策创制上突出了党委总揽全局、协调各方的领导核心作用，使老龄工作上升为党的重要工作，这既是老龄工作思想理论上的一次质的飞跃，也是老龄工作实践上的一大突破。

项目运营管理。党的长期执政地位决定了在公共事务管理中，要通过公共权力体系以直接或间接的方式体现领导核心地位。因此，龙岗区民政局在下发的社区“夕阳红”项目建设与运营管理办法中，提出“坚持党建引领，社区‘夕阳红’要成立党支部，将党建工作融入管理和服务之中，形成‘群众下单、党委接单、共建做单’的社区治理新格局”，要求社区党委承担社区“夕阳红”项目的直接责任，负责全面落实项目及运营机构的日常管理工作，保障了“夕阳红”项目运行管理机制的顺畅。这既体现了坚持以党建引领基层社会治理，也体现了以项目制方式打牢基层党建根基，是确保“夕阳红”养老模式可持续推进的政治保障。如吉华街道推动“夕阳红”党组织覆盖，在“夕阳红”项目选址、建设和运营方面发挥党建引领和战斗堡垒作用，设立“夕阳红”党员志愿服务岗，招募党员和社区群众志愿者参与“夕阳红”服务运营，提供心理辅导、保健康复、文娱活动等为老敬老爱老服务，提升党员和志愿者助老服务水平。因此，在养老服务业发展新时代，只有坚持和加强党的全面领导，才能实现党的十九大提出的“积极应对人口老龄化，构建养老、孝老、敬老政策体系和社会环境，推进医养结合，加快老龄事业和产业发展”的目标。

项目沟通协调。坚持和完善党的领导方式的重要体现在党善于运用不同手段和方式与社会群体、普通民众开展协商与沟通，充分利用基层党组织密切联系群众、组织和动员基层群众的优势，贯彻执行党的政策和主张。龙岗区在“夕阳红”养老服务体系建设过程中，立足实际，聚焦特殊群体、聚焦居民群众关切，在准确把握共建共治共享社会治理格局丰富内涵和时代要求基础上，积极探索新时代养老事业发展新路径，坚持以“充分发挥党委的领导作用、政府的主导作用、社会的主体作用、市场的决定作用、家庭的基础作用”为原则，不断完善养老服务体系，提高养老服务质量。龙岗社区“夕阳红”项目在运营管理中，要求社区党委组织协调运营机构、社区群众、辖区企业、社会组织等多元主体全方位、深层次地参与养老服务体系建设，并做好舆论引导，凝聚社会共识，形成推动养老服务业发展的强大合力。这体现在“夕阳红·长者食堂”的建设运营中，提出要挖掘利用辖区内开设的“夕阳红”综合养老服务设施、老年人日照中心、星光老年之家、健康服务中心、党群服务中心等现有养老服务、公共服务设施和资源，根据老年人口分布情况和服务需求半径合理布局长者食堂，并调动辖区内各方面积极性，鼓励社会组织、餐饮企业参与长者助餐服务，对现有的纯公益性（免费）就餐单位，在其组织登记、活动场地等方面遇到问题予以协助解决。如横岗街道四联社区“夕阳红”采用与党群服务中心融合的运作模式，充分挖掘社区义工资源，成立了“夕阳红”助老服务义工队，搭建“党员+医疗+康复+法律+便民服务”五位一体的助老志愿服务网络，以满足长者多方位的服务需求。

三、多元参与是“夕阳红”新模式的活力所在

习近平总书记2016年1月18日在省部级主要领导干部学习贯彻党的十八届五中全会精神专题研讨班上讲话时强调，新时代的社会保障体系建设要广泛汇聚民智，最大激发民力，通过人人参与、人人尽力，最终实现人人共享。因此，加快养老服务事业发展，不是党委、政府的“独角戏”，而是要社会参与、全民行动。在深圳龙岗，区、街道、社区、家庭四级养老服务设施的建设和培育，是以加大养老服务供给、提升养老服务能力、建设结构更加合理的养老服务体系为目标，提倡公私合作、多元协同，实现从政府包办一切的思维，转向政府主导下多方合力推进的社会合作思维，强调多元主体共建共治。

激发市场活力。现行的社会福利政策强调，国家在对社会福利承担基本责任的同时，需要借助市场机制的作用。党中央多次强调，充分发挥社会服务对提升人的生存质量和发展能力的重要作用，在政府保基本、兜底线的基础上，充分发挥市场主体作用，增加服务有效供给，更好满足多层次、多样化需求。如横岗街道怡锦社区在“夕阳红”项目的服务招标中引入深圳一格信息科技有限公司建立新型智慧养老服务平台，现已为辖区60周岁以上的老人免费配备了“李秘书”，即通过“三位一体”+“一键呼叫、24小时随时响应”模式，将老人与监护人、服务资源紧密地联系在一起，为辖区居家老人提供安全、健康、情感等领域的70多项专业服务。并计划在“夕阳红·长者食堂”中结合“李秘书”智慧养老服务，依托“1个线上平台+1个中央厨房+N个社区mini智能餐柜”，缩短配餐时间，扩大配餐服务半径，为老人提供营养均衡、科学合理的助餐服务。龙

岗区在“夕阳红”养老综合服务体系建设中明确提出，要深化简政放权、放管结合、优化服务改革，鼓励体制创新、政策创新、模式创新、管理创新，加快形成统一开放、竞争有序的老龄产业和服务的市场体系，改善营商环境，保障公平竞争，激发养老市场活力。在区级“夕阳红”养老服务设施建设中，重点提出建设“夕阳红”养老护理院，计划总投资1.56亿元，设置300张养老床位，50张老年病床位，将其建设成为龙岗区具有代表性、示范性的养老机构，同步配建老年病医院，为失能或半失能老人提供基本养老服务，满足龙岗辖区范围内三到四个街道近100万人口养老需求。并提出到2033年，公办养老机构民营化运营2～3家，未来建设的养老机构公办民营模式占比不低于50%。国家发展改革委印发的《服务业创新发展大纲（2017—2025年）》提到，要全面放开养老服务市场，丰富养老服务和产品供给，建立以企业和机构为主体、社区为纽带的养老服务网络。为此，龙岗“夕阳红”养老综合服务体系建设进一步明确发展思路，提出全区打造品质养老服务连锁品牌2～3个，拟建成1～2个特色养老产业园，全区养老产业提供就业岗位数达5000个；养老产业及服务业吸纳资金数达100亿元的发展目标。

鼓励社会参与。在国家发展改革委、财政部、人社部、卫健委等18部门联合印发的《加大力度推动社会领域公共服务补短板强弱项提质量 促进形成强大国内市场的行动方案》中，明确提出了要充分发挥市场和行业协会、商会等社会组织的作用，扩大公共服务有效供给，提升公共服务质量水平。为此龙岗“夕阳红”项目积极响应，创新养老服务提供方式，提出各街道办、各社区工作站可采取社区自行运作、聘请有资质的社会组织或企业运营、购买专项服务等灵活多样的运作模式，为社区老人提供丰富、优质服务，项目的采购流程、资金使用等纳入“民生微实事·大盆菜”项目实施范畴，并出台《龙岗区民生微实事“夕阳红”项目建设与运营管理办法》加以规范。目前，各街道“夕阳红”都市养老管理中心陆续完成项目运营方的招投标工作，符合条件的养老机构、社工机构以及企业开始接手运营。如，南湾街道完成4家“夕阳红”运营招标，选定深圳市金才人力资源管理有限公司为街道“夕阳红”运营服务机构；横岗街道银荷社区“夕阳红”项目选定由深圳微孝居家养老服务有限公司运营；龙城街道的龙红格、黄阁坑社区“夕阳红”项目由深圳市福田区福安养老事业发展中心运营，吉祥、愉园、嶂背社区“夕阳红”项目由深圳市龙岗区至诚社会工作服务中心运营。同时，社区“夕阳红”项目建设过程中，社区股份公司、爱心企业也积极行动参与为老服务，如平湖街道白坭坑社区“夕阳红”养老服务中心由社区股份合作公司提供场地，并免费按照“夕阳红”项目的统一标准进行了装修，内部的布置、设备都是由社区股份合作公司全额出资购买。为提升“夕阳红”运营机构的自身造血功能，龙岗“夕阳红”项目在推进过程中，注重宣传鼓励社会爱心人士和爱心企业向“夕阳红”项目定向资助或开发一些低偿、有偿的服务项目，以此减少项目对政府资助资金的依赖，增强项目独立运营的能力。此外，龙岗充分利用原有的社会组织发展优势，积极培育养老服务类社会组织，设立种子资金撬动社会资本，采取政府资助和社会组织自筹的方式，推动养老服务社会组织公益创投，资助具有创新性和引领性的养老服务项目，实现社会组织成为养老服务的有力补充。

营造社会氛围。为适应我国人口老龄化的严峻性和特殊性需求，在全社会倡导孝亲敬老文化，形成健康老龄化、积极老龄化的社会氛围十分必要。龙岗“夕阳红”项目注重提升全社会对养老服务的认知水平，在项目的宣传、动员、实施过程中，始终致力于将从事养老服务作为传承中华美德、践行社会主义核心价值观、提升个人社会价值的重要实践，号召全社会通过直接从业、志愿者、义工、社会实践等多种形式参与到养老服务中去，形成敬老、孝老、为老、助老的良好社会氛围。如，横岗街道发动健康老人组建党员、医疗、康复、法律、便民服务5支志愿者服务队，通过设定“时间银行”储蓄服务积分，搭建“以老助老”志愿服务网络；平湖街道提出发动社会爱心人士、整合慈善资源共同发展老年事业，有利于解决“夕阳红”项目中财政对老年人就餐的补贴不足等问题；吉华街道成立“夕阳红”党支部，设立“夕阳红”党员志愿服务岗，招募党员和社区群众志愿者参与“夕阳红”服务运营；龙岗街道整合党群服务中心为老服务资源，提升为老服务设施，增加为老服务项目，为老人服务提质换挡；园山街道银荷社区“夕阳红”项目在运营中组建起社区老年人“守护者”队伍，带动低龄老人服务高龄老人。通过发起社区养老互助社，动员老人互助、邻里互助和伙伴式陪伴，积极开展互助养老服务，在全社会推广以老养老、互助养老模式，不断强化社会积极应对人口老龄化的思想准备。同时龙岗区政府注重宣传“独立、自由、活力、乐享”的健康老年生活观念，通过公益广告、大众传媒等媒介渠道，社会保障性养老服务产品普及等手段，提高老年人对养老服务的认知度。

四、长者幸福是“夕阳红”新模式的价值取向

以人民为中心是习近平新时代中国特色社会主义思想的核心理念。习近平总书记强调：“民心是最大的政治”，“要坚持在发展中保障和改善民生，在老有所养、弱有所扶上不断取得新进展，保证全体人民在共建共享发展中有更多获得感。”对此，龙岗区认为，检验全区养老服务政策和养老服务质量的唯一标准，就是老年人是否满意，是否有获得感、幸福感。龙岗区在“夕阳红”都市养老模式与实践中坚持以满足老年人对幸福老年生活的追求和向往为中心，以“精准化”服务回应现实民生需求，以提供高质量为老服务为工作目标，逐步形成了长者群体其乐融融的生动局面。

精准化识别需求。龙岗“夕阳红”项目正式启动前首先开展的是各街道对辖区老年人需求的精准识别。一方面为了解全区养老对象的基本情况，龙岗区组织各街道开展了全区老年人状况和需求的摸底调查工作，从收入状况、身体状况、现居住状态、养老意愿、养老服务项目、收费标准等方面着手展开调查，并详细记录老人信息及服务需求。在此基础上，按照全市统一要求，建立统一共享的智慧养老服务信息平台，并动态更新，精准识别老年人服务对象、项目和个性化需求，便于为老年人提供更好、更有针对性的服务。另一方面从个体需求进行评估，包括辖区老人的自理能力、生活状态、身心情况，特别是高龄、困难老年群体的托底保障情况。在此基础上，“夕阳红”项目正式启动，并以1+6文件对项目建设、运营、服务、监管、考核等多个方面提供了针对性指引。其中，将助餐服务作为“夕阳红”项目的重点服务内容。“像我这样的身体不好，又是独居的老人，日复一日的买菜、做饭、洗碗就是负担。有了长者食堂，吃饭不用愁了，还能腾出更多的时间参加老年人活动。党和政府想得真周到啊！”“有了长者食堂，我腿脚不便也不用愁了，还能吃上合口味的饭菜。”平湖街道白坭坑社区的受访老人道出了许多困难老人的心声 。民以食为天，老年人的生活饮食情况是民众最关注的问题。因此，“夕阳红”项目在回应老年群体的现实需求上，首先以助餐服务体现出贴心服务理念，其次老人就餐问题的解决，巩固了居家养老在

养老体系中的基础地位，使老年人在居家养老中更有幸福感。

精准化供给服务。按照《龙岗区社区民生微实事“夕阳红”项目服务标准清单指引》要求，社区“夕阳红”项目运营机构要为社区老年人提供包括膳食服务、预防保健、医疗协助、康复护理、健康咨询、心理疏导、档案管理、休闲娱乐、学习教育在内的九大类基本服务内容，全面回应老年人多元化、多层次、多维度的养老服务需求。如平湖街道白坭坑社区原住居民中户籍老人约有200人，加上从香港回来定居的老年人有400多人，原有社区党群服务中心提供的老年服务资源已经不能满足老人活动的需要，社区“夕阳红”项目恰好弥补了这一不足，受到辖区老年人的欢迎。龙岗区一些原住居民较多的村改居社区，在“夕阳红”社区项目启动之前，村里老人的活动内容较为单一，大多是打麻将、看电视，间接影响到其他老年人不愿意参与社区活动，“夕阳红”社区项目建成后，很多老年人愿意走出家门，参加社区老年活动，老年生活更为丰富，充分体现出该项目为老服务的价值。

五、专业服务是“夕阳红”新模式的关键要素

当前，我国养老服务业存在结构不优、失衡的问题。在居家养老和社区服务方面，服务内容较为单一，主要提供日常生活照料，其他康复服务、法律援助、文化娱乐等专业性服务较少。随着养老人群需求的日益个性化、多元化以及网络技术、信息技术的发展，我国养老服务内容需要不断加以丰富，逐渐从生活照料向老年文化、教育、健身、娱乐、医疗康复、精神慰藉、法律服务等方面扩展，逐渐从保障老年人的衣食住行等日常生活照料为主向提供康复照料、情感护理、法律援助等专业化服务转变，逐渐从传统模式、单一化服务向系统化、网络化、信息化服务方向发展。与此同时，人口老龄化不仅意味着老年人口的增加，也意味着高龄、患病、独居、空巢老人的比重增大，对这些老人的特殊照护需求也相应增大，亟待建立满足专业照顾需要的养老服务与专业养老护理服务队伍体系。龙岗“夕阳红”养老体系的一大亮点，是集合了专业服务、智慧养老方式建立了现代化养老服务体系。

专业化平台创设。为有效应对即将到来的老龄化对龙岗区都市养老服务供

给能力的挑战，龙岗区大力整合各方资源，前瞻性地创新成立了“龙岗区特殊护理与养老学院”。着眼于精细化、标准化服务，该院采取龙岗区社会福利中心与运营机构、有关专业院校三方合作运营的方式，有效链接高校专业资源，为龙岗区特殊护理和养老服务提供专业化的平台。比如，在专业培训方面，“龙岗区特殊护理与养老学院”坚持公共性和公益性定位，着力在“生源优、设施齐、成效显、质量高、管理强”上下功夫，重点在生源、教学设施、教学内容、师资力量管理运营模式上突破和创新，打造特殊护理和养老服务领域的特色品牌；通过理论与实际相结合，设计针对性强、实用性强的优质课程，为辖区内特殊护理和为老服务的人才提供免费培训，培养热爱护理事业、理论水平较高、专业技术精湛的护理人才；提升龙岗区公办、民办儿童福利机构及养老福利机构护理服务质量和水平，以满足当下“夕阳红”都市养老服务的人才需求，同时为迎接即将到来的老龄化多元需求打造专业的支持平台与坚实的人才储备基础。

专业化指导运营。龙岗三级“夕阳红”都市养老服务体系建设任务之一，是建立区级长者服务指导中心，为全区养老服务主体提供具体业务指导以及为全区范围内老人提供示范性“夕阳红”综合养老服务。区“夕阳红”都市养老指导中心由龙岗区民政局主要领导担任负责人，负责做好管理制度顶层设计。这一“夕阳红”综合指导中心设在龙岗区特殊护理与养老学院，通过与专业高校建立合作关系，利用高校专家资源及区养老实践经验，实现指导中心运作规范化、标准化、精细化。同时，区级“夕阳红”综合指导中心在市级长者服务指导中心的统筹指导下开展工作，以标准化和规范化建设，维护区智慧养老服务管理平台，开展养老服务政策、法规宣传等工作；负责全区养老服务的组织实施，指导各街道、社区开展相关工作，对全区养老服务从业人员进行管理和培训，加快老年医学、护理、营养和心理等方面的专业人才的培养；对养老机构和服务项目实施监督和服务评价。街道“夕阳红”综合服务中心针对养老机构进行标准化、清单式管理，提升服务质量；针对社区层级和居家养老服务机构的基础设施建设、服务人员、服务内容、服务质量进行评价与考核。

专业人才队伍建设。龙岗“夕阳红”项目针对当前养老服务人才短缺、养老护理人员专业性不足等短板，提出通过加强培养养老服务专业人才、开展各层级养老人员培训以及扩大为老服务志愿者队伍等举措，全力打造龙岗区专业精干的养老服务人才队伍。一是强化专业管理人才队伍建设。依托龙岗区特殊护理与养老学院平台，举办社区“夕阳红”项目标准化规范化专题培训，对龙岗区民政局班子成员、局属各科室（单位）主要负责人，龙岗区各街道分管民政工作领导、社会事务办主任、各社区民政专干进行专题培训，对社区“夕阳红”项目建设运营“1+6”实操指引进行全面解读。培训内容涵盖建设标准、运营服务、长者食堂、资助申报、监督管理、考核办法等方面，强化和提升“夕阳红”项目建设与运营管理队伍专业管理能力。同时各街道按照全区统一安排，组织街道社会事务办、社区工作站业务骨干开展专题培训，加强基层业务管理人员的专业知识培训，建立起区、街道、社区三级培养专业化的项目管理人才梯队。二是强化专业服务人才队伍建设。“龙岗区特殊护理与养老学院”通过与北京师范大学、香港浸会大学、广东医科大学等高校开启联合办学，将培养对象扩大到区内公办、民办养老机构、家政公司等从事特殊儿童与养老护理服务的人员、有意向成为护理员的辖区居民，邀请专家、教授专题授课，采取“3+5+1”培训方式，开设康复护理、营养饮食、心理陪护、专业技能等专业课程。通过多批次技能培训，实现全区、街道养老机构、长者服务中心、社区“夕阳红”项目、住宅小区(楼宇)长者服务点的养老服务从业人员免费培训的全覆盖，培养一批技术水平高、实践能力强、有“温度”的为老服务管理人才、为老服务运营人才、为老服务技能人才，打造结构合理、层次分明、素质优良的人才梯队。三是完善专业人才的待遇保障制度。逐步健全养老服务行业相对合理的薪酬体制和动态调整机制，增加养老服务行业和工作岗位的吸引力。建立养老服务领域公益慈善导向机制，完善公益慈善资源与政府财政资源优势互补机制，推进养老服务项目公益创投工作，引导公益慈善资源进入养老服务领域，促进专业人才队伍稳定发展。四是建立为老服务人才队伍的多元支撑网络。通过社区“夕阳红”运营方和社区自治组织相互协作，孵化为老服务志愿组织，建立以志愿者为主体、专业心理慰藉机构为辅助的老年心理关怀服务网络，鼓励党员干部、青年志愿者、社区工作者、社会工作者及巾帼志愿服务队、社区老年互助组织等加入志愿者队伍，形成社区养老服务“社工+义工”联动模式。

六、智慧健康养老是“夕阳红”新模式的重要路径

《国务院关于加快发展养老服务业的若干意见》（国发〔2013〕35号）、《关于促进健康服务业发展的若干意见》（国发〔2013〕40号）和工业和信息化部、民政部、国家卫生计生委《关于印发〈智慧健康养老产业发展行动计划〉（2017-2020年）的通知》等相关文件提出，要求积极推进医疗卫生与养老服务融合发展，推进推动健康养老服务智慧化升级，提升健康养老服务质量效率水平，尤其是《关于推进医疗卫生与养老服务相结合的指导意见》和《智慧健康养老产业发展行动计划》的实施，将新一代信息技术产品、医疗卫生和养老服务紧密地结合起来，实现个人、家庭、社区、机构与健康养老资源的有效对接和优化配置，有效解决健康、养老资源供给不足，信息技术应用水平较低的问题，成为应对人口老龄化问题的主要策略。有研究表明，医养结合的服务模式改善了老年人的生命质量，与新一代信息技术产品相结合，可以有效预防、及时发现并治疗老年人的常见病和潜在疾病，还可改善其焦虑、抑郁等症状。

在这一背景下，智慧健康养老成为深圳市龙岗区探索智慧健康养老“夕阳红”模式的重要内容。如横岗街道引入一格公司李秘书智慧系统，对社区老人健康状况进行24小时监测，并提供智慧生活服务，就有效解决了居家老人的健康管理问题。同时，龙岗“夕阳红”养老服务模式一大特色是建立完善了龙岗区、街、社区、居家四级医养结合服务模式，在四个层级实现医疗资源与养老资源的深度融合，是一种集医疗、康复、养生、养老为一体的现代化养老服务模式。

智慧化管理服务。“夕阳红”居家养老服务体系建设主要通过互联网、大数据等手段，推进智慧养老运行模式，建设智慧养老服务平台，实现养老服务便捷可及。一是建立全区统一信息化养老服务平台。实施“互联网+”养老工程，集成市场和社会资源、促进供需对接，为老年人提供紧急救助、家政、医疗保健、电子商务、服务缴费等服务以及身体状况评估系统、电子健康档案系统等，利用该平台对接老年人养老服务需求和各类主体服务供给，为老年人提供高效、便捷、优质的养老服务。二是推进养老服务数据标准化与规范化运用。依托电子健康档案、电子病历和区域卫生信息平台等，建立机构内老年人健康评估、健康监测、医疗救助、康复护理、临终关怀等系统，实现养老机构与医疗机构的信息

共享和相关业务协同，老年人个人健康电子档案在各大医院、养老机构、社康中心、长者服务中心等实现数据共享。建立健全养老服务需求评估制度体系，通过对老年人的身份特征、身体状况、居住状况、经济状况等进行综合分析和评价，科学确定养老服务的等级和类型，为老年人享受福利补贴或者接受社区和居家养老服务、公办养老机构服务提供依据。如布吉街道在社区“夕阳红”项目中的日间照料中心推出社区智慧养老服务平台，通过政府的引导示范，充分发挥市场和社会力量，鼓励企业、社会组织提供各类智能健康养老产品和服务；依托云计算、大数据、人脸识别、智能终端等高新技术，健全完善数据统计、服务、评估和管理等功能，建立了“线上+线下”“阵地+项目”“系统+设备”等服务模式，重点覆盖高龄、独居、困难、残疾人等特殊老年群体，同时满足普通老年人对智能健康养老服务的需求；将老人安全等基础需求和老年教育等精神文化需求相结合，实现链接服务需求、服务供给、服务监督，打通养老服务各个环节；创新老年服务模式和监管方式，提供实时、便捷、高效、智能、可靠的养老服务，实现健康管理、科技养老、医养结合、家政服务、身体监护、生活照料、文化活动等服务的一体化。老人凭借芯片卡刷卡进入，显示屏记录并播放每日进入中心的老人的基本情况，实现享受完服务后签退，以及获取老人各项身体健康数据，不仅节约人力物力，也实现了对老年人健康的方便有效监管。

“夕阳红”养老机构实施医养结合。一是在养老机构内直接植入医疗康复服务。区级养老护理院建设直接植入以医院为依托、以康复为核心的健康养老服务内容，设置养老护理床位300张，老年病床位50张，高标准设立示范性医养综合体；区内其他新建养老机构在规划建设时即植入医养结合的相关内容，如建设护理院、医疗中心、康复中心等；区内已有养老机构改造升级新增医疗康复服务内容，增设护理中心、医疗中心、康复中心等。二是养老机构与医疗机构开展医养结合合作。以龙岗区公立医院为依托，推动龙岗医养“三结合”，即医疗机构和养老机构相结合、社康机构与养老服务相结合、“医管”和“养管”相结合。区内养老机构与医疗机构签订合作协议，建立全区范围内养老机构入驻老人就近就医绿色服务通道；区内养老机构与外地医疗机构建立外地就医快捷通道或远程医疗服务系统。三是在医疗机构内设置或新增养老康复服务。以龙岗区第二人民医院及第六人民医院建设为契机，新增养老护理院建设项目；在全区三级甲等以上医院设立老年病专科或康复科，其他医疗机构根据条件设立养老康复护理中心，有条件的二级及以上综合医院开设老年病专科，增加老年病床数量，做好老年病、慢性病防治和康复护理。

“夕阳红”综合服务设施实施医养结合。一是区、街道“夕阳红”综合服务设施实施医养结合。区级“夕阳红”综合指导中心、街道“夕阳红”综合服务中心自身建设直接植入医疗、康复等健康养老服务内容，并与辖区内医疗机构签订养老服务协议，实现医疗机构和养老机构相结合、社康机构与养老服务相结合。如区级综合指导中心、街道“夕阳红”综合服务中心可与龙岗区内三甲及以上医院签订医养结合协议。二是社区“夕阳红”综合服务平台实施医养结合。一种方式是有条件的社区“夕阳红”综合服务平台与社康中心建设相结合；另一种方式是社区“夕阳红”综合服务平台与社康中心就近建设，就近享受医养服务；第三种方式是社区“夕阳红”综合服务平台需与附近医疗机构及社康中心签约，优先享有医疗绿色通道服务。如南湾街道“夕阳红”项目在推进医养结合中，建立辖区老年健康档案并及时更新，运用系统大数据分析、监测老年人身体状况，积极与社康中心对接或与专业医疗机构合作，签订合作协议，邀请专业医护人员到社区开展老年人体检、培训和诊疗服务。平湖街道搭建智慧养老云平台，即通过建立街道智慧养老服务对象数据库，导入物联网、互联网等“智慧”元素，采集老人的基本信息数据，动态掌握老年人身心健康状况，为老年人提供方便优质服务。

居家“夕阳红”服务全面实施医养结合。家庭养老在我国依然普遍存在，对家庭成员及整个老年人家庭的养老支持也应纳入社会养老服务体系。对此，龙岗“夕阳红”养老服务体系将家庭视角纳入项目设计中，从家庭的整体需求出发，拓展社会养老服务体系中的家庭支持功能。居家“夕阳红”养老服务医养结合主要实行家庭医生制度。龙岗区家庭医生制度可采用家庭签约家庭医生的方式，享受相应社康中心、区级医疗机构、市级医疗机构延伸医疗服务。实行家庭医生制度落实全市社区卫生基本服务项目，如受理长护险申请、老年照护需求评估、提供定期巡诊、专家坐诊、定期体检、医疗照护、转诊等。预计到2023年，实现户籍老人家庭医生全覆盖，签约率达100%，常住老人家庭签约率70%以上。

精准化、精细化服务和服务供给快速反应能力体系建设，是龙岗“夕阳红”

项目建设和服务模式探索的重要内容。横岗街道的医养结合智慧养老平台建设，是龙岗“夕阳红”社区养老服务能力建设在 “互联网+”养老实践的一次初探，而平湖街道通过建立“互联网+智慧养老平台+呼叫中心+智慧终端”的智慧养老服务模式，全面打造出街道、社区、居家三级养老服务体系。街道和社区可以通过智慧平台及时了解辖区老人数量、身体状况、养老服务需求等详细情况，链接社区医疗资源，与家庭医生制度充分结合，形成了街道监管调度、社区枢纽执行、各方协作服务居家终端的智慧健康养老服务体系，实现“一键即达、一呼百应”，尤其对失能半失能长者提供上门助洁、助医、助急、助乐、助行等服务变得更加及时精准。

基于深圳市龙岗区的成功实践，2019年11月，该区所辖的布吉街道和平湖街道被工业和信息化部、民政部、国家卫生健康委员会评为“第三批智慧健康养老应用试点示范”，成为全国智慧健康养老的示范点。

第3节 都市养老新模式的可持续发展

一、供需精准对接

对于如何破解养老需求这一现实难题，龙岗区民政局在探索“夕阳红”都市养老服务体系建设中形成了三点思想共识：一是社区“夕阳红”都市养老服务关系民生、连着民心；二是全区“夕阳红”都市养老模式聚焦特殊群体，聚焦群众关切；三是补齐民生短板、保障困难老人生活是党员干部共同的使命担当。为此，龙岗“夕阳红”项目坚持解决供需信息不对称问题，推动实现养老服务供需的有效对接，力求将各项工作做精做细做实，精准回应社区群众的多元需求。一是回应普遍需求。“夕阳红·长者食堂”是龙岗区的一大亮点，也是对老年人群“吃饭难”的精准回应。龙岗区各社区“夕阳红”都市养老服务中心面向全区户籍和常住老人提供助餐服务，重点保障低保户、“三无户”等困难对象和户籍85周岁以上老人就餐，为符合规定的重点保障对象提供一日三餐免费用餐服务，让老人们充分享受改革开放的发展红利，也赢得了社会各界对民政工作的赞誉。二是关爱特定人群。龙岗区作为深圳市的产业大区和人口大区，经历40年的改革开放，曾经年轻的外来人口逐步老龄化，同时投靠子女随迁龙岗的老年人也越来越多。对此，龙城街道将“夕阳红”项目向工业园区延伸，探索“工业园区‘夕阳红’都市养老”模式。在落实“1+6”“310”政策制度清单指引的同时，根据来深老人实际，合理设置“四大功能区”，为来深老年人提供便捷化、个性化的养老服务，既暖了城市外来老年群体的心，也展现了深圳开放、包容的城市精神。三是体现服务特色。“夕阳红”社区项目在运营过程中，除了为社区老年人提供包括膳食服务、预防保健、医疗协助、康复护理、健康咨询、心理疏导、档案管理、休闲娱乐、学习教育在内的九大类基本服务内容外，各街道根据本辖区老人的群体结构和生活状况，在为老服务中突出重点、各具特色。如布吉街道“夕阳红”项目针对老年人易出现的孤独、恐惧、抑郁等心理问题，通过设置心理咨询室并配备心理咨询师，对社区老人不同心理问题给出最直接、最专业的免费心理健康测试、心理咨询和心理疏导，切实为服务对象排忧解困。龙城街道“夕阳红”项目根据老年人需求设置个性化的功能室，重点打造适老化休闲书吧，为社区老人提供健康、医疗、养生等书籍，丰富老人精神文化生活。宝龙街道“夕阳红”项目充分整合辖区各类医疗、护理资源，主动链接辖区保健康复等资源，为辖区老人提供康复理疗、保健按摩等一体化服务，提供个性化养老保健服务。这些标准化与个性化相结合的为老服务之所以能够满足老年人群体的多元需求，就在于对老年服务需求的精准评估，实现供需精准对接才能使“夕阳红”都市养老服务体系有延续下去的生命力。

二、制度体系保障

龙岗“夕阳红”都市养老服务体系的发展潜力在于依赖制度设计、组织体系和工作机制的持续保障。因此，“夕阳红”“1+6”“310”文件制度指引以及“大盆菜”资金扶持配套政策等作为制度设计，是保障“夕阳红”项目可持续发展的关键要素。一方面，“夕阳红”项目在具体实践中，坚持龙岗区“夕阳红”都市养老服务“指导、管理、服务”三级联动组织体系，在龙岗区“夕阳红”都市养老指导中心的统筹指导下，各相关部门有效配合、各街道发挥管理作用、各社区提供精准服务，构建起各有关部门左右协调，区、街道、社区上下联动的工作机制，整合社会各方面的资源，精准发力，有序推进各项养老事业各项目标任务顺利落实。另一方面，“夕阳红”项目注重理顺养老服务体系中的多元关系，建立养老服务体系中政府、市场和社会的良性互动关系。在政府主导下发挥市场和社会各自优势，推动养老事业发展。政府建立健全养老服务体系建设资金支持机制，加大对养老服务供给方的财政支持力度，通过政府资助补贴、购买服务等方式支持社会力量进入养老服务领域。鼓励利用上市融资、公益创投、PPP等方式，广泛吸引社会资本投资养老服务业，探索设立养老产业发展引导基金，构建养老服务业多元投入和培育机制，对于社会需求大、对老年人作用显著的项目，政府通过提高补贴标准的方式，引导资源更多投向该领域。政府积极推进养老服务与基层治理融合，政府购买社会组织和社工服务要与社区老年人的组织化建设相结合，对老年人及其家庭、老年人组织进行能力建设。政府推动建立健康老年人参与志愿互助服务的工作机制，开展时间银行项目，进一步完善为老志愿服务登记制度，促进志愿服务活动持续健康发展。

三、资金技术支持

龙岗区“夕阳红”都市养老模式虽已落地生根、初见成效，但“夕阳红”都市养老服务项目要办得好、办得长久，资金来源问题显得非常重要。对此，为建立长效的经费保障机制，龙岗区将社区民生微实事“大盆菜”延伸到社区“夕阳红”项目，项目建设运营、设施设备购置等相关经费优先从“大盆菜”项目予以保障，并动员社区股份公司、爱心企业等社会资本支持，实行多渠道资助，确保“夕阳红”项目高标准建设和持续规范运营。龙岗区民政局提出“夕阳红”项目要用足用好上级政策，对户籍60周岁以上的低保户、低保边缘户、“三属五老”等困难群众及户籍85周岁以上老人实行“一日三餐”免费助餐服务，将深圳市有关户籍70周岁以上老人每餐5元补助以及每人次2元送餐补贴这三项政策落实到位，惠及特殊困难群体。同时，龙岗区已将深圳市推进长者助餐服务政策所需经费列入2020—2021年两年预算，确保上级政策全面落到实处。与此同时，“夕阳红”项目是在都市养老服务中实现大数据管理，运用信息化、标准化管理提升养老服务质量的具体实践，因此从运用大数据精准识别老年服务对象，到以App、终端智能设备等感知老人服务需求，再到针对老年人医疗、护理、康复等健康问题，为老人提供“医养结合”新型优质养老服务，都需要以互联网、物联网、大数据为代表的现代信息技术为保障，提高都市养老服务的智能化水平。为此，龙岗“夕阳红”项目提出实施“互联网+”养老工程，建设全区统一信息化智慧养老服务系统，并鼓励社区、养老服务机构、社会组织和企业利用物联网、移动互联网和云计算、大数据等信息技术，开发应用智能终端和居家社区养老服务智慧平台、信息系统、App应用、微信公众号等。同时根据国家制定的智慧健康养老产品及服务推广目录，开展智慧健康养老应用试点示范，促进人工智能、物联网、云计算、大数据等新一代信息技术和智能硬件等产品在养老服务领域深度应用。

第四章　案例分享：

龙岗区“夕阳红”都市养老模式的共建共享

"老人群众在哪里，'夕阳红'选址就在哪里；社康中心在哪里，'夕阳红'就建在哪里。老人群众满意的微笑，就是对我们工作的最高奖赏。"这是龙岗区坪地街道"夕阳红"都市养老管理中心主任刘伟彬的一番话，用真心真情破解了"夕阳红"项目怎么建、怎么管的实际问题。

"夕阳红"依托社区，提供介于居家养老和机构养老之间的"嵌入式养老"，让社区老人们在熟悉的环境中收获老有所为、老有所乐的养老体验。本地老人、外来老人，不再因为身份上的不同而心生隔阂。孤寡老人、空巢老人，不再因为生活的困境而独自落寞。在"夕阳红"统一搭建的养老平台上，他们共享生活照料、保健康复、文体娱乐和志愿服务，老人们的幸福感油然而生。

"夕阳红"的运营机构是提供为老服务的主要力量。为了给老人们提供更加细致周到的服务，他们还积极链接社区义工力量，将更多的社区居民纳入义工队伍中来，"60助80""老少共融"等，通过"时间银行"等诸多鼓励模式，让社区居民乐于助老，使养老助老成为一种自发行为。

在慢慢老去的路上，社区老人们在"夕阳红"这里找到了持续的温暖。"夕阳红"就好比一个多头连接器，不同的端口分别连接着高龄孤寡空巢老人、银发能人、运营者、义工、党群服务中心、医疗机构等。多种能量通过"夕阳红"得以汇聚、碰撞、融合。深圳龙岗独具特色的可复制的养老经验跃然纸上。

第1节 长者心声

莫道桑榆晚，为霞尚满天。“我们是有追求的人，我们热爱生活，热爱社区。我们有我们的快乐，我们有我们的力量，我们不是已近黄昏的夕阳，我们的生活仍然丰富多彩，我们是生活‘无限好’的漫天霞光。”

一、“60助80”生活很精彩

11年前，刚从山东济南一家企业高管位置退下来的石文霞没有想到，退休后的她会比工作时更加忙碌。2010年，57岁的石文霞“接棒”深圳市龙岗区坂田街道四季花城社区“奶奶厨房帮”“帮主”一职。9年来，她带着“奶奶厨房帮”这一群平均年龄超过60岁的“银龄奶奶”们，与四季花城社区空巢老人、独居老人、行动不便老人等特殊群体结成“一帮一”的对子，定期为他们提供上门探望、买菜做饭、打扫清洁、陪伴谈心等一系列爱心服务。“奶奶厨房帮”志愿义工已服务2万余名社区居民。

“60助80”是指60多岁的“银龄老人”志愿为80多岁的老人提供服务，石文霞是其中一员。现年66岁的她直言“乐在其中”。“发挥余热，我们还不老呢！为更有需要的人提供帮助，这是我们的价值所在！”

2018年12月，专门为老人提供综合性为老服务的“夕阳红”都市养老服务项目，正式入驻四季花城社区，石文霞所在的“奶奶厨房帮”也被纳入“夕阳红”志愿服务队伍，开始了制度性、规范性、常规性地为社区“夕阳红”项目提供义工服务、公益服务和组织老年人互助活动。随着社区“夕阳红”项目的深入推进，作为四季花城社区长者，石文霞也越来越强烈地感受到了“夕阳红”的民生利好。据她介绍，目前“奶奶厨房帮”正与依托“夕阳红”项目整合的各种社区资源，开展一些力所能及的活动，如发动社区居民合力举办“百家宴”、为社区老者提供厨房兼职等。赠人玫瑰，手留余香，大家都在开展自助互助活动中获取快乐。“老有所乐”“老有所为”，社区“夕阳红”项目为四季花城描绘的社区养老服务的美好画卷正在徐徐展开。

政策指引：“奶奶厨房帮”服务规范化

2004年3月，石文霞的女儿怀孕了，为了更好地照顾女儿，石文霞决定放下老家熟悉的工作和生活环境，全然付出来到深圳照顾女儿。刚来深圳时，石文霞不太习惯——这座城市生活节奏太快，钢筋混凝土建造的商品房里，年轻住户们往往是大门一关，长期“你不认识我、我也不知道你”，彼此之间很少“串门”。这种生活状态持续了一年，让性格外向、喜爱交际的石文霞很不习惯。幸好外孙出生后，石文霞经常带着外孙出去溜达，她也因此认识了不少同样从老家过来帮儿女们带孩子的老人们。在邻居的介绍下，石文霞加入社区老人的文娱休闲活动中，并“崭露头角”。2010年，外孙已经上了小学，石文霞的时间也明显多了起来。正是在这一年，思维活跃、雷厉风行的石文霞，被推选担任四季花城社区“奶奶厨房帮”义工队队长，人称“帮主”。

什么是“奶奶厨房帮”？顾名思义，“奶奶”来“帮厨”。只不过，这群“奶奶”都是从五湖四海聚集到深圳的60多岁的老人们，他们厨艺高超、爱心满满，在处理家庭事务之余，积极参与到社区为老志愿服务中，为社区独居老人、空巢老人、失能老人、高龄老人等特殊老人提供上门帮厨、缝缝补补、清洗打扫、帮忙就医拿药、陪伴聊天谈心等服务。

据了解，作为深圳的超大型社区，四季花城社区常住人口多达2万余人，60岁以上人口达3000多人。其中，独居老人18人，申请居家养老的老人15人，85岁以上高龄老人不在少数。不过，就是在这样一个人口老龄化较为集中的社区，“互助养老”正在温情上演。不少像石文霞一样的“60”老人积极参与志愿为老服务，为“80”老人送去力所能及的关爱，“奶奶厨房帮”成为四季花城这个“全国最美志愿服务社区”老人互助养老的一个缩影。

在2018年年底，“夕阳红”都市养老服务项目正式入驻四季花城，“奶奶厨房帮”被纳入社区“夕阳红”志愿者服务队伍中。根据规定，社区“夕阳红”项目由通过招投标遴选确定的专门机构负责运营，其建设运营、设施设备购置、日常维护维修、租金、水电费、物业管理费等相关经费，由“民生微实事·大盆菜”项目优先予以保障。如此一来，“奶奶厨房帮”开展各项公益活动、义工服务和老人之间互助活动时有了运营机构和政府政策的双重指导，也有了扎实的经费基础。石文霞坚信，随着社区“夕阳红”各项监督管理制度的出台，“奶奶厨房帮”的“60助80”服务，从此前的零散化，逐步走向规范化、制度化、长期化。

让石文霞感受颇深的是，四季花城社区“夕阳红”项目运营后的短短几个月时间内，就吸引了大批社区居民义工以及党员志愿者加入到“奶奶厨房帮”。截至2019年7月，“奶奶厨房帮”的志愿者人数已经拓展到43人。他们大多是超过60岁的“银龄”老人，在社区“夕阳红”项目社工的号召宣传下加入“奶奶厨房帮”队伍中来。社区“夕阳红”与社区党群服务中心紧密联系，不少党员亦积极参与，目前“奶奶厨房帮”的党员比例高达40%。“我们虽然也是老人，但都才60多岁，还不算太老，可以发挥余热，帮助比我们更加有需要的80岁以上的老人，‘60助80’让他们‘空巢不空心’，也让我们的人生更有价值！”石文霞笑着说。

多方合力：举行“百家宴”更顺畅

“夕阳红”项目通过食物传递政府对老年居民的关怀，也是老人展示自己的舞台。石文霞和“奶奶厨房帮”的众多“60”老人即是“夕阳红”项目的受益者。小区特色“百家宴”活动，是龙岗区文明美德传播联合会的系列活动项目之一。这样的特色活动在龙岗远不止一个，早已有数不清的特色平台和创意服务，一步步融化邻里间的隔阂坚冰，让陌生人变成熟人，熟人变成亲人，形成一种与众不同的龙岗特色城市生活圈。

作为龙岗区文明美德传播联合会的系列活动项目之一“百家宴”活动，是社区居民开展联谊、增进邻里情感的重要载体，社区居民深度互动与融合，因此该活动在社区营造中广受欢迎。

社区“夕阳红”项目的进驻给这个特色活动更是增添了一抹温暖的颜色，“奶奶厨房帮”的积极参与，为“夕阳红”平台提供了更具有烟火气息的生活味道。“大家今天你请客、明天我买单，就像吃‘自助’一样，一起聊聊天，特别开心！”石文霞说。

在社区“夕阳红”项目管理者的统一组织下，“百家宴”有了稳定的活动阵地，“奶奶厨房帮”更加热心地开展社区餐饮文化联谊了。据石文霞介绍，每逢元宵节、端午节或者中秋节这样的传统节日，她就会组织“奶奶厨房帮”的义工们，发动社区居民，大家各自拿出各家的“特色菜”，做成百家宴邀请社区居民来品尝，前来品尝的居民不但有其他非“60”长者，更有社区年轻人。策划“百家宴”，旨在发动长者们关爱社区青年，让深圳这座移民城市里的各地年轻人能在社区这个爱心大家庭中，品尝到来自家乡的纯正味道，以解思乡之情。石文霞的做法得到了社区年轻人的一致好评，他们纷纷对石文霞所带领的“奶奶厨房帮”表示感谢：“正是因为奶奶们组织的百家宴，让我们尝到了‘家’的味道、‘妈妈’的味道！”

通过充分利用社区党群阵地、公共空间和社区广场等资源，“百家宴”活动有了可靠的阵地保障，在“奶奶厨房帮”的热心参与下，“百家宴”逐渐成为四季花城的一项热点活动。“夕阳红”项目运营方联合“奶奶厨房帮”，邀请更多的社区居民参与，举行系列“菜品比拼”大赛，引入了不同地域的风味，这样既丰富了菜品，又给社区厨艺精湛的长者提供“老有所为”的机会，“英雄有了用武之地”。

现在，“百家宴”成为“奶奶厨房帮”的一个特色项目，也成了“夕阳红”的一项特色活动。石文霞和热心的“60”奶奶们还将“百家宴”上汤圆、糖水、烘焙、糖葫芦等“有温度的食物”，送到了社区内环卫工、保安手中，乃至社区外脑伤残儿童服务中心。通过这些有温度的食物，传递四季花城“60”长者们“老有所为”的爱心与付出。石文霞也在社区收获了良好的声誉。年轻人都亲切地称呼她为“石阿姨”，小朋友碰到这位“石奶奶”也都会热情地和她打招呼。“赠人玫瑰，手有余香。这是我们‘奶奶厨房帮’的宗旨，也是我们‘奶奶厨房帮’应该做的。”石文霞坚定地说。

石阿姨说，她虽然是长者，更是志愿者，在“奶奶厨房帮”为老服务中，她获得的更多是尊重，这也是她个人的价值所在。2014年，石文霞就已被评为首届“深圳市最美长者”。

于个人而言，退休后的她虽然更加忙碌，这份工作辛苦且没有物质回报，但她干得却是甘甜无比，这样的“工作”所带来的价值，是比金钱更重要的东西。

二、“独居老人”在微笑

2019年6月3日晚上7时许，深圳市龙岗区龙岗街道龙岗墟社区的本地客家居民陈双莲刚在家中吃完晚饭，放下碗筷简单收拾了下，就准备出门前往社区“榕树头”广场和一帮姐妹们会合。她们是一群平均年龄在55岁的低龄老人，也是龙岗墟社区老年舞蹈队的成员，58岁的陈双莲是她们的领舞。“都说‘夕阳无限好，只是近黄昏’，我只同意上半句！”陈双莲爽朗地笑着。晚上8时整，伴舞音乐准时响起，陈双莲开始专心地带着姐妹们在广场上翩翩起舞。

这只是“单亲妈妈”陈双莲丰富多彩社区养老生活的一个片段。在当晚参加舞蹈排演之前，陈双莲白天刚在社区“夕阳红”项目点参加了“客家美食文化节”的交流活动，她以“客家美食掌门人”的身份，手把手地教授外地随迁老人如何制作客家粽子及糖水，本地老人与外地老人和谐相处、其乐融融。她还抽出时间，特意跑到社区“夕阳红”项目点内开设的“老人丝袜编织培训班”，向老师讨教技法“如何编织在‘榕树头’广场义卖上‘脱颖而出’的手工丝袜”，计划将义卖所得捐给社区另外一位身患重病的外地老人。

“太多好玩又有意义的活动了！我们都不再守着电视打发时间啦，现在的养老生活好得没话说！”陈双莲连连感慨，前几年社区党群服务中心就开展了不少老年活动，每月开展活动2～3场。如今随着社区“夕阳红”项目进驻，老人的主题文娱活动更多了，每月多达8～9场，这让社区长者的养老生活有了更多可选项。社区“夕阳红”内新开设生活服务区，为老人提供日间照料及“长者食堂”用餐服务，同时开设保健康复区，依托社区社康中心开展医疗健康服务，组织老年人健康体检，为老年人提供医疗保健、助医服务、康复训练、心理慰藉等，这些都是社区“夕阳红”带来的新感受、新气象。

党群服务中心+社区“夕阳红”项目在社区养老方面的双重发力，让女儿出嫁后独自在家的“单亲妈妈”陈双莲告别了曾经无聊难挨的“苦日子”，迎来了如今“天天有快乐、月月有精彩”的“甜时光”。对此，她的心里充满了感恩。

“榕树头”成为老者温馨港湾

陈双莲“结缘”社区老年活动，还得感谢“榕树头”的“牵线搭桥”。

“榕树头”不是一个别的什么人，而是龙岗墟社区一棵老榕树。没有人知道这棵老榕树在这儿安营扎寨了多长时间，只知道它历经风霜雨雪，见证了不少龙岗墟社区居民的悲欢离合。龙岗墟社区本土客家居民陈双莲即是其一。用她自己的话说，自打她出生时开始，这棵老榕树就矗立在这儿。于她而言，“榕树头”是人生历程中的见证者和陪伴者。

几年前，陈双莲悉心呵护的女儿出嫁。陈双莲虽有不舍，但她更懂得，放手才是最好的爱和尊重。她选择独自一人居住在龙岗墟，给女儿更加自由的婚姻空

“夕阳红”里歌悠扬。图为龙岗区坂田街道大发埔社区老人在“夕阳红”都市养老服务中心的音乐兴趣组学习场景

间。原本以为女儿出嫁，“单亲妈妈”不用那么辛苦操劳，可以放松自己慢慢享受养老时光。但时间长了，陈双莲就“坐不住”了，她渐渐发现，每天只是在家看电视、外出聊天，对向来喜欢热闹的自己来说太“煎熬”了！不爱棋牌、无处消遣的陈双莲只能在吃完饭后，到自己熟悉的“榕树头”社区广场散散步、聊聊天，借此舒缓一下自己的孤独情绪。

陈双莲不是龙岗墟社区唯一的独居老人，在这个典型的村改居社区，近200位老人独居，他们和陈双莲一样，都是龙岗墟社区党群服务中心为老社工的服务对象。党群服务中心的社工们经常会在“榕树头”广场开展老年活动的招募事宜。就是在这儿，陈双莲成为被邀请对象之一。她了解到，社区长者参加党群服务中心组织开展的老年舞蹈队、唱歌班、书法社等文娱休闲活动，不出一分钱即能将知识学回家。陈双莲暗淡的老年生活里仿佛投来一束亮光。二话不说，陈双莲拉起一起长大的姐妹就走进了龙岗墟社区党群服务中心的二楼办公室，她们集体报名参加唱歌班。

那是2013年，陈双莲的老年生活从此开启了新的篇章。她学唱歌、学老年电脑、学舞蹈、学美食制作……她的社区养老时间一下子被填满，积极主动又有天赋的她还被选为龙岗墟社区唱歌班班长和舞蹈队领舞。陈双莲的学习劲头十足，她深深地热爱这样丰富多彩的社区养老生活！

2018年，龙岗街道整合相关职能部门和社区力量，深挖资源、形成合力，初步设立4个“夕阳红”项目点，龙岗墟社区“夕阳红”是其中一个。考虑到龙岗墟社区本地居民占比超过60%，且“榕树头”对周边居民的吸引力和精神意义，龙岗墟社区“夕阳红”最终选址在距离“榕树头”广场仅几百米的社区党群服务中心所在楼栋的一楼，就在党群服务中心的楼下，两者开始“守望互助”共同为社区养老谋福利。

负责运营龙岗墟社区“夕阳红”的运营机构，正好也负责运营社区党群服务中心相关工作。2019年正式进驻后的该机构，结合之前社区党群服务中心的工作基础，很快适应了“夕阳红”新的为老服务运营。如今，龙岗墟社区党群服务中心负责为老服务的社工有一名，社区“夕阳红”负责相关工作的社工则有两名，每名社工每月策划2～3场活动，如此一来，龙岗墟社区的长者主题活动从“夕阳红”未进驻前的2～3场，拓展到如今的6～9场，大大丰富了老年人的活动形式和内容，让“陈双莲们”的社区养老生活充实不少。

相比之前，社区“夕阳红”还带来了一些新的气象。让陈双莲感受颇深的是，社区“夕阳红”项目设在一楼，里面专门开辟了长者活动空间，提供日间照护、文娱活动室等，比党群服务中心的活动空间更加宽敞和“适老化”，而“长者食堂”的开设，也让类似陈双莲的独居老人“一日三餐”有了解决的地方，政府餐饮补贴也让本地高龄长者倍感温暖。如今，陈双莲在参加日常教育学习、预防保健、文体娱乐、美食交流、手工制作等老年活动之余，还会经常来社区“夕阳红”坐一坐，按摩理疗，放松一下，快乐的生活更要有健康相伴。在听说“夕阳红”项目工作人员将组织社区老人进行健康体检和义诊后，陈双莲喜上眉梢，对于“夕阳红”项目所带来的为老服务赞许有加。

“客家美食”传承传统传递爱

陈双莲是社区“夕阳红”都市养老服务项目的受益者，她也想把这种“夕阳红”传递给她的温暖，通过自己所能，传递给其他更有需要的人。在社区“夕阳红”针对本土客家文化传承的“客家文化美食节”上，陈双莲找到了回馈社区的突破口——以老助老演绎夕阳红，美食义卖温暖特殊老人。

“客家文化美食节”主要以客家美食为载体，通过在社区招募“客家美食掌门人”，开展现场美食制作教授体验、美食义卖、美食视频学习小课堂等活动，为本地老人提供他们所熟悉的客家传统文化活动。

“客家文化美食节”开展地点就在社区“夕阳红”项目的“长者食堂”，正如陈双莲所描述的那样，有了“长者食堂”后，长者们有了更加干净、卫生又宽敞的场地，更不用受天气影响就可以做美食，项目工作人员还为美食活动准备了许多的食材，并为其提供诸多方便。社区长者们不但可以吃到自己制作的美食，将美食分享给更多居民，还以“美食义卖”的方式将义卖所得捐献给社区罹患癌症或其他有需要的特殊老人，吸引了社区大量本地老人和外地随迁老人的积极参与。

陈双莲就是教授外地随迁老人制作客家美食的老师之一。通过社区“夕阳红”项目搭建的“客家美食文化节”平台，陈双莲教会外地老人做甘甜可口的客家糖水，以及独特好吃的客家艾叶糍粑。以美食为纽带，以陈双莲为代表的本地老人与外地老人有了更多联系，大家其乐融融，共度美好晚年生活。

陈双莲说，在她女儿出嫁、独居在家需要帮助时，社区党群服务中心和社区

老年生活精彩纷呈。图为龙岗区吉华街道中海怡翠社区“夕阳红”都市养老服务中心老人学习插花技艺

“夕阳红”给了她温暖。如今，她要多多参与“夕阳红”活动，将自己手工劳动所得转化为心意，为社区其他需要帮助的老人传递温暖。每逢传统节假日，陈双莲还与社区“夕阳红”义工们一起，挨家挨户为社区老者送客家美食、送节日祝福，这让陈双莲的心里充满了幸福与喜悦。

每夜入睡，独居在家的陈双莲并不觉得孤单，因为社区“夕阳红”与她在一起，多年的“榕树头”与她在一起；每早睁眼，陈双莲的心里充满了盼望，开启一天满满当当而有意义的社区养老活动。她的心里装满了明媚的阳光，一扫女儿刚出嫁时独居的阴霾，陈双莲更对以后社区“夕阳红”的日间照料充满信心。她把肺腑之言传递给前来探望的女儿，女儿也安心了许多。

如今，见证陈双莲日子越来越“红火”的“榕树头”，根也仿佛扎得越深、站得越稳了。

第2节 责任大爱

老人满意就是我们最大的追求。“夕阳红”项目将老人需求作为最关键的衡量标准，推进项目选址、功能区设计、服务项目设计，让老人在服务中心过得暖心、舒心、开心，是深圳市龙岗区夕阳红项目各方工作人员的唯一目标。

一、老人“满意度”是衡量服务质量的唯一标准

“你看这两位老人都90多岁了，还经常坐着轮椅来这里看电视呢！还有这里几位阿伯阿婶，他们都是土生土长的平湖本地人，也是这里的‘常客’，做个理疗，打打麻将，日子好惬意的。还有那边，正在打乒乓球的是张叔叔，坐在按摩椅上放松的是张阿姨，他们跟着子女随迁来到白坭坑，虽然是外地户口，但丝毫不影响他们常到这儿来溜达溜达。大家其乐融融……”在深圳市龙岗区平湖街道白坭坑“夕阳红”城市社区养老综合服务中心宽敞明显的一楼大堂，项目运营机构厚德世家董事长马静介绍说，“说真的，看着他们这么开心，在这儿找到属于自己的乐趣，我这心里别提多开心，我们的所有付出也都值得！”

社区最好的地段留给“夕阳红”

白坭坑社区是平湖街道的12个社区之一，也是一个村改居社区，这里居住着多位本地客家老人。爱老、敬老、养老，一直是白坭坑社

区的优良传统，也是白坭坑社区推进社会治理的重要组成部分。白坭坑社区书记刘爱平介绍，之前社区每年都会开展丰富多彩的老人关爱活动，社区社会事务办工作人员也会专门探望孤寡老人，并聘请本地义工对申请居家服务的老人进行照顾和料理。而在当地姓氏大族刘氏的宗祠里，开设有面向本地老人开放的老年活动中心。只不过，里面只有麻将桌和电视机，对于一些不爱打牌和看电视的老人来说，可选择性有点少。

随着人口老年化程度越来越高，本地居民中60岁以上的老人人数也在不断增加，如今已有200多人，加上早先赴港打拼后又回到白坭坑社区居住的原村民，白坭坑社区目前需要照顾的本地老人达到400多人。这个人数已经超出了刘氏祠堂里开设的活动中心的容纳能力，再加上宗祠为年代久远的瓦房，梁已生白蚁、向下掉木屑，成了危房，多次维修后效果并不如意。一旦遇到台风暴雨等极端天气，活动中心的安全隐患非常大。为此，社区多次召开专题工作会议，就白坭坑社区老人活动中心重新选址进行讨论，以期为老人们创造一个更好的社区养老环境。

这个想法还正在酝酿中，恰好遇到了深圳市龙岗区委区政府打造的“民生大盆菜”之“夕阳红”项目。按照“夕阳红”的规划，3年时间龙岗区11个街道111个社区将做到社区养老全覆盖。区别于白坭坑之前单纯的老年活动中心，“夕阳红”计划打造的城市社区养老综合服务中心涵盖多种功能，不仅有麻将棋牌室、电视等常规配置，还有长者食堂、康复理疗、按摩保健、书画阅读、娱乐休闲等特色活动；同时，招标有资质的专业养老机构具体运营，缓解社区工作人员不足的困境；“医养结合”则着重解决老人在社区养老过程中医疗资源不足的难题。

新的社区老年活动中心选址建设与“夕阳红”项目的衔接一拍即合。正当大家准备“撸起袖子加油干”的时候，项目选址却遇到了不小的难题，白坭坑村股份有限公司的一处老厂房虽然合适，但是按照原本计划得用于城市更新。经过沟通协商，城市更新办公室作出让步，将厂房用地分出一半给“夕阳红”项目，股份公司同时承担所有装修费用。

特设“康复理疗区”呼应老人健康需求

白坭坑“夕阳红”城市社区养老综合服务中心位于白坭坑社区塘滩路80号，是白坭坑社区居住较为集中的区域。隔一条路是深圳华侨医院白坭坑联社社康中

康复理疗功能区对老人身心大为有益。图为社区“夕阳红”都市养老服务中心老人动手参与益智游戏

心，周边还有日用品商店、社区警务站。“夕阳红”项目位于建筑物一楼，室内面积530平方米，设有长者食堂配餐区和用餐区、适老卫生间、心理疏导室、康复理疗室、棋牌区、书画区、娱乐活动区、阅读区、上网区等，其中康复理疗空间最大，有5张床和7套热灸理疗设备，按摩椅1套和四肢机能训练设备。室外开放区域720平方米，设有社区活动设施，花坛边沿宽厚、平整、清洁，可以供老人坐下休息。

“夕阳红”配套设施还特意做了“适老化处理”：地面做了防滑，活动设施做了防摔，器具做了软包、避免尖锐器物等处理。在马静带领的厚德世家的建议下，活动中心功能区还做了区分：老人一进门，就知道先关注一下自己的健康情况，他会先自主去体检，检查完后知道自己的身体状况了，再决定要去哪个功能区。

“老人家最近膝盖疼的话，就到中医医疗区进行中医熏蒸；或者身体不佳，就去康复训练区进行简单锻炼；如果体检后觉得状态不错，就去棋牌区打牌下棋休闲。这样就由身体的检测情况确定服务项目的选择，而非单纯依据老人的自我喜好。”马静观察，白坭坑社区本地老人对于健康、棋牌和老年餐特别关注。他们会经常排队做熏蒸、做理疗，通过引导健康需求，慢慢地分散他们对于棋牌的注意力，将健康排在生活的第一位。

在功能区的“动静结合”上，马静则贴心地想到，有的老人喜欢安静，直接去书法、绘画、熏蒸康复区域；有的老人家喜欢热闹，就会选择打牌、唱歌、跳舞等；一旦“静区”和“动区”混淆在一起，不仅混杂，也给老人养老带来不好的体验和一些未知矛盾。因此，“动静结合”功能区的定位，对养老服务进行了很好的补充。

马静之前从事幼儿教育的经历，也让她对如今从事养老事业充满更多的“看老人如同看孩子”的心态。她要求工作人员要以对待孩子的心态对待老人。在她的设想中，“夕阳红”的工作人员不仅要有专业社工，懂得将这个项目作为链接医疗、家政、服务、娱乐等的中央枢纽，还要有专业护理人员和康复师，迎合社区老人养老对于健康的需求。

“没有一个好的功能区，你配上再好的人，也实现不了；没有好的人，功能区再好它也是一个摆设。”马静坚持认为，一个老人关系着一个家庭，做好养老服务对稳定社区非常重要。她就是要通过专业细致的养老服务“打天下”，要用老人的满意度和服务人次来检验养老服务的好与不好。“如果‘夕阳红’持续稳定地开展下去，这个项目就完全成功了。”

探索积分制让外地来深老人同享天年

深圳作为移民城市，不少来深建设者年老后面临着社区养老的问题；另外，一些在深打拼者的随迁父母也需要养老。马静认为，深圳的经济建设成就有目共睹，展示一个城市的现代化实力现在更多地依靠老人养老等软实力来“说话”。白坭坑社区的本地老人养老重要，外地老人的养老工作亦马虎不得。

马静介绍，考虑到白坭坑附近的工业园区较多，外地搬迁来白坭坑超过60岁的老人约有3600多人，养老需求量大，专门开辟了“来深建设者夕阳红”项目。该项目采用积分制对外开放的形式，外地老人办理会员卡后也能和本地老人一样，进入“夕阳红”活动中心。

“我们正在探索实行积分制，比如在这里居住满多少年就可以享受‘夕阳红’养老服务等。”马静介绍，目前白坭坑社区“夕阳红”项目用地由股份公司免费提供，项目建设靠社区“民生大盆菜”资金支持，以后如果对外地老人开放，希望政府有关部门予以资金、场地和服务方面的支持。

如何消除本地老人对于“抢占养老资源”的顾虑?厚德养老运营主管傅志信想了一个办法，即组织一个微信义工互助群，让本地老人穿上红马甲，“以老助老”去帮助外地老人，通过关心和问候，在沟通中建立友谊。

现在，白坭坑社区“夕阳红”城市社区养老综合服务中心共有4名工作人员和1名专业康复师，他们都在尽己所能为老人们服务；对于未来，他们也充满憧憬。

“养老服务5年之内不要考虑赚钱，以后5～10年才能实现产业化走得更远。这之前，就需要政府通过采购服务，‘扶上马送一程’，5年以后通过培养人才获得可持续发展。”马静坦言，在运营“夕阳红”项目的前面几年内，能够盈亏平衡地“活下来”已经很好。专业人才是社区养老的灵魂，通过激励机制真正培养热爱养老事业的专业化人才，才能让养老设施发挥更大的作用，让社区养老真正发挥热量。

二、“中央厨房”广受赞誉

深圳市金才人才资源服务公司养老事业部负责运营深圳市龙岗区坪地街道六联社区、坪西香林世纪华府社区、坪西高桥社区、坪东社区、怡心社区鼎尚华庭、四方埔社区等六大社区的“夕阳红”项目。坪地街道可谓是龙岗区“夕阳红”的标杆街道，特别是该街道针对“长者食堂”设立了全区唯一一个中央厨房，“夕阳红”老人可享“私人定制”配餐。机构负责人冯波介绍，六大社区的“夕阳红”项目注册会员人数已经达到600余人。值得一提的是，这个数字还在不断增长。

“说明大家对我们这个项目有了解、有参与、有认可。”冯波自信地说，目前坪地街道的“夕阳红”项目之所以开展得这么顺利，与前期人力资源配置和专业社工培训密不可分，即六大社区20多个“夕阳红”工作人员均是聘请本土或周边居民，对当地风土人情十分了解，且能入户跟老人有效沟通。按照冯波的要求，每个“夕阳红”项目点每天至少还要增加一个会员。冯波坚持，对员工有要求才会有动力，他们才会努力挖掘社区特色，积极展示更优质更完善的日常服务，让“夕阳红”得到更多居民认可。

老人作词谱曲真心赞美“夕阳红”

在坪西香林世纪华府社区“夕阳红”项目正式运营之前，冯波和团队提前介入，针对社区老人做了需求调研。调研结果显示，这个社区的老人来自五湖四海，外来老人占比95%以上，他们可谓是多才多艺，自己组建了舞蹈队、歌唱队、乐器队、太极表演队和功夫表演队五大队伍，还在市里多个层面进行比赛表演。

“他们本身已经做得不错，现在就是希望有个‘家门口’的场地进行日常训练，同时能有更加专业的老师对他们进行培训，期望‘更上一层楼’。”冯波了解到这一需求后，将位于香林世纪华府小区公配房的500平方米“夕阳红”项目用地做了调整，除了每周半天作为心理咨询之用，其他时间全部交给老人作表演练习。

坪西香林世纪华府社区的“夕阳红”极大地解决了老人们对于场地的需求，位置又设在“家门口”，因此受到社区老人的一致“追捧”，日均活动人流量达到上百人，十分热闹。另一方面，因“夕阳红”项目入驻，小区物业积极配合搞好配套环境，这也让物业与小区业主之间的关系得到有效缓解。

不光是坪西香林世纪华府社区，坪东社区的老人以外地随迁老人居多，对于音乐培训需求很大。因此，坪东社区“夕阳红”有针对性地邀请专业老师对他们进行培训，并提供表演场地和机会，让老人们真心感受到政府的善意。河南籍退休音乐老师赵崇道和社区老人为了感谢“夕阳红”，自发为“夕阳红”写了一首原创诗歌。

（一）

来自五湖四海，花甲古稀白鬓，
唱着同一旋律。
操的各种乡音，尽情载歌载舞，
拥抱健康开心。
展开腾飞双翅还我当年青春。

（二）

火树银花不夜天，烟花灯火表心欢。
天寒难锁新春意，炉暖宜烹白玉丸。

（三）

有灯无月不宜人，有月无灯不算春。
春到人间人似玉，灯照月下月如银。
满街珠翠游春女，沸腾歌曲赛社神。
不展芳尊开口笑，如何消得此良辰。

赵崇道还自己作词作曲，写了一首《欢声笑语夕阳红》赞美“夕阳红”项目给坪东社区老人们真真正正谋福利：

雨后彩虹正更红
人到暮年更惜冬
败叶能令沟水黑
乱云无奈夕阳红
半生辛苦坎坷路
一路蹉跎又朔风
欲觅健康心情佳
欢声笑语夕阳红
夕阳红　夕阳红

中央厨房为龙岗全区首创

让冯波“引以为豪”的，还有设立在六联社区的“长者食堂”中央厨房，这也是坪地街道全区首创。该餐厅由坪地街道“夕阳红”运营方独立注册，内请一个厨师、一个帮厨，外加一个健康管理师。根据相关政策，坪地街道六大社区70岁以上的老人可在各“夕阳红”项目点的长者食堂用餐，其中，85岁以上户籍老人全免费，70～85岁户籍老人政府每餐补贴7元。即便如此，六大社区长者食堂每天到场就餐人数只有30人左右，另有少部分卧床老人的家人代为领餐回家给老人食用。

“主要是户籍和年龄两道坎，把许多老人在这里的就餐可能性给堵住了。”冯波认为，“夕阳红”面向社区所有50岁以上的老人开放，但是长者食堂却只给70岁以上的户籍老人享用，“这就存在一个问题，即50～70岁的老人与70岁以上的老人，户籍老人与非户籍老人，可能当天上午还一起在‘夕阳红’里共同参加活动呢，到了中午吃饭的点儿，有的能在长者食堂吃，有的不能，大家心里就会不平衡，这是难免的。”

中央厨房在方便“长者食堂”安全营养配餐的同时，也存在着运营亏损的问题。每月将近两万元的亏损让冯波哭笑不得。“一方面是必须给长者食堂提供及时安全的营养餐饮，另一方面目前到长者食堂就餐的人数太少运营成本不够。”冯波算了一笔账，不算人工，长者食堂每餐“老年餐”的成本是13元，但定价仅为15元，只有当每天的就餐人数达到80人以上，中央厨房才不会亏损。“目前我们也在等政策，并扩大长者食堂相关宣传，看能不能有什么破解的办法。”冯波说。

据介绍，中央厨房为老人们提供的餐饮食谱每天都有变化，由营养师专门为老人们“量身定做”，如米饭更软糯、菜品更清淡。但让人想不到的是，运营一段时间后，老人们普遍反映“米饭太软菜味儿太淡”，纷纷要求“正常硬度和咸度”。“没办法，我们又只能调整到老人们满意为止。其实啊，他们‘不服老’，菜品也就要求和正常成年人没有区别。”冯波笑着说。

为就餐老人贴心购买意外险

老人们在长者食堂就餐，让冯波和同事们看得“既高兴又担心”。高兴的是，长者食堂为一些老人的上下午活动做了很好的时间衔接，中午还有休息床供他们使用；担心的是，遇到雷雨天气，一些老人用餐完后，如果要起“老小孩儿”脾气来，非得闹着要回家，这就让他们十分无语了。冯波之前就遇到过一次类似情况，当天，一位90岁的老人非得闹着要回家，说：“我家就在前面200米，你们让我回去。”可是外面正雷声大作、雨水瓢泼呢，如果让老人家回去摔倒了淋湿了怎么办？冯波和同事们赶紧给老人的家人打电话，可不巧大家都在上班。没有办法，拗不过老人的犟，冯波只能和同事一起将老人给搀扶回去。“我们都淋湿了也不能让老人家淋湿啊，更不能滑倒，不然后果不堪设想啊！”冯波想来就唏嘘，至今他也担心老人家来回用餐万一摔倒了怎么办。还有一次下雨天，几个90多岁老人用完午餐要集体“冲回去”，6个工作人员拦都拦不住，没办法大家只好把老人一个个抱了回去。为了防止意外，坪地街道目前的六大社区“夕阳红”均为老人购买了意外险。

至于长者食堂配送服务，冯波直言，目前坪地街道六大社区“夕阳红”还没法做到，主要是人员配置不够。“我们长者食堂真是做到极致了。”冯波笑言，他们曾做过小测试，将70岁以上老人8元用餐去掉户籍限制后，马上就有好几十人报名用餐。“这说明外地老人的用餐需求也是很大的。都说‘来了就是深圳人’，这部分人群就餐需要好好考虑。”

社康、党群、“夕阳红”三方守望互助

冯波介绍，得益于坪地街道对于“夕阳红”项目的大力支持，目前“夕阳红”在文娱活动、保健康复、日托照料、精神慰藉等方面开展诸多活动，并配合长者旅游、中医理疗、推拿足浴、特色营养餐、特殊护理、家具适老化改造等特色项目，获得六大社区老人的一致好评。据统计，“夕阳红”项目覆盖街道50岁以上老人约9280人。此外，坪地街道“夕阳红”联合各社康服务中心开展老人免费体检活动，服务老人体检共499人。

在冯波和团队的努力下，坪地街道“夕阳红”与党群服务中心、社康中心相互守望，保证了“夕阳红”更加专业全面的社区养老服务。以六联社区为例，党群服务中心在二楼，“夕阳红”项目点在五楼，社康在马路对面。三家优势互补，社康工作人员过来给老人义工义诊服务，党群服务中心的专业社工指导开展公共卫生服务，大家相互配合，效果更好。

为帮助本地老人和外地老人之间更多接触和了解，冯波带领团队在运营“夕阳红”的过程中还向党群服务中心“取经”，在六联社区举办了一场“亮出你的客家菜”活动，通过本地老人教外地老人做客家菜的形式，促进双方老人建立起良好的友谊。“等过段时间进行活动评估后，如果效果良好，将把这一活动推广到其他社区。”“这就是党群服务中心之前经常做的，他们在本土沉淀上更有优势，我们要学习、多取经，积极引入好的做法。”冯波说。

第3节 关爱帮扶

老人需要更多的关照。要让老人在颐养之年获得更多的快乐，需要专业支撑的同时，更多的是需要大家一起创建友善的社区环境，营造相互帮扶关爱的氛围。

一、社工搭台，老人齐唱“夕阳红满天”

“感恩我们的政府，为我们创建了这么好的平台，让我们学习，让我们交流。谢谢社区工作人员的热心照顾，我们玩儿得很开心。改日有时间再来。”收到龙城街道愉园社区“夕阳红”项目中心一位参与老人留下的“无名感谢信”，该社区“夕阳红”项目运营方负责人李超然心里暖暖的。

愉园社区“夕阳红”项目2019年3月起试运营，至今有好几位老人自发写了感谢信到“夕阳红”项目活动中心，表达内心的欢喜与肯定。2019年5月，深圳龙岗区委书记张勇带队调研龙城街道愉园社区，充分肯定了社区“夕阳红”项目对于服务老人、补齐养老民生短板的作用，并对龙岗区民政局、龙城街道指导运营的愉园社区“夕阳红”项目给予高度评价。

“特别感动，这是对我们工作的最大肯定！”李超然所在的深圳龙岗至诚社会工作服务中心还负责运营龙城街道其他两个社区的“夕阳红”项目，它们分别为吉祥社区和嶂背社区。李超然计划着，要和团队小伙伴们更加努力，做好吉祥社区“夕阳红”与党建工作的共融，以及嶂背社区工业园老人们的隔代教养扶助。“每个街道的情况都不一样，我们的工作要再细致一些，再用心一些。”

牵线：老协以外的老人也能“老有所乐”

龙城街道愉园社区辖区面积1.58平方千米，总共60545人，其中60周岁以上5843人，人口老龄化率达9.7%。该社区“夕阳红”都市养老服务中心位于和谐路36号御景蓝湾1栋1层，面积310平方米。

李超然介绍，当初选址这里，就是考虑到周边建成小区众多，医疗资源丰富、交通便利。中心分为娱乐休闲、长者食堂、保健康复、办公室等功能区，开设心理咨询室、阅读室、书画室、多功能厅等特色功能区，满足老年人多方面需求。在“医养结合”方面，与深圳龙岗中心医院愉园社康中心签订服务合作协议，社康中心定期指派医生到该中心开展健康讲座、保健康复、健康体检等，开辟就医绿色通道。同时，建立了老年人健康档案，实现50岁以上人员信息共享，动态掌握老年人的身心健康状况，为老年人提供方便快捷优质服务。

“‘夕阳红’进驻之前，小区老人们活动比较局限，主要是由老年人协会组织，且活动多在内部举行，其他老人无法享受。”李超然和团队观察到了这个问题，在“夕阳红”项目的运营过程中注重与老年人协会开展友好合作，为老年协会成员提供才艺表演的展示舞台，并为协会内外的社区老人举办各种融合团建活动，邀请老协内有文娱特长的老人，为协会外其他有需要或爱好的老人们进行授课，在课程学习中增进双方友谊，让社区老协以外的老人更好地融入社区养老生活。

愉园社区以前比较活跃的老人多限于老协内部成员，大概一两百人；在“夕阳红”运营团队的组织安排下，如今，每天去社区“夕阳红”都市养老服务中心活动的老人都有60多位，长期活跃的老人约有三四百人，比之前翻了一番。老协内外的老人们共聚一堂齐养老，其乐融融，很是开心。

李超然说，他们的目标就是吸引更多的老人参与社区“夕阳红”项目，让更多的老人在这里找到“家乡”的归属感。

除了搭建共同活动的平台，李超然和团队同时还在愉园社区的长者食堂方面“想老人之所想，解老人之所需”，完成了基础数据统计工作。目前，愉园社区登记需求供餐老年人共有188人。其中，政府兜底保障的户籍60周岁以上困难群体和户籍85周岁以上老人免费助餐对象共49人，他们可以免费享受“私人定制”的“一日三餐”助餐服务（含节假日），切实解决了社区有需求的老年人吃饭问题。

帮扶：缓解老人隔代教育焦虑，让“老幼同乐”

李超然所在的至诚社工服务中心还运营龙城街道嶂背社区的“夕阳红”项目。不同于愉园社区“夕阳红”项目周边新建小区较多、老人生活水平较高，嶂背社区“夕阳红”项目设在某工业园区员工宿舍内，该宿舍楼里共有170多位老人跟随子女搬迁来此居住，他们大多文化水平不高，同时承担着帮助子女照看后代的职责。由于园区内目前对外面进出园区的人数有所限制，该社区“夕阳红”的服务对象以工业园区内老人为主。

该园区“夕阳红”项目正式运营后，李超然就去了嶂背社区“夕阳红”项目点进行督导。在同事们的事务报告中她了解到，平日，由于工业园区内部活动位置小，老人们的活动范围仅限于宿舍楼下的大平台，大家一般在天气好的时候，下楼抱着孩子聊聊天，或者任由小孩子们到处跑来跑去，老人们在旁边坐着稍微休息一下；如果有小孩上学去了，他们也不会在下面闲逛，一般都赶着回家忙着做家务，为子女减轻生活负担。“夕阳红”也曾尝试着组织舞蹈、书法、阅读等文娱活动，但他们无暇参加，觉得耗时太长，带着孩子没法参加。

如何才能帮助这些工业园区内的老人更好地进行社区养老？李超然和同事们加班加点讨论，最后结合观察得出，园区老人肩负隔代教育的重担，来到新的城市肯定有诸多不适应，园区内带孩子玩耍的环境也不完善，何不从他们最需要的老幼同乐上进行帮扶？于是，针对老人们带孩子活动时楼下场地有限，走太远，活动路上车辆较多也不安全的情况，“夕阳红”特意在活动中心内开设了不少老幼同乐的项目设施，这样老人不仅能带孩子过去玩儿，还能在看顾的同时使用一些健身器材。另一方面，针对来到深圳带孙辈的环境不适应性，以及园区老人对普法形式的可接受度较低，社工特意在中心内选取“龙岗第一课”的安全教育视频，帮扶老人们了解如何更安全地带孩子，后期还将展开系列科学育儿项目或活动，缓解老人隔代教育压力。

如今，嶂背社区“夕阳红”项目活动中心已然成为园区老人们的“遛娃胜地"，特别是炎炎夏日，不仅能免费"吹空调"，还有免费休闲器材和饮水设施，可受老人们欢迎啦！也有其他一些不用带孩子的老人或者孩子上学后有点空闲时间的老人会过来按摩，放松一下筋骨。活动中心对所有户籍和非户籍老人免费开放，园区老人们的活动空间，不再只有天气好的时候楼下那片弹丸大的空场地了。

经过一段时间的努力，李超然和同事们欣喜地发现，早上不到9点，"夕阳红"活动中心前就有老人带着孩子在排队等开门，社工们一到，老人们赶紧进去选择各自的娱乐休闲项目。有的带孩子玩滑滑梯，有的使用按摩器材，有的使用健身器械锻炼身体，循环播放的"龙岗第一课"安全教育电视节目前，也有不少老人驻足认真观看。李超然还和同事们考虑到，园区内老人的经济水平有限，但是他们也有对健康的需求，于是，在积极与社康沟通之后，在此开展了一系列义诊，平时老人下个楼就能免费测血压，非常方便，深受老人欢迎。

李超然和同事们还在盘算着，能否和社区进行沟通，将这些园区的非户籍老人纳入长者食堂的保障体系中去。她也在争取一些企业对"夕阳红"项目进行支持，从而保障嶂背社区老人的社区养老更好运行。

挖掘：培训志愿者队伍，服务社区老人

不仅是李超然，还有更多的社工们也在努力着。

深圳福田福安养老事业发展中心旗下的"新现代"社工机构，负责运营龙城街道黄阁坑社区的"夕阳红"项目。和嶂背社区的隔代教育关爱帮扶类似，该社区也积极建设"老幼同乐"，更在此基础上，积极发动社区老人和年轻人成立义工队伍，以志愿者的形式帮扶老人照看孩子，兼顾遛娃和锻炼身体。

黄坑阁社区"夕阳红"项目运营方负责人谢泰源介绍，该社区"夕阳红"选址中海康城小区，周边新型小区众多，但通过前期调查问卷，75%的老人肩负隔代教育的重任，特别是"全面二孩"政策放开后，老人家的隔代教养问题更加突出。此外，还有少部分老人面临孩子上学后的心理转换问题。

新现代社工为老服务主张运用社工思路操作"夕阳红"。除了专业护理，团队主要力量都是专业社工，在规定的四大板块服务外，协助社区老人特别是随迁老人做好隔代教育、角色转换、融入问题和适老化环境营造等。

"正式运营一个月以来，'夕阳红'儿童活动区每天的使用率最高。"谢泰源笑着说，不少老人都会带着学龄前儿童到此玩耍，老人也能在使用健身器材的同时进行看护。为了方便老人在看顾孩子时能“多一个帮手”，谢泰源和同事们还探讨出，发动社区居民再组建一个“夕阳红”志愿者团队，经过专业社工的岗前培训后帮助看顾小孩、维持秩序或提供其他有需要的服务。同时组织有自理能力的老人成立老年志愿者团队，为失能老人提供服务；并邀请党群服务中心的志愿者协助义工活动，起到模范带头作用，促进志愿者团队发展。

在社工专业力量的运营下，黄阁坑的社区养老正在变得越来越好。“对于半失能或失能老人，我们还有日间照料；家中没人照顾老人家的，可以送到我们这儿来，进行康复保健。”谢泰源如此说。

龙城街道社会事务办将“夕阳红”项目工作列为重中之重，2019年在完善首批5家“夕阳红”项目运营的基础上，新增6个社区“夕阳红”项目服务点，年内实现社区“夕阳红”项目全覆盖。

对于更多的李超然和谢泰源们来说，专业社工在其中发挥的作用越来越大，他们以专业、细心和用心，配合街道、社区合力形成较为健全的“居家为基础、社区为依托、机构为补充、医养相结合”的社区养老服务新体系。

二、义工来“添柴”，价值不一般

中海怡翠社区可谓深圳龙岗吉华街道“夕阳红”项目推行的示范社区。在这个小区里，活跃着多位来自五湖四海的老年义工。他们本身就是超过50岁的老人，是“夕阳红”的服务对象，却又是社区义工的中坚力量，在为社区养老服务贡献一己之力。这些闪耀着爱与助人光辉的老人中，有一位阿姨特别引人注目。她的人生前半段，是深圳特区经济建设中的“霸气女总裁”，后半段则是深圳养老事业中的社区“领头羊”。她就是中海怡翠社区连任两届老年协会会长、夕阳红党支部书记——刘秀玉。

在这两个身份以外，她还有十几个头衔，都与老年人服务工作有关。“可以说，我所有的时间都献给社区老年人工作了。”刘秀玉笑着说，既然大家相信她，她就一定要把工作做好。“在其位、尽其责，更何况我是一名党员，发挥人生余热，做好岗位工作是应该的！”刘秀玉回忆起自己从2014年接手社区老年工作至今，每每遇到"家庭与社区"的冲突，她的选择都是社区。对此，她从不后悔。幸好，家人理解她、支持她，这也让刘秀玉忙碌的社区工作更添动力。

这支老年队伍"招之即来、来之能战、战之能胜"

1948年，刘秀玉出生于辽宁大连，20世纪60年代，她和大部分年轻人一样响应国家号召上山下乡当了一名教师，随后被分配到工农兵大学学习英语。那时候学英语的人并不多，但就是这门专业，改变了她的一生。1981年，刘秀玉随着改革开放的热潮，南下深圳来到对外联络办当了一名翻译，后来，她又成为深圳一家企业的董事长兼总经理。

2013年退休回国后，刘秀玉接手社区老年人服务工作。当时，社区工作人员多次邀请她担任社区老年协会会长，耐不住轮番"轰炸"，刘秀玉最终答应。这一答应不得了，随后更多的社区职务涌向了她：社区老年大学校长、社区"夕阳红"党支部书记、街道老年协会副会长……刘秀玉的各种头衔比退休前还要多，十几个让她自己都"数不过来"。不过，和"霸气女总裁"的身份不同，这些职位都费神费力却没工资。

"我都不知道自己掏了多少腰包。"刘秀玉笑着说，有的时候社区搞老年活动，还没有批下来活动经费，需要买水、水果之类，自己会出钱，这些也不会从经费里报销；有的时候，和大家伙儿去探望有需要的老人家，她也会出资购买慰问用品……不过，这些在刘秀玉看来都不值一提。"我是一名党员，这是我应该做的。而且我就是在这个职位上，怎么能不尽力做好？只要社区的老年人都开心就好了！"刘秀玉的"霸气女总裁"范儿又来了，之前管理公司时的"尽职尽责"在社区老年人工作上也发挥到了极致。

刘秀玉自豪地说，中海怡翠社区老年工作在整个龙岗区来说都"搞得非常好"，不仅社区老年工作领导班子齐全，大家的凝聚力还特别强，用她的话来说，就是"社区老人们特别团结，大家齐心协力做好老年工作"，社区从来没有出现过老人吵架的情况。"周边社区都羡慕我们呢，大家还想加入我们。"刘秀玉笑呵呵地说。

社区老年工作组织架构齐全、凝聚力强、民主公平，这与"霸气女总裁"的领导密不可分。在刘秀玉的领导下，她先搭建了一个"领导班子"，架构设置齐全、分工明确，在决策事情的时候首先召开理事会议，然后开设扩大会议，大家自由发表个人意见，通过民主集中制决断出最后的策划方案。“决策代表了大家的心声，所以执行起来特别顺畅。”刘秀玉坚持，没有好的班子，就没有好的领导力；没有好的民主，个人能力再强，也得不到好的发挥。

如今，中海怡翠社区的老年队伍工作开展得非常出色，得到了街道、区相关部门的一致认可。刘秀玉和她带领的老年人服务团队，被称赞为一支“招之即来、来之能战、战之能胜”的队伍。“真的，我们平时有个什么活动，群里发个通知，一个小时之内肯定都回应了。”刘秀玉为自己的班子成员感到骄傲，大家都为老年工作发光发热。

40多年党龄老党员无怨无悔

社区老年工作烦琐而细致，很多时候还涉及家长里短。刘秀玉放下“霸气女总裁”的光环，为社区老年人生活尽己所能排忧解难。比如，熊大叔的爱人颈椎不好想去医院，儿女上班忙得没时间预约，刘秀玉就亲自去帮忙预约；张大伯和合唱队员闹了别扭，一晚上睡不着觉，这位“知心姐姐”就不厌其烦地开导他，直至双方解开心结；陈阿姨跟儿媳妇闹别扭了，她也不嫌“婆媳矛盾”复杂，自己上门做心理工作；哪位老人生病了，她就带着其他义工一起上门探望……刘秀玉真的是“把百分百的时间放在了社区老年人服务工作上”。在这个过程中，她也和社区其他老年义工之间结下了深厚的感情，“大家都像是我的兄弟姐妹一样！”

“他们都说佩服我。我做这个事情最大的特点就是没有私心、不图回报。”刘秀玉说，社区老年工作没有工资回报，最大的支持就是对老年工作的热爱。“有的时候社区会演，看到那些老姐姐们，化了妆在台上表演，她们笑得开心，我的心里也乐开了花。真的，看到她们像孩子一样，我真的很开心。”刘秀玉说，作为一名40多年党龄的老党员，她只觉得做这些都是应该的。

一个人的精力是有限的，放了百分百的精力投入在社区老年工作中，刘秀玉再也抽不出半点时间给家庭。老家的哥哥姐姐们常邀她回去走走，她忙得没法抽身；孙女今年都三岁了，都靠亲家一手带大。她在家里更是没时间买菜做饭，甚至有一次孙女没人照顾，媳妇也生病了，给她打电话，恰逢社区一个活动紧张筹备，刘秀玉心中纠结，却下了决心：“我跟媳妇说抽不开身，讲明原因，媳妇都问我，妈您这心里只有社区老年工作，孙女儿还是不是亲生的了？”放下电话，刘秀玉的心里也难过，她偷偷抹眼泪。“但是社区工作离不开我，我必须做好。”“有一次我出去买菜，别人看到都稀奇，带孙女出去玩儿一次也是罕见。”刘秀玉无奈地说，她对家庭确实有愧疚，但自己从不后悔。从2014年至今，刘秀玉从事社区老年工作已经多年，她干得辛苦却很开心。家人们虽有“埋怨”，转过头来却也大力支持。

第4节 携手同行

爱是一道光，不会因为人的老去而黯淡，而会像太阳的光芒，让冬天变得温暖。“夕阳红”的义工们像一道道光，穿行在社区的楼宇间，用不离不弃的坚持，传递着最为坚实的爱。

一、送出我的爱，温暖你的心

已到古稀之年的深圳龙岗园山街道银荷社区居民邝阿姨是“随迁父母”的典型代表。20年前，她和丈夫双双从学校退休后，选择到深圳帮助三个儿女带孙辈；10年前，最小的孙子上了小学，本是高中教师的丈夫选择和社区合作创建老年人协会，开启幸福的晚年生活。本以为两老能继续携手共度美好生活，癌症病魔却在4年前悄悄降临到这个家庭，两年的悉心守护，邝阿姨还是没能挽回丈夫的生命，2年前，丈夫还是放心不下地离开了。

“我们也担心妈妈会熬不过这段难过的时光，幸好社区‘夕阳红’项目的志愿者阿姨们每天都来陪伴开导妈妈。现在妈妈也加入了社区守护者队伍，每天可忙了，我们约她出来吃个饭都还得抽时间呢！”邝阿姨的女儿小冯无奈又开心，她想到父亲临走前将自己的手和母亲的手放在一起。“那一刻就领悟到爸爸真的很放心不下妈妈，但是现在爸爸不用担心了。他也希望妈妈多参加社区活动，就像爸爸生前他们一起快乐参加老年协会那样。爸爸的遗愿也是让我们多帮助别人，妈妈现在也是在践行爸爸生前的愿望吧！"

小冯和两个弟弟都特别开心看到母亲的转变，看到母亲这么快就能融入社会，他们发自内心地感谢"夕阳红"帮助妈妈走出丧偶之痛。"'夕阳红'在母亲最软弱最需要帮助的时候关爱了她，妈妈也在用亲身行动将这种温暖传递出去，从而温暖更多有需要的人。"

随迁父亲来深筹建老年人协会

1991年，大学毕业的小冯选择从老家河源来到深圳打拼，闯出自己的一番天地。她是家中的长女，下面还有两个弟弟。父母都是河源老家一所高中的工作人员，父亲更是担任多年的高三老师。在几年打拼后，小冯嫁为人妇，生下一个可爱的小宝宝后，放心不下小冯的邝阿姨说服当时已经退休的丈夫，来到深圳和她一起帮女儿带孩子。

"他们真的是劳累了一辈子，我们小的时候忙着把我们拉扯大，现在我们又工作又带孩子的时候，他们主动离开老家熟悉的环境，到深圳来帮助儿女带孙辈。"回忆起父母对她的付出，小冯的语气充满了感激与心疼。2000年左右，邝阿姨和丈夫来到深圳，肩负起隔代育儿的重任。这一来，就是"再也走不脱了的深圳"。及至后来，小冯的两个弟弟纷纷大学毕业，扎根深圳，在深圳结婚生子安家，邝阿姨和丈夫在几个孩子的家庭间来回奔波，带大一个又一个可爱的孙辈。

2010年，小冯弟弟最小的孩子也上了小学。从育儿重担中解脱出来的邝阿姨和丈夫轻松了许多，生活又仿佛空了许多。他们隔代育儿的焦虑，随着孙辈的纷纷入学，转化为了角色转换的问题。

每天的生活怎么安排？小冯的父亲闲不住，他生前就是一个性格特别外向的人，身为高中老师的他学历颇高，而且，他也打得一手好篮球，唱歌也好听。在社区逛了几圈后，恰好碰到时任社区主任，建议筹备一个社区老年人协会。小冯的父亲文化层次高，又多才多艺，成为筹建主力的不二人选。

邝阿姨也特别支持老伴的选择。两人本就是恩爱夫妻，选择共同做一件事情的过程中，更是幸福。社区老年人协会顺利筹备起来，多位社区老年人在这里找到了才艺展示的舞台，也在这里找到了更多志趣相投的伙伴，大家一起安度晚年，充满欢乐。

病魔来袭，社区志愿者专业帮扶送温暖

快乐的时光总是短暂。2015年的一天，小冯突然发现父亲瘦了许多。经过一番询问，才知道父亲早已经脚部酸痛一段时间。不过，为了不让子女担心，小冯的父亲并没有向子女反映这个情况，直到脚部疼痛越来越厉害，甚至蔓延到了腿部。想到这一点，小冯的心里很不是滋味。父母之前为带孙辈付出那么多，尽心尽力，而自己没在繁忙的工作中抽出一点点时间多关心下父母的身体。在子女的愧疚和心疼中，邝阿姨陪着丈夫去了医院检查，最后被告知已是癌症中晚期。

真是晴天霹雳！小冯回忆，当时妈妈尤其接受不了这个事实。“父母一辈子都很恩爱，看到父亲受苦，妈妈的心里特别难受。”小冯和弟弟们曾经陪着父亲去广州等地的大医院救治，但医生建议父亲年事已高且身体虚弱，不宜再进行手术治疗，建议回家休养。于是，带着父亲母亲，小冯又回到了深圳。小冯曾建议为父亲请一个专业保姆进行护理，也让60多岁的母亲好好休息下，但是母亲坚持不肯，说自己照顾更加细心，执拗不过，小冯终是允了母亲在家照顾父亲。

小冯回忆，父亲患病后不久就卧病在床了。母亲也暂停了老年人协会的所有活动，专心在家照顾老伴。“那段时间，妈妈不常接触外面，即便是爸爸说让她出去走动一下，她为了多陪伴父亲，也不肯出去。”父母亲住在银荷社区的弟弟家，小冯不常见到，心中更是十分挂念。不过，她也常听弟弟说起，家中经常有社区志愿者和义工到访，为父亲进行敷药换药、按摩捏拿等，缓解他疾病上的痛苦。这些志愿者们还针对母亲进行心理疏导，给了母亲艰难时期有力的支持。这也加深了母亲和社区志愿者姐妹们的友谊和感情。

2016年11月，小冯的父亲还是离开了。生前的一天，他曾在病榻之上，拉住了邝阿姨和小冯的手，将两只手放在一起。“当时我的眼泪就止不住地落下来，我知道他是放心不下妈妈。”现在说起来，小冯的眼泪仍旧止不住，但是说到母亲目前在银荷社区守护者队伍的“繁忙”，小冯又转声笑了起来，“很开心妈妈这么快走出来，现在爸爸不用再担心她了！”

走出丧偶之痛，阿姨热心守护者队伍关爱他人

小冯说的关爱帮扶，在父亲走后的一二十天时间里表现得特别突出。老伴刚走，邝阿姨沉浸在丧偶的悲痛中，她关门不出，把自己与社会隔绝开来。但是，参加过告别仪式的几位社区志愿者姐妹来到了邝阿姨的家中，他们抱住邝阿姨，陪她一起哭，一起诉说，一起排解，一起展望，她们还邀请邝阿姨走出去，参加社区“夕阳红”项目的守护者队伍，跟她们一起参加各种文娱活动，同时以志愿者的形式去帮助更多有需要的人。

“最开始几天妈妈还是很抗拒的，她不愿意出去，心里的悲痛实在是太大了。”小冯和两个弟弟看在眼里、疼在心里，他们伤心父亲的离去，更担心单独留下来的母亲承受不住这种悲痛。不过，社区的志愿者和姐妹们并没有放弃，他们每天都会派两三个人到邝阿姨的家中进行探访，不仅有志愿者，还有与邝阿姨相熟的姐妹们，更有专业的心理咨询师。二十天时间很快过去，终于有一天，邝阿姨突然决定，可以和他们一起走出去看看。“妈妈出门的那一刻，我们的心里都亮了！”小冯说。

邝阿姨开始和以前一样，积极地投身社区活动中，她还加入了银荷社区“夕阳红”项目的守护者队伍，和姐妹们一起付出自己的一份爱心，去帮扶其他有需要的人。熬腊八粥挨家挨户派送、教其他阿姨做手工、探访失能孤寡老人……邝阿姨的生活仿佛一下子重新被排满，她的脸上也有了笑容，这让子女们的心中充满了安慰。

尽管如此，前不久的一天，小冯的表弟表妹来到弟弟家做客，大家闲聊之余，聊起了小冯父亲。这仿佛是一颗不定时炸弹，瞬间触碰到了邝阿姨心中最柔软的角落。她的眼泪止不住地流下来，对于丈夫的思念让她再度沉沦，她把自己关在屋内不愿出门。两天时间，她都没有参加社区守护者队伍的相关活动。但是，守护者队伍并没有忘记邝阿姨。在通过和小冯的弟弟交谈得知具体情况后，心理咨询师再度上门，针对这种反复出现的心理波动，他们进行及时的心理咨询和帮扶。终于，邝阿姨的心结彻底被打开。

她回想起丈夫生前就是热心于公益的，也经常去帮助别人；尽管在病榻之上，丈夫也常说要多帮助别人，社区志愿者对他的关爱也让他铭记于心；他还在生前交代邝阿姨，要多出去走动，在与外界的交流中获取更大的人生价值，“老有所乐”也要“老有所为”，更要将社区传递给他们的温暖传递出去。想到这些，邝阿姨的心中不再郁结，她决心今后更加积极地参与“夕阳红”守护者队伍，帮助丈夫的遗愿得到实现。

如今，她的生活真是充满了精彩，每一天的志愿守护活动，也让她忙得不可开交。“我们连去带她看个牙齿，或者是找她出去吃个饭，都要先和她预约时间。”谈起母亲的忙碌，小冯的心里也是甜滋滋的，她欣喜地看到母亲的转变，更加感谢“夕阳红”的帮扶。

二、爱如明灯，点亮希望之光

20世纪90年代，跟随“南下淘金”热潮来到深圳打拼的外来建设者谷存金没有想到，20多年在深圳的“顺风顺水”并没有延续下去，2014年的一场中风把他打入了人生的低谷，还没完全康复，2016年的他二度中风，彻底偏瘫在床。一个成功的来深建设者如今却只能依靠康复设备生活，他的心里难以接受命运的安排。

直到2019年1月园山街道银荷社区民生微实事“夕阳红”项目的入驻，经过社区守护者胡叔的介绍，负责运营银荷社区“夕阳红”的深圳微孝居家养老服务有限公司社工王轩开始介入帮扶，从第一次的抗拒，到第二次、第三次的无所谓，到后来几次的悄悄变化，再到十几次之后的转变。谷存金对保姆说，“给小王（王轩）倒杯水”，他的心结被慢慢打开。他开始尝试走出大门，重新与外界接触。而他中风偏瘫后，出大门去的第一个地方，就是银荷社区“夕阳红”项目中心。

他的转变，家人看在眼里、喜在心里。生活给谷存金关了一扇门，又为他打开了一扇窗。而银荷社区“夕阳红”正是从窗户外投向谷存金心底抑郁角落的那束明亮的光。

命运突然和他开了一个玩笑

一幢三层高的小别墅，是谷存金在深圳打拼成功的见证。从20多岁时怀揣梦想南下闯深圳开始，谷存金对生活就充满了信心。命运也没有辜负这个爱打拼的小伙子，他不仅在深圳收获了事业的成功，还拥有健康的体魄、妻子的陪伴、一儿一女的满足，似乎命运把所有最好的东西都给了他。然而，2014年，他因长期熬夜罹患中风，身体受到很大的影响，事业也被迫暂停。谷存金原本计划着等到身体好一点了，再继续在深圳打拼事业，女儿已经出嫁，还需为儿子谋划一个更好的未来……一切只是谷存金美好的想象，现实并不如他所愿。2016年，谷存金再度中风，偏瘫在床。

一个成功的来深打拼创业者，如今只能依靠康复度日，甚至都没法站起来正常走路。这对曾经意气风发的谷存金来说，是多么残酷的现实！他不愿意接受这个现实，却也没办法改变这个现实。作为一个年过五旬的中年男人，他的人生画卷仿佛才刚刚展开，却又像是已经要谢幕。都说“五十知天命”，谷存金却不知道上天对他的命运安排究竟将会怎样。他开始封闭自己的内心，正如已经偏瘫的躯体一样，慢慢地失去了它原有的活力。

谷存金的家很大，三层楼高的别墅在房价高企的深圳可谓豪宅。然而，妻子忙于工作，并不能每天都陪伴在他身边照顾他。女儿已经出嫁，作为父亲的谷存金也不想给女儿增添护理的负担，更何况她还要照顾正在上中学的弟弟。谷存金的康复料理主要靠一位保姆负责。即便花费金额再高，保姆所能照顾的，也只有谷存金的身体，他的心里实实在在的是空洞的、没有希望的。

谷存金仿佛溺水了，他需要有人来帮助他。

“守护者”牵线社工开始介入

2019年2月的某一天，由微孝机构运营的“夕阳红”项目入驻银荷社区刚刚一月有余，大家正忙于向社区老人宣传“夕阳红”项目。这时，注册为社区“守护者”的银荷社区居民胡叔向“夕阳红”项目反映，他认识一位社区老人需要帮扶。这个老人正是谷存金。

胡叔是在几年前认识谷存金的。那时的谷存金正是意气风发之时，胡叔推着患病的妻子在社区内闲逛，碰到谷存金，双方聊了几句，这就是认识了。好几年不见，胡叔也没有想到谷存金的生活会发生这么大的转变。

2019年1月“夕阳红”项目入驻银荷社区后，胡叔在社工的宣传号召下主动加入社区“守护者”队伍，守护者主要负责为社区内有需要的其他老年人提供志愿者服务。其后的某一天，胡叔恰巧路过谷存金的家门口，惊讶地看到谷存金竟然坐在康复轮椅上。通过向保姆打听，胡叔才知道，谷存金原来是遭遇了中风导致偏瘫。

“我进去也不好，不进去也不好。”胡叔的心里左右为难。后来，他想起了“夕阳红”，“他们不是有专门的社工吗？我想这也许是一个好的契机。”

在胡叔的牵线搭桥下，银荷社区“夕阳红”项目的社工得以知道谷存金的需求。作为专业养老社工，营养专业出身的王轩携带了一套测量血压的器具，准备开始他对谷存金的第一次探访。

长期坚持专业陪伴，终获信任

王轩还记得他第一次去探访谷存金时候的情景。屋子外面是明媚的阳光，王轩和胡叔一起过去探访，在轻轻敲门后，王轩听到里面一个暗淡的声音，“进来吧！”轻旋把手，王轩就和胡叔进到屋内了。然而，和外面的阳光明媚不同，屋子里面虽然大，却是暗暗的。原来，谷存金吩咐保姆把所有的窗帘都拉起来。偌大的别墅里，刚好保姆请假回老家，只剩下谷存金一个人静静地躺在他的康复疗养床上，甚至不出声的时候都感觉不到他的存在。

“他就那样默默地躺着，眼神空洞，一副对生活没有盼望的样子。”王轩回忆，在简单给谷存金介绍了“夕阳红”和探访来意后，谷存金并没有表现出多大的兴趣。王轩也只是按部就班地拿出血压测量仪，帮助谷存金量完血压简单嘱咐后，不便过多交谈就离开了。离开之前，王轩向谷存金询问，隔天能否再来看望他。谷存金的语气冷冷的：“反正我门也没关。”

于是，隔天，再隔天，一连好几天，王轩都在每天抽出一点时间来，特意去探访谷存金。王轩是营养师专业出身，他在量完血压后，会交代谷存金一些营养方面的注意事项。和第一次时的不接受不抗拒类似，连续两个星期，王轩都没有感受到谷存金有任何的改变。“这很正常，我们做社工的经常遇到这种情况，情绪的转变不会是短时间的。”

但是，不知道从哪一次开始，谷存金的态度突然发生了变化。王轩还记得，自己在去过两次后，和谷存金聊天的时候，会更多地涉及一些人生方面的探讨。另外，谷存金喜欢下棋，王轩就陪着他聊下棋。而“规定动作”量血压也给了谷存金许多期待，因为中风所以谷存金特别在意血压问题，王轩带去的血压计是水银测量，相比他家中的电子测量更加精准。“就是从第一次探访后，大概过了两三个星期，每个星期3～5次探访，那一天我刚去谷叔家，他就让保姆给我倒水。”只一个简单的吩咐，王轩就感觉到：有希望了！谷存金的心结有希望被打开！

在谷存金慢慢接受王轩所带来的探访模式后，王轩开始约上身边其他专业的同事们一起，结伴给谷存金进行康复方面的帮助。谷存金的家中，也开始恢复长久不见的笑声。

加入诗词社，重归社会，家人欣慰

对于谷存金的家人而言，谷存金的变化他们看在眼里，心里高兴得不得了。谷存金的女儿还记得，有一次去看望爸爸，爸爸突然对自己说，想去院子外面走走。"要知道，爸爸生病后就一直守在家里面，最多只是在院子里转悠。他肯出去，说明他愿意和外界接触了。"谷存金的女儿小谷特别开心，那天在女儿和保姆的陪伴下，谷存金第一次坐着轮椅出了小院大门，再度拥抱外面的世界！

而他首次出门的第一个到访地，就是王轩和同事们工作所在的银荷社区"夕阳红"项目活动中心。以往，他只是在王轩和同事们的服务中感受"夕阳红"，虽然没亲眼看过，却深刻感受到了"夕阳红"的温暖。如今，真正看到"夕阳红"了，谷存金当场表达了对于"夕阳红"的感恩。

此后，王轩和同事们开始更多地邀请谷存金加入到"夕阳红"的文娱活动中来。谷存金喜欢诗词和摄影，于是加入了银荷社区诗词社和摄影协会，正式回归社会。值得一提的是，谷存金写了不少有关感恩的诗词。家人们看到他的积极转变，也为"夕阳红"项目工作人员的无私付出和帮扶而"点赞"。"谢谢夕阳红，让爸爸重新回归社会。"小谷说。

据了解，银荷社区"夕阳红"项目主要为社区50周岁以上居民提供到家养老服务、夕阳红中心服务、"守护者"志愿者服务等综合性养老服务，谷存金只是他们的服务对象之一。目前，银荷社区共有90多名偏瘫、帕金森患者，不便出门，运营方派护士上门免费开展测量服务。另外，已有51位社区居民实名注册并加入养老服务志愿者体系，成为"守护者"。银荷社区，正在因"夕阳红"而更美。

第5节 “夕阳红”素描

“夕阳红”养老服务项目是一项综合性的系统工程，单打独斗不可能为老人提供良好的服务，需要多方合力才可能做好。但工作没有先例，各条线上的具体责任并不是很明确。在社区“夕阳红”养老服务项目建设过程中，“协作”是恒常的主题。

一、多方合力共绘“夕阳红满天”

白坭坑社区“夕阳红”项目正在如火如荼推进中，不少社区老人都在一项项民生实事中真切感受到了来自政府的关怀与问候。棋牌休闲、康复理疗、中医熏蒸、健身锻炼、长者食堂……“夕阳红”老年活动区域的合理设置与布局，让社区老人的“安度老年”拥有了更多的选项。

特别值得一提的是，白坭坑社区是龙岗全区首个由社区股份公司提供场地并全额出资装修的“夕阳红”项目。深圳市龙岗区民政局民政福利科负责人很是感慨，在龙岗区社区“夕阳红”都市养老模式“1+6”办法的指导下，龙岗区民政局、平湖街道社会事务办、白坭坑社区铆足全力，三级联动，与白坭坑社区股份公司争取得来寸土寸金的城市更新用地，不仅没有租金收益，还由社区股份公司全额出资装修。

“达成共识是一个不断思维碰撞和沟通协调的过程。”该负责人指出，白坭坑社区“夕阳红”项目的成功构建，为全区其他社区“夕阳红”选址提供了新思路，股份公司提供场地，起到了模范带头作用。截至目前，仅在平湖街道四个已建成运营的“夕阳红”项目中，就有三个社区物业是归社区股份公司所有。“选址和装修迎刃而解，白坭坑社区还引入企业资源助力‘夕阳红’，从而保障社区养老可持续发展，值得借鉴。”该负责人说。

寸土寸金，突破场地之困

白坭坑社区是平湖街道典型的村改居社区之一。这里原住居民不少，大家都保持着传统的“尊老、敬老、爱老、养老”美德。早在“夕阳红”正式入驻前，白坭坑社区为当地老人在刘氏宗祠内开辟了一处老年活动中心。不过，该活动中心仅对本地人开放，里面设施较为单一，除了下棋打牌，老人没有其他的休闲选项，对于不喜爱棋牌的老年人来说，社区老年活动场所是个问题。最为重要的是，刘氏宗祠年代久远，瓦房构造的宗祠即便修补也难掩历史沧桑，每逢刮风下雨，更是存在安全问题。考虑到社区老人养老需求越来越大，白坭坑社区计划为老人们寻找一个活动场地更大、设施更为丰富的新的老年活动中心。

白坭坑社区书记刘爱平回忆，当时新的社区老年活动中心还未开建，恰逢龙岗区民政局在全区推行“夕阳红”养老民生微实事。平湖街道社会事务办主任黎蓉多次带队来到白坭坑社区，对接“夕阳红”选址建设有关事宜，在多方了解“夕阳红”的初衷定位、功能设置和运作架构后，刘爱平深以为然。双方一拍即合，计划以“夕阳红”的新面貌打造新型社区老年活动中心，为社区老年人社区养老谋福利。

然而，正当大家准备“撸起袖子加油干”的时候，光是项目选址一项，就让大家头痛不已。选哪里，对周边老人来说交通最方便？选哪里，才能保证面积合适、功能齐全且租金合适？这些都是摆在街道和社区面前的难题。考虑到“夕阳红”面向所有老年人开放，一楼是最好的选择。

寻找了多处场地后，街道和社区双方都认为，位于白坭坑社区内的一处厂房不错：位置离原有的老的活动中心不远，离社区党群服务中心也挺近，方便资源共享；且有单独的空间运营，空间宽敞不说，还便于装修；另外一方面，厂房一楼即可设置“夕阳红”，老人多腿脚不便，如此一来，便免去了上楼下楼的烦恼，安全风险亦可控。

说干就干。街道、社区纷纷派人前往该处厂房拥有者——白坭坑社区股份公司——进行洽谈，希望将该处厂房用地给“夕阳红”进行建设用地。根据原有规划，该处厂房在2018年10月份到期后，计划用于城市更新，可获得的租金收益之丰厚可以想象。老年人社区养老事业分文不挣，这笔“生意”不划算！然而，事业不是生意，养老也并非用金钱可以衡量。

“我们就和股份公司董事长说，这个‘夕阳红’，不是为了别人，正是为了社区老人安享晚年。”刘爱平说，当时董事长也同意了这个观点，就说要和董事会的成员再商议一下决定，“老人对于一个家庭的重要性不言而喻。对于白坭坑社区而言，把老人安置好了，就等于把社区里面的所有家庭都安置好了。”

经过龙岗区民政局、平湖街道、白坭坑社区的多次争取和沟通，城市更新办公室最终作出了让步，将厂房用地分出一半给“夕阳红”项目。不仅如此，股份公司还承担所有的标准装修费用，共计85万元，减轻了财政支出的负担。

“这个争取的过程着实不容易。”全程参与争取过程的白坭坑社区副书记刘淑娟还记得，在“夕阳红”项目室内用地确定好了之后，还出现了一个小插曲，即厂房外门前的一大片空地，足足有720平方米。当时，城市更新办公室坚持要将那片空地用作停车场。“我们书记一听就着急了，‘夕阳红’门前怎么能设停车场呢，车来车往，对老人出行多不方便，又不安全！”刘淑娟回忆，为了这个事儿，她和社区书记刘爱平没少和城市更新办公室的工作人员据理力争。

“我们就摆事实讲道理，这片空地的确可以带来收益，但是老人活动区域不能只局限在室内，室外活动必不可少。这个事情，我们不能让步。”刘淑娟说，在多方沟通后，城市更新办公室“败下阵来”，这720平方米的空场子最终被“夕阳红”给“拿了下来”。“真不容易！其实在此之前，对方（工作人员）和我们都是很熟的朋友。大家就为了这个户外场地用于收益还是老人事业，双方都争红了脸也闹得不开心，关系都没以前好了。”刘淑娟笑笑说，不过，如今看到“夕阳红”的老人在这片户外场地活动很开心，他们也觉得所有的付出都值得了。

细微见精神：“夕阳红”设计点滴处处为老人

笔者曾到白坭坑“夕阳红”城市社区养老综合服务中心参观，这个“夕阳红”的项目选址确实方便。位于白坭坑社区塘滩路80号，是白坭坑社区居住较为集中的区域。隔一条路是深圳华侨医院白坭坑联社社康中心，周边还有日用品商店、社区警务站和另外两个社康中心。

“夕阳红”项目服务中心位于建筑物一楼，室内面积530平方米，设长者食堂配餐区和用餐区、适老卫生间、心理疏导室、康复理疗室、棋牌区、书画区、娱乐活动区、阅读区、上网区等区域。其中，康复理疗空间最大，有5张床和7套热灸理疗设备，按摩椅一套和四肢机能训练设备。室外开放区域720平方米，设有社区活动设施，花坛边沿宽厚、平整、清洁，可以供老人坐下休息。

“如今能装修得这么好，老人体验也很棒，得益于龙岗区民政局、平湖街道社会事务办的多方指导和支持。不然，我们也真的不知道怎么才能给老人们提供完善的养老设备。”白坭坑社区书记刘爱平说。

刘爱平的感谢没有说错。据了解，为了“夕阳红”项目建设有序推进，龙岗区民政局出台了多项指导政策，包括《深圳市龙岗区社区民生微实事“夕阳红”项目建设与运营管理办法（试行）》《社区“夕阳红”都市养老模式“1+6”办法》等，对社区“夕阳红”项目建设标准、运营服务、长者食堂、资助申报、监督管理、考核办法等配套措施详细规定，为“夕阳红”基层推进提供指南。“区级更多的是提供支持鼓励和指导扶持的作用。”龙岗区民政局有关人士介绍说。

为了将区级指导政策落到实地，平湖街道社会事务办黎蓉和同事们亦付出诸多心血。“光是装修指导图纸我们都修改了10次，具体到‘夕阳红’项目中心内的家具，我们甚至都在淘宝上一一比价，哪个家具哪里最合适，功能区怎么间隔最合理，大家一一讨论、精心考虑……”黎蓉说，白坭坑社区她再熟悉不过，“我都不知道在这里加了多少班，熬了多少夜。反正那段时间，从早上7点钟到晚上10点钟，我的工作电话就没断过。”

黎蓉的语气没有埋怨，“我们就是单纯觉得，要干好这个事情！要踏踏实实地一个一个问题去解决。机构和社区之间，小到一个杯子谁来买，我们都得确定好，这不是一个文件就能统一定下来的。”

作为街道层面，黎蓉在给白坭坑社区“夕阳红”招标社会运营机构时，曾拟出厚达900页的招标书。“这是熬了多少个加班才能出的成果啊！简直‘死了太多脑细胞’了。”黎蓉笑着说，2019年3月，白坭坑社区“夕阳红”初具规模试运营。她还记得那天，社区老人们刚到新的活动中心，一看到空调，就说“这个好”；看到那个健身器材了，就说“这也好”；看到中医熏蒸和健康理疗，大家纷纷点赞；还有室内文化墙上黎蓉和团队成员悉心设计的张贴社区老人们的照片，也让大家感动不已。

“那时候，我们几个人就在新建的长者食堂里，看到远处老人们指着文化墙上自己的照片，开心地说‘这里有我这里有我’，就跟小孩子一样，我们心里别提多开心了！”说起这个事，黎蓉的语气里也满是自豪，“大家真的特别开心！就是这个事情搞成了，我们也觉得自己的工作特别有价值。”

目前，白坭坑社区“夕阳红”项目由专门的社工机构运营。在龙岗区民政局的政策指引下，平湖街道办和白坭坑社区每周都会组织例会，约上项目负责人一起，群策群力，找出不完善的地方加以改正，让社区养老真正成为居家养老的支撑。

二、三方融合共筑“夕阳红满天”

打通龙岗区坪地人民医院六联晨曦社区健康服务中心、党群服务中心和“夕阳红”项目之间的资源、信息壁垒，形成为老服务的合力，坪地街道六联社区可谓这个方面的“先锋”。位于六联社区屯富路11号的六联社区“民生微实事·‘夕阳红’项目”与六联社区党群服务中心位于同一栋楼，一个在二楼，另一个在五楼，一部观光电梯可快速上下。就如这部电梯带来的便利一样，“夕阳红”与党群服务中心日常的沟通、交流、互助、守望也特别频繁而顺畅。

与它们相隔不远的是一路之隔的六联晨曦社区健康服务中心。医院在为社区老人免费体检方面有定额要求，但在场地选择、人员统计、动员宣传方面有着诸多限制，得益于党群服务中心深耕本地的熟悉情况，以及“夕阳红”项目社工的入户宣传，再加上“夕阳红”场地的适老化、人性化，六联晨曦社区健康服务中心找到了与“夕阳红”和党群服务中心的有效结合点。

三方共同配合，从而为辖区有需要的老年人提供完善的为老服务。资源共享、协调合作、守望互助，坪地街道六联社区的“夕阳红”项目在党群服务中心和对口医疗资源的帮扶下，推进得越发顺利而成熟。

“夕阳红”有场地有人工，社康业务顺利推行

坪地街道“夕阳红”运营机构负责人冯波介绍，自2019年1月份试运营至今，六联社区“夕阳红”项目已开展各类为老服务，包括食堂体验、义剪活动、体检活动、项目宣传外展活动、老人公益培训、歌唱比赛、走访调研活动、茶艺服务、老年人茶话会、养老服务培训、夕阳红舞蹈队、夕阳红合唱队、夕阳红小乐队等，深受辖区老人欢迎。

其中，体检活动的举行，也让六联晨曦社区健康服务中心格外热闹。“得益于‘夕阳红’的场地建设，社区65岁以上老年人免费体检也有了新去处。”六联晨曦社区健康服务中心主任李伟杰介绍，“夕阳红”项目所处位置离社康很近，医护人员过去比较方便；项目硬件建设也非常好，适老化处理和配套设施十分齐全；另外，“夕阳红”还有社工帮忙引导老人，人员辅助上也起到了很大的作用，“为老年人看病保健，我们有医疗技术，他们（‘夕阳红’）有场地和人工，大家可以自愿互补，共同为社区老人谋福利。”

现在，六联社区符合条件的老年人体检在党群服务中心的五楼，通过观光电梯可以方便上下。“老人体检完了之后现场可以听听健康讲座，到了中午还可以直接去长者食堂吃热腾腾的饭菜，体检、讲座、饭堂，相当于‘一条龙服务’。”六联社区“夕阳红”项目相关负责人表示，对于老人体检而言，“夕阳红”入驻后这是最直接的新变化。

硬件方面，“夕阳红”项目里有完备的电视和音响设备，在把社区老年人吸引过来后，能够比较集中地给他们播放一些健康视听资讯，十分方便。六联社区91岁的王淑仪奶奶是本地人，她的身体不大好，但她还是很喜欢让家人推她来社区“夕阳红”转转。“这里工作人员都讲客家话，而且经常很热闹，这也是老人家很喜欢来的原因之一吧。”六联社区“夕阳红”项目相关负责人说。

除了体检和讲座，六联晨曦社区健康服务中心的家庭医生入户筛查工作也在六联社区“夕阳红”项目社工的帮助下完成了不少。医院人力资源有限，不可能每家每户都上门调查；而“夕阳红”义工更多地通过活动与社区老年人对接，对老人健康档案记录更加“拿手”。

“夕阳红”专业社工完美结合，党群“本土化”

冯波表示，从六联社区“夕阳红”运营伊始，“夕阳红”就想着能与社区党群服务中心共同合力为社区老人养老作出贡献。“‘夕阳红’在二楼，党群服务中心在五楼，就是希望今后工作中能相互协调、相互借鉴、相互促进。”冯波表示，党群服务中心在社区成立已久，在当地老人中“知名度”颇高。如今，因为“夕阳红”的场地设置在二楼，更加方便老年人活动，因此，以前在党群服务中心开展的一些活动被挪到了二楼，“顺带着党群服务中心也给我们‘打了广告’。我们运营时间比较晚，这就要借助党群服务中心的力量。”

而在“夕阳红”未正式进驻六联社区之前，六联社区党群服务中心也为当地老人养老策划开展过多次活动。不过，由于活动场地限制，党群服务中心只有一个活动室给老人们坐下喝喝茶、聊聊天、唱唱歌，“夕阳红”项目入驻后，老人们的养老需求有了更多的选择：休闲娱乐、长者食堂、健康锻炼、康复理疗……更多的社区老年人爱往“夕阳红”去了，党群服务中心之前的很多策划项目也在“夕阳红”的场地支持下得到了实现，可谓双方“共赢”。

另一方面，党群服务中心一直有专门的义工定期为社区困难老人上门送温暖、送帮扶，有时也会组织爱心企业在节庆日给老人家送慰问物品。如今，“夕阳红”上门为老人提供为老服务时也可借鉴党群服务中心的经验，同时借助党群服务中心汲取社会爱心力量助力“夕阳红”发展。对于党群服务中心而言，“夕阳红”社工的专业水准更高，在上门与老年人沟通、心理咨询等方面更有经验，做得也更好，很好地补充了党群服务中心工作的不足。

98岁的孙奶奶就是六联社区“夕阳红”的常客。“我们工作人员都是经过专业培训的，和老人沟通时对方会感觉特别舒服。”冯波说，在运营前期工作人员根据调研结果对老人的需求进行相匹配的活动设计，让老人养老需求尽可能地得到满足，“如果有一两次他们满意的话，之后就会经常过来了，还会邀请自己的‘老伙伴’一起过来。”

冯波说，借助党群服务中心的本土化运营经验和精准的老人分布数据，“夕阳红”能够更加快速地对接社区老人资源，“‘夕阳红’项目开了以后，这些老人真的是有了一个很好的活动场地，他们都很满意。那些老人回去了之后也会说，他们以后有时间还会上来。”冯波说，在不断推进“夕阳红”的过程中，党群服务中心的工作人员多有帮忙，“夕阳红”与党群服务中心互帮互助，取得了很好的为老服务效果。

社区党委协调三方合力，让老人服务“质量化”

由于“夕阳红”项目点、党群服务中心、坪地人民医院三方地理位置较近，且得益于六联社区党委的从中协调，三方在“夕阳红”的推进过程中多有合作，自身定位也得到了极大的拓展。以“夕阳红·长者食堂”为例，社康中心对中央厨房制作老年餐进行健康指导，做得更加清淡一些，不要太油腻太重口味，老年餐的制作更加科学。“在这其中能看到合作的质量化，老人得到的服务质量有所提升。”六联社区“夕阳红”项目相关负责人表示。

同时，“夕阳红”项目内设有康复理疗区，这与社康业务也有了合作可能。社康专业技术人员可以进行康复锻炼和理疗的专业指导，其专业技术也能在“夕阳红”的专门打造场所得到发挥。

六联社区党委相关负责人表示，在三方合力的过程中，社区主要起到指导作用。“实际上现在刚开始做，现在所有信息要捆在一起，互帮互助。”该负责人表示，比如一些社康体检，党群服务中心和“夕阳红”项目都会安排义工和社工进行专业协调。而在“夕阳红”项目的建设推动下，党群服务中心联系体检安排场地有了观光电梯上下，对于老人上下楼来说更加方便，更节约时间，也能节省志愿者人力。

天时地利人和，在社区“民生微实事·‘夕阳红’”的强力推进下，六联社区得益于“夕阳红”项目、党群服务中心和六联晨曦社区健康服务中心地理位置的毗邻，三方合力有个统一的平台，共享资源、互帮互助，共同为六联社区的老年人安享幸福晚年作贡献。

第五章　明天又相见，夕阳红满天：

龙岗经验的启示与都市养老新模式的可持续发展展望

我国进入21世纪以来，正在步入深度老龄化社会。根据国家统计局2019年1月的数据显示，到2018年底，我国60周岁及以上人口达到2.49亿，占总人口的17.9%，其中65周岁及以上人口1.67亿，占比达11.9%。虽然深圳是超大城市，但是与北京、上海和广州相比，其老龄化程度较低。根据关于《深圳经济特区养老服务条例（送审稿）》的说明，截至2017年底，深圳全市户籍老年人为28.87万人，占户籍总人口的6.6%；如果按照常住人口统计，则大约有90万老年人，再加上内地来深投靠子女和“候鸟”型老年人，实际上有超过120万的老年人。随着户籍人口增加和随迁人口增多等，深圳也将在2023年进入老龄化社会。

在人口老龄化过程中，将逐步出现高龄化、失能化和空巢化的特征，不断增加的高龄、失能和空巢老人将成为生活照料、康复和医疗保障等重点和难点人群。一项利用北京大学老年人健康长寿调查数据，依照老年人的功能状态，包括生活自理能力与认知功能来评定长期照护的需求的研究结果显示，衡量照护需求长度的ADL障碍时间处在上升阶段，且老年人失智的比例也在增加，即长期照护的需求量在增加。

与此同时，随着社会转型期人口和家庭结构的重要转变，家庭规模越来越小型化，家中子女分居的趋势也日趋明显，传统的“子女赡养”模式日益受到挑战，照顾者的负担和压力逐渐增大，社会化养老服务的需求越来越大。因此，日益严峻的养老问题使得现行的社会保障制度和养老服务体系面临严峻考验，集中表现为以家庭为主导的养老服务方式面临着向市场化和社会化服务转变，需要政府和社会共同承担照护责任，从而构建多主体、多层次供给的养老服务体系。

为了应对老龄化社会的到来，回应发展中的民生需求，以及应对作为产业的养老服务业，养老服务的发展受到政府、企业和社会的广泛关注。深圳市龙岗区民政局历年来都十分重视老龄工作，持续探索构建有效的养老服务体系。在推动社区和居家养老服务过程中，有效开展组织实施、持续跟踪指导“夕阳红”都市养老项目。该项目全面贯彻落实《“十三五”国家老龄事业发展和养老体系建设规划》提出的关于建立健全“以居家为基础、社区为依托、机构为补充、医养相结合的多层次养老服务体系”的发展目标，以及广东省和深圳市的政策，具有重要的时代意义。

立足当前经济社会可持续发展的现实，为老服务将会是未来人民群众的重要需求之一，地方政府要践行以人民为中心的高质量发展，理应以养老这类民生事业为重，精准服务老年人。本章在总结龙岗都市养老服务体系构建经验的基础上，展望龙岗养老服务的未来图景，不仅探讨其带来的启示和时代意义，也思考“夕阳红”项目的可持续性和高质量发展。

第1节 深圳市龙岗区的新探索及时代意义

2018年以来，深圳市龙岗区开展了“夕阳红”都市养老服务体系建设的探索。一方面是在市民政局的领导下，在“十二五”“十三五”时期养老事业发展基础上，结合龙岗实际对于居家和社区养老服务的重要探索，既得到省市党委和政府职能部门的高度重视和关注，也得到了养老企业、社会力量的参与和支持，经过一年多来市区各级政府的投入，街道大力配合、真抓实干之下，通过试点运行、积极创新、打造特色，“夕阳红”都市养老服务项目运行稳定，初步建立了有效的体制机制，已经产生了良好的社会效果。

具体来说，龙岗区为推进都市养老服务体系的发展，首先建立了区—街道—社区的三级机构，以及指导、管理和服务的工作机制；其次，出台了1+6的居家和社区养老服务政策；再次，通过市“民生微实事·大盆菜”项目匹配了相应的资金，并通过区和街道的工作，有效动员投资公司、社区集体产业和相关企业，积极参与都市养老服务设施建设等；最后，在“夕阳红”都市养老服务项目运行以来的若干社区试点中，已经在老年人用餐、文娱、康复保健等方面开展了卓有成效的服务。这样，不仅丰富了所在区域内老年群体生活，使得有需求的老人在社区中得到照护，也收获了辖区内居民的好评，具有重要的时代意义。

一、龙岗区实践探索的突出特征

龙岗区“夕阳红”都市养老服务体系的实践，以区—街道—社区三级管理的方式，探索发展居家和社区养老服务，一方面是探索适合本地实际的居家和社区养老服务模式，另一方面实际上也是通过依托社区服务的方式，支持和巩固了传统的家庭养老功能。在服务对象上，托底和普惠兼具，本地户籍和外来人口融合，具有开放性和包容性；在养老服务设施上充分整合集体和企业各类资源；在服务内容上以就餐服务等生活照料项目为突破口，先行凝聚人气；在服务队伍上积极引入和充分发挥专业养老机构和社工机构的作用；在机制上有效发挥基层自治组织的作用，通过购买服务形成政社协同共建，探索各级政府的长效投入机制。

1. 以托底和普惠体现开放和包容性

龙岗区“夕阳红”都市养老服务项目，既通过加强对于特殊和困难老年人群体的筛查摸底、提供托底服务，加强困难老年群体的保障，也通过明确政府职责，建立都市社区养老服务清单，提供更具普惠型的各类服务。在服务对象上，逐步从本地户籍扩展到外来人口，体现服务的开放和包容性，促进了外来人口的社会融合，符合深圳城市发展和人口结构的现状。

2. 从生活照料转向医养整合式照护

在服务内容上，展开了医养结合的整合式照护服务的探索。从基本的衣食住行到文化娱乐，涵盖了老年人需求的不同层次。目前如长者食堂的建设，普遍受到老年人群的欢迎，其他的社工服务、康复服务正在依托社工机构、养老机构等主体逐步展开，在各个街道形成了照护服务的特色项目。尤其是区和街道加强与卫生健康等部门的沟通协作，推动医养结合工作，使老年人在居家和社区养老服务中获得方便、快捷、可及的医疗卫生服务。

3. 专业力量、志愿与自我服务结合

龙岗区“夕阳红”都市养老服务，整合了企业、社会各界资源，丰富供给主体，探索构建多元主体供给模式。在专业力量上，通过三级服务体系的建设，培育和打造一批品牌化、连锁化、规模化的企业，通过购买服务，支持养老机构和社工机构承接项目，运营长者服务中心等社区和居家养老服务设施，并上门为老年人提供各类服务。尤其是构建基于社会工作者、养老护理员等专业人才协同配合的照护团队。

在养老服务人才队伍建设方面。一方面区民政局统筹安排，完善养老服务人才的培养、使用、评估和激励机制，提升人才队伍素质；建立健全养老护理员队伍，提升养老护理员职业技能。另一方面培育发展相关社会组织、加强志愿者队伍建设，实现自我组织、自我服务与增能，以街道老年人协会为载体，探索“时间银行”等机制实现老幼结合、低龄老人服务高龄老人等，推动形成以社会力量为主体的居家和社区养老服务多元供给格局。

4. 多元主体投入机制实现共建共享

龙岗“夕阳红”都市养老项目采取“政府补一点、慈善捐一点、企业机构让一点、服务对象出一点”四个一点的方式多方筹集资源，形成多元主体投入机制。其中项目建设运营、设施设备购置、日常维护等相关经费，由“民生微实事・大盆菜”项目予以优先保障。同时各社区根据实际情况，统筹财政资金中用于老年人服务的相关经费。此外鼓励企业和社会捐赠物资和款项，以及适当向服务对象收取费用。

在服务场地上灵活设置、整合现有公共养老服务设施，采用置换、租赁等方式来保障物业设施达标。部分社区长者服务中心与党群服务中心，空间上有融合，但是机构独立运营和开展服务，既通过空间融合加强人员互动，形成开放而非封闭的格局，也确保了各自相对的独立性。

二、龙岗区实践探索的时代意义

龙岗区在都市养老服务领域的探索，一方面是在总结经验的基础上自身更好地前行，另一方面也能为各界带来更多启示，以期体现先行先试的示范效应。20世纪六七十年代以来，发达国家和地区相继提出了“成功老龄化”“健康老龄化”的概念，1997年美国丹佛会议上最早提出“积极老龄化”的理念，2002年第二届世界老龄大会通过了世界卫生组织起草的《积极老龄化——政策框架》的建议，把积极老龄化的内涵写进了《联合国第二届世界老龄大会政治宣言》。“积极老龄化”指在步入老年阶段后，积极参与社会、经济和文化活动，从而保持身体健康和高水平的生活质量。总体而言，积极老龄化的内涵要比成功老龄化和健康老龄化的意义更为广泛，强调除了健康因素以外，积极参与和社会保障等因素对于维持老年生活质量的影响也很大。按照积极老龄的理念，都市社区养老服务是实现积极老龄化的重要途经之一。

1. 以人民为中心，切实回应社会民生需求

养老作为重要的民生事业，体现着党和政府践行以人民为中心的发展理念。深圳过去四十年来经历了经济社会高速发展，而且具有老年人口占比较低、人口结构相对年轻化的优势，同时由于移民人口比重大，带来的创新文化和意识，更是极为宝贵的特质。因此为了保持持续发展的动力，应该根据本区人口规模和经济社会发展水平，尤其是老年人口规模与养老服务发展水平等情况，积极推动养老服务体系建设。

在这个过程中不仅要对贫困老人、失能失智老年人、空巢老人、失独老人、孤寡老人的照料需求予以保障，也要注重现有家庭中老人承担学龄前儿童的照料任务，如黄阁坑社区75%的老人肩负着隔代教育的责任，这类家庭老年人有特殊的照料需求。最终通过高品质的服务成效，让更多老人成功实现积极老龄，提升老年人的生命质量，增强人民群众的获得感，也有助于当前的和谐社区和社会建设。

2. 以科技为支撑，初步探索社区智慧养老

随着“互联网+”时代的到来，政府主导推动养老服务信息化和智能化建设。在《国务院办公厅关于推进养老服务发展的意见》（国办发〔2019〕5号）中特别指出：“持续推动智慧健康养老产业发展，拓展信息技术在养老领域的应用，制定智慧健康养老产品及服务推广目录，开展智慧健康养老应用试点示范。促进人工智能、物联网、云计算、大数据等新一代信息技术和智能硬件等产品在养老服务领域深度应用。”在此基础上，运用科技创新将极大地推动老年照护服务体系的升级，构建从评估体系到整合照护的智能化服务系统，一定程度上超越传统的老年照护服务模式。

3. 多方营造养老、孝老和敬老的社会环境

龙岗区“夕阳红”都市养老项目的多元主体参与，营造了养老、孝老、敬老的文化和社会氛围。通过《夕阳红满天》原创歌曲、统一标识、老年人协会等多

种形式和渠道的大力宣传和积极推广，实际上重新激活了中华文化中养老文化的优秀资源。如龙岗墟社区强调地域文化特色中的“榕树头”，以及客家文化等元素。在服务供给中，充分发挥社会工作机构的专长，鼓励和引导老年人积极参与各项活动，激活老年人身体的各项技能，在为老服务中增强活动能力的同时，增强老年人的社区归属和认同感，这是积极老龄化的重要指标之一。

第2节 深圳龙岗区“夕阳红”都市养老服务新模式的未来愿景

深圳市龙岗区社区养老服务体系的探索和实践，立足于龙岗区老龄化发展的实际需求，抓住人口尚未全面进入老龄化、高龄化、失能化这个时机，以健康老龄、积极老龄的理念，大力加强“三级中心”的建设，做好社区养老服务基础设施建设，通过“1+6”、“310”文件制度保障和提高养老服务水平，以应对老龄社会未来的发展需求，为“年轻城市、移民城市”提供了典型样本。未来随着深圳经济社会发展和人口结构的变化，老龄化的加剧将产生更大的政策与服务需求，思考社区和居家养老的可持续和高质量发展，将是养老事业发展的重要方向之一。

一、构建可持续的发展机制

为了“夕阳红”都市养老服务项目的可持续发展，需要从制度构建、经费支持和服务体系建设等方面予以保障。在加强养老照护各项保障制度建设的同时，加大政府和社会资源投入，从养老服务的供给侧入手，增加有效的养老服务市场供给，整合营利性机构、非营利性机构、志愿服务和慈善资源，不断满足社区和家庭对于老年照护的需求。尤其是以加快养老服务业发展为契机，推动整个老年照护产业进步。这不仅有利于增强老年服务行业的吸引力，也保证人才队伍的稳定和科技创新的驱动力。最后是服务专业化的保障，进一步推动社区照护服务人才队伍的专业化和职业化建设。当然，这一定程度上意味着高成本，需要确保社区照护服务设施的人力资本等各项投入，包括老年照护的护理人员、社会工作者，形成人才优势和保障机制。

1. 经费保障

在制定和组织实施专项规划的过程中，进一步明确政府、市场和社会等各主体的权责边界，协调各级老龄工作主管部门、卫生服务机构、社会服务机构、社会组织及老人赡养者等不同主体承担起相应的责任，建立政府、企业和社会多元主体共同投入的结构和机制。

一是夕阳红都市养老项目充分利用“民生微实事·大盆菜”经费，未来继续执行“夕阳红”“1+6”“310”文件制度指引以及“大盆菜”资金扶持配套政策措施。目前我国正在推行基本公共服务体系建设，借此深圳龙岗将进一步明确基本养老服务的内容，力争更多财政资金投入。在加快推进基本公共服务均等化的过程中，从养老服务中区分出基本养老服务和非基本养老服务。针对不同老年群体的需求进行政策设计，推动政府对于基本照护服务予以保障。如在推进公办养老机构改革的试点工作中，明确其公益性保障功能的职能定位，优先保障孤老优抚对象，经济困难的孤寡、失能、高龄等老年人的服务需求，充分发挥托底作用。

二是充分利用各类为老服务领域的财政资金保障政策。落实《深圳市民办养老机构资助办法》，新增养老床位补贴、护理补贴、医养结合补贴、星级评定奖励和养老责任保险补贴等政策，鼓励社会力量申办民办养老机构。

三是广泛吸收社会资本，促进养老服务业发展。照护服务的专业化和职业化，一定程度上意味着增加了养老机构的人力资本等各项投入。考虑到老年照护的紧迫性和公益性，政府应在规划和政策中对于老年照护行业予以重点扶持，具体是通过制定和组织产业发展专项规划，实行相关的补贴和优惠政策，也可以通过公建民营、政府购买服务等方式，支持居家养老服务公司、生活照料公司等看护类企业的发展，进而通过市场化和社会化的方式让企业等服务机构提供优质服务，探索有效的老年服务商业模式，在提升整个行业收益的同时，也使得企业发展和员工受益。

2. 制度保障

根据国家和省市养老政策文件的要求，建立和完善都市养老服务体系的相关制度，做好顶层设计，将是保障项目可持续发展的关键要素，其中主要是养老服务机构、人才队伍、补助或购买服务等制度。总体上区政府建立相应的管理和监督机构，尤其需要整合民政和卫生等部门的职能，推动医养结合，衔接照料、护理、康复、医疗、临终关怀等服务环节，进一步完善管理体制和工作机制，落实社区照料机构设置资质、规范和监管社会养老服务行为，为推进社会养老服务体系建设提供发展环境和法制保障。

在资金筹措制度方面，探索预防和干预性社区服务与照护保险相结合的制度，从根本上降低老年人失能失智率，降低个人和政府的医疗与照料费用。借鉴国际和国内长期照护保险试点的经验，开展长期照护社会保险和商业保险试点，是启动这一进程的重要步骤。根据国家和省市相关法规和政策探索长期照护保险：明确政府主导，通过保险资金入市，引入市场化机制进行运作，确保保险资金的保值升值。这种社会保险项目的内容，包括相关法律框架，以及对保险提供者、受益目标人口和受益资格、受益资格的评定、照护待遇、法定计划的具体操作实施、资金筹集、覆盖面的确定、费用的控制等方面的规定。

护理和医疗服务是长期照护服务中的重要部分，结合我国正在进行的医疗体制改革，积极探索高效、可持续的筹资策略、评估与监管制度，为长期照护体系建设提供环境支撑；鼓励公立医院与社区照护机构建立良好的协作转诊网络，让优质护理资源重心下移、辐射基层；加强老年护理人才建设和专业培训，开发适合于老年人的护理模式，使其生活质量有所提高，从而形成连续和整合性的照护体系。

在照护服务队伍建设制度方面，还可以探索老年人互助服务、家庭照护者补贴制度、志愿者组织与激励制度等方式，建立起相应的规范和制度等保障措施。

3. 服务保障

都市养老服务的发展，需要从服务主体、服务内容、输送方式等出发，推动构建医养结合的整合性照护。第一是基于积极养老和在地养老的理念，在服务项目上应考虑将社区健康管理、慢病干预、认知训练等社区照护服务作为基本公共服务加以落实和推广。同时也应在医疗与社会照护服务之间实现整合，达到连续性、整合性的照护服务。如针对患有慢性病的老年人，照护需求中既有医疗照护需求，也有社会照护需求。实现这些需求需要医疗健康部门与社会服务部门的整合。在服务供给层面，建立整合式照护服务体系，形成急重病至三级医院、慢性病至社区医院、大病转诊、患者档案共享的医疗服务机制，由政府牵头建立养老机构与社区医院的合作关系，建立分级服务体系。将各级医院、养老机构、社区服务机构、服务商、志愿组织、邻里互助的自愿性组织均纳入照护服务体系，根据老年人的健康情况、自理能力、认知状况、社会保障情况等确定个性化的服务方式、服务提供方与服务内容。

第二是提升照护服务人力资源的专业水平，加强和完善养老护理员的职业教育和培训体系建设。从培养和培训方式来说，可以探索校企合作等多种形式，也有助于建立实训基地，确保学生实习和就业。从教育和培训主体来说，政府应鼓励社会力量参与进来，在相应的政策和制度框架下，鼓励有资质的企业和社会组织创办养老服务培训机构，提供相关业务的培训服务。

第三是维持照护服务专业队伍的稳定性，必须根据不同类型养老机构设计收入分配机制。同时严格管控护理员职业资质的认定，并以此作为确定工资待遇的重要依据。现阶段，考虑到民办养老机构营运存在的困难，针对参加职业培训的机构和个人应建立合理的补贴制度。针对现有养老服务从业人员多为外来务工人员和下岗职工，应参加各类社会保险，制定相应的法律法规，逐步健全照护服务人员的社会保障机制。同时在落实资格认证、从业评定的基础上，建立和完善相应的奖励考核等激励机制。此外，可以考虑通过专业分工，做好职业保护和风险防范。通过这些配套的保障政策，提升这一职业的社会地位和工作价值认可度。

二、实现养老综合服务的高质量发展

结合养老服务体系建设规划、省市党委和政府的要求，以及深圳市龙岗区的发展实际，深圳龙岗养老服务的高质量发展，重点在于推进居家和社区养老服务标准化建设，建立服务质量标准体系和质量监管机制，提升服务质量和精细化水平。同时用足用好科技优势，坚持创新驱动，在“三级中心”的建立、管理和运营、服务过程中，积极探索智慧养老，以科技创新带动社会服务创新。

总之，服务于高质量发展的目标，高质量体现在标准化、规范化、精细化。对于政府来说，加强规划、引导和监管，意味着高点定位、未雨绸缪、积极谋划；对于老年服务供给侧来说，意味着服务品质持续提高；对于老年人来说，意味着晚年生活质量高。政府、企业和社会共同承担养老责任，构建共建共治共享的养老服务体系。

1. 服务的标准化

加快推动养老服务标准化和规范化建设，只有具备行业规范、技术标准，才能引导整个养老服务体系走向成熟，相关服务便于应用和推广。2014年1月，民政部、商务部等政府部门联合印发了《关于加强养老服务标准化工作的指导意见》。该《意见》指出，将于2020年之前颁布关于机构、家庭和社区养老服务的全方位综合标准。2017年1月，民政部、国家标准委共同组织制定了《养老服务标准体系建设指南》，结合我国养老服务发展现状与趋势，从老年人自理能力、养老服务形式、服务、管理等四个维度，确定养老服务标准体系因素。

通过制定相应的评价标准，能够提升服务专业化。社区-居家式老年人长期照护的评价体系，应涵盖社区-居家式老年人长期照护的服务内容、从业人员、服务对象、服务机构、服务效果、财政支持和运行监管7个方面。

一是根据标准化的个体评估确定服务需求。民政部发布了《老年人能力评估》的建议性标准。通过个体评估，不仅在服务内容上照顾到不同需求，也要在服务时数、频次和项目规划方面形成成熟的服务标准。老年人需求的复杂性与差异性导致了照护服务必须由一系列设施所提供的不同服务构成，来满足不同个体或同一个体不同照护阶段的各种需求。各服务提供者与支持者之间，如家庭、社区、机构之间以及急性与长期照护之间都需要被联结，构建连续的、桥梁性的服务。

二是为推动居家和社区养老服务标准化和规范化，需要启动《社区老年人日间照料中心服务基本要求》（GB/T 33168—2016）和《社区老年人日间照料中心设施设备配置》（GB/T 33169—2016）或相关地方标准、行业标准贯彻落实工作。

三是按照职业技能标准，推动养老服务队伍建设。2007年民政部颁布了《养老护理员国家职业技能标准》（2011年修订），对于养老护理员培训提出了学时等基本要求。

四是通过建设养老服务信息系统，通过对于质量监管来推动标准化。民政部从“十二五”时期开始推动全国性社会养老服务信息系统的建设，其中包括养老信息管理系统、养老服务基础数据库、公众养老服务系统，从而为地方政府监管提供工具和数据，加强照护服务的标准化建设，建立对于服务机构的有效检查和监管、第三方评估等关键机制，来确保照护服务质量，来实现行业和服务提供的规划化。

2. 服务的精细化

首先建立评估机制确保精准聚焦服务对象和需求。老龄群体的服务需求表现为基本生活照料、护理康复、情感关怀、紧急救援和社会参与等全方位和多样性的特点。老年照护的精细化服务需要建立在老年人群细分的基础上，提供个性化的服务项目。

老年人综合评估机制主要包括以下五大方面：（1）老年人日常活动能力（ADL和IADL评估）；（2）家庭状况；（3）收入状况；（4）健康及医疗状况；（5）家庭照护状况。对保障对象的分类分级评估是提高保障资金利用效率，加强养老保障政策针对性的重要前提。因此综合考虑年龄、自理能力、认知能力、健康状况、收入水平等因素，研究确定老年人状况分类分级指标及评估工具，建立基于老年人分类分级指标的保障（补贴）政策。在执行层面可以在街道试点工作的基础上，逐步推广到全区开展老年人状况评估和建档工作。具体可以通过具有操作性的老年人能力评估工具，由社区老年服务中心对辖区内老年人的健康状况、自理、认知等能力进行综合评估，确定受评者所处的补贴等级，并根据评估结果分析评估对象的服务需求，作为分配服务资源和制订个体服务方案的依据。

老年人能力评估与建档工作的展开，是进行老年人分类分级的基础，也利于社区管理机构明确老年人照护服务需求，有选择地引入服务提供商，提供个性化服务。

其次是基于区街、社区三级服务体系，养老服务下沉到社区。目前基于社区的养老服务管理体系正在探索之中，社区建立和完善基于社区老年人口数据库的管理和服务平台，充分掌握社区范围内的老年人口总量、结构、健康状况、服务需求等信息，对社区服务项目的设置与管理进行优化。借助于当前社区信息化建设，将老年照护服务融合到社区管理和服务体系中来，借助智能科技和创新的力量，更为便捷地获知老年人的服务需求，为老年人提供更为有效的生活辅助、健康管理、医疗护理等各种服务，延长老年人居家养老的时间。

从区到街道和社区之间，建立完整的老年照护服务管理体系，从而避免部门分割、管理碎片化带来的体制机制障碍。由区老年服务数据中心负责管理，并根据人口变动情况和定期的能力复评情况，对个体数据进行更新，增强对于社区照护服务的需求的预判能力，充分满足老年群体的服务需求。

最后是加强人才队伍建设和专业能力提升，实现服务精细化。从长远来看，老年照护服务人员的专业化和职业化是必然要求。不仅要强调提升服务人员的专业水平，更要完善职业保障机制，亟须政府出台相关政策进行支持，同时发挥市场和社会的力量，共同努力构建和完善照护服务人员网络。有学者提出了四个发展对策：认定专职居家护理师为长期照护体系的中心成员，加紧培养社区老年护理方向的专业护理师，加快研究具有专业特色的长期照护服务模式，制定适合我国国情发展的长期照护保障制度。

照护服务团队应涵盖护理员、社会工作者和康复师等不同类型专业技术人员，充分整合医疗、社工等社会服务机构，建立医养结合的整合式照护服务体系，提升服务质量。此外，发挥家庭照料者、志愿者和社会组织在照护服务保障中的重要作用。做好志愿者和社会组织的动员和组织工作，建立和完善专业人员与志愿者相结合的照护服务工作模式，广泛动员社会力量参与老年照护服务的有效机制。由此在老年照护管理平台中，应考虑链接资源的功能与设置，促使政府、企业与社会力量的合作，多方共赢。

3. 服务的智慧化

随着计算机和互联网为基础的物联网技术发展，养老服务智慧化是未来重要的趋势之一。龙岗区需要充分利用人工智能和“互联网+”等现代信息技术的发展，持续探索“互联网+”在居家和社区养老服务中的应用模式，建立居家和社区养老服务信息平台，推广智能养老服务产品和技术的应用，实现以科技为支撑，借助平台发挥整合作用，做到服务的便捷化和可得性。

首先，智慧养老与世界范围内近年来“积极养老”和“在地养老”的理念和实践一致，积极老龄化也是基于老年人生命和生活的权利，响应联合国提出的“独立、参与、尊严、照料和自我实现”的原则。智慧为老技术的实践表明，借助智能科技和创新的力量，为老年人提供更有效的辅助，有助于老年人在居家和社区里享有独立和尊严的老年生活。科技助推积极老龄化，应成为未来养老保障政策制定、推动养老服务和老龄产业发展的重要理念。如围绕老年服务的科技创新，提供更有效的政策支撑、资金投入和激励机制等制度保障，推动作为创新主体的高校、科研机构和企业，在养老服务领域的持续关注、研发和推广。

其次，智能照护服务可以结合深圳领先的人工智能技术研发和创新能力，推动智慧养老服务产业的发展。基于产学研用一体化，通过各级养老服务中心落实到为老服务。因为基于科技的老年产品和服务，需要以老年人群的特征和需求为出发点，最终与老年人所居住的社区相结合，才能有更有效的应用。在宏观层面，应探索与基于大数据的服务型政府、智慧城市建设相结合，避免碎片化和重复建设，增强可用性。比如基于目前的社区管理和服务信息化建设，在社会管理和社会服务已有模块的基础上，设计相对独立的老龄服务模块，并纳入网络化管理流程，有助于将老年服务融合进来。

最后，智能化养老产品和服务的引入，将有望改变传统的服务模式，创新照护服务的形式和内容，也有助于提高照护服务的效率和水平，推动老龄服务产业的发展与升级，迈向信息化和智能化。通过政策引导和激发作为市场主体的为老服务企业，在产品和服务的研发方面，提供老年友好型的产品和服务解决方案，同时还要探索成功的商业盈利模式，才能推动整个养老服务产业的发展。目前养老服务产业创新体系的构建中，还缺乏有效的合作机制和整合途径，相关的技术标准还有待完善，整个产业链尚未形成有效的耦合，因此龙岗都市养老服务体系中智慧为老的探索，或能够加速养老智能化技术的转化和应用。

参考文献

[1] WHO. Active Ageing: A Policy Framework, Madrid, Spain, April 2002.

[2] Meg Morris, Smart technologies for old people: A systematic literature review of smart technologies that promote health and wellbeing of older people living at home, 2012.

[3] http://www.broadband.unimelb.edu.au/health/ageing/smart-technologies-for-older-people.html.

[4] John W. Rowe, and Robert L Kahn, Successful Aging, The Gerontologist Vol. 37, No. 4, 1997, 433-440.

[5] 全国老龄办．2011年度中国老龄事业发展统计公报，2012，6．

[6] 全国老龄工作委员会．2010年中国城乡老年人口状况追踪调查主要数据报告，2012-7-10．

[7] 全国老龄工作委员会办公室．全国城乡失能老年人状况研究，2011，9．

[8] 陈社英．21世纪的中国与老龄化：研究与实践的挑战［J］．人口与发展，2011（2）．

[9] 施巍巍．发达国家老年人长期照护制度研究［M］．北京：知识产权出版社，2012．

[10] 郑大喜，肖亚琴．新医改形势下构建我国老年人长期照护体系的思路探讨．医学与社会，2011（3）．

[11] 裴晓梅．长期照护社会保险的世界趋势与中国推展［J］．上海城市管理，2010（1）．

[12] 黄方超，王玉环．社区-居家式老年人长期照护评

参考文献

价指标体系的研究［J］．中华护理杂志，2011（4）．
［13］张秀伟．我国长期照护的专业问题与发展对策［J］．中国老年学杂志，2012（8）．
［14］尹尚菁，杜鹏．老年人长期照护需求现状及趋势研究［J］．人口学刊，2012（2）．

附录

附录一 深圳市龙岗区实施“夕阳红”都市养老服务模式相关文件

龙岗区社区“民生微实事·大盆菜”项目实施办法

第一章 总 则

第一条 根据《中共深圳市委组织部 深圳市财政委员会 深圳市民政局关于印发〈深圳市社区“民生微实事”实施工作规程〉的通知》（深组通〔2017〕133号）、《中共深圳市龙岗区委全面深化改革领导小组关于印发〈关于改革社区治理体系提高基层治理能力的意见〉的通知》（深龙改〔2014〕6号）文件精神，结合我区实际，特制定本办法。

第二条 本办法所称社区“民生微实事·大盆菜”项目，是指区、街道、社区三级民生实事中的社区民生实事项目，通过居民“点菜”方式，对群众迫切需要、普遍关注的实事、急事、难事，进行常态化、规范化办理，充分体现社区居民“我的实事我做主”。

第三条 “民生微实事·大盆菜”项目应遵循的原则：一是民生至上原则；二是民主参与原则；三是党委统领原则；四是公开透明原则；五是廉洁高效原则；六是精准服务原则。

第二章 实施程序

第四条 项目征集：

（一）社区党委牵头，社区居委会配合，社区各类组织积极参与，以社区和谐共建促进会为平台负责项目的征集。

（二）项目征集范围：“民生微实事·大盆菜”项目具体包括如下五个类别：

1. 便民利民类。添置便民利民的工具、用品，印制服务居民群众的学习宣传资料，举办医疗保健、法律咨询、教育学习、婚姻家庭、安全知识、家政服务、兴趣爱好等群众普遍欢迎的培训活动等。

2. 群众活动类。开展社区群众广泛参与的文明家风展示、文艺表演、电影播放、体育竞赛等传统节庆社区宣传活动，为群众性活动团队购置或租借必要的器材设备等。

3. 公益风尚类。组织各类公益活动，支持社区志愿者团队开展志愿服务，组织开展弘扬社会主义核心价值观、创建文明家庭和和谐邻里、社区善老敬老、“医养”结合、日间照料优质服务等方面的宣传教育活动等。

4. 公共设施类。添置、改建、修缮社区和工业园区周边公共地带安全防护设施、环境改善设施和社区日间照料及群众娱乐文体设施等。

5. 其他服务类。符合“民生微实事·大盆菜”经费开支原则的其他项目。

原则上不列入小区物业管理公司等其他社会主体应承担职责范围内的项目，不与市、区政府投资项目重复。

（三）项目征集途径：

1. 通过社区党群服务中心、社区和谐共建促进会、社区家园网、信箱、公示栏、问卷调查等途径，采取走访、接访、座谈、问卷调查等多种方式，公开征集居民群众的意见建议。项目征集一般在每年年初和上年第四季度各集中组织一次，平时在每个社区设置“民生微实事·大盆菜”建议箱，随时征集居民群众需求和意见建议。

2. 通过社区党组织、工作站、群团组织、“两代表一委员”、社会组织、驻社区企业、工业园区人员收集居民群众反映的 “民生微实事·大盆菜”项目。

3. 深圳市“民生微实事服务类项目库”项目征集优先。

第五条 项目评议：

（一）社区党委对照《龙岗区社区“民生微实事·大盆菜”项目准入负面清单》，对征集到的项目进行初步审核、筛选，研究、把关项目的预算，并在社区张榜公示，广泛征求各方面的意见。

（二）经初审、公示后的征集项目，应组织召开社区党群联席会议（和谐共建促进会会议）进行审议，讨论票决后确定为本社区“民生微实事·大盆菜”初选项目。

第六条 项目确定：

（一）根据评议情况、初步预算和“民生微实事·大盆菜”项目经费总体安排，社区党委集体研究确定年度项目计划，制定实施方案，报街道办事处评审。

（二）街道办事处组织“两代表一委员”、社区居民代表和专家对各社区初选项目进行论证评审，审定本街道“民生微实事·大盆菜”备选项目。

（三）街道召开党政联席会议，评审、确定实施项目，项目确定后于5个工作日内报区“民生微实事·大盆菜”专责领导小组办公室备案，项目经备案后，由街道办负责项目的具体实施。

第七条 项目实施：

街道办事处是“民生微实事·大盆菜”项目责任主体，全面负责本街道项目统筹、督导和组织实施。

根据政府采购相关规定，“民生微实事·大盆菜”中便民利民类、群众活动类、公益风尚类、公共设施类、其他服务类五大类项目，按照以下标准实施：

（一）属工程建设的，街道办事处要依照龙岗区小型建设工程招标投标以及政府集中采购有关规定，组织街道办相关部门实施，可委托具备条件的社区自行组织实施，并对发包行为进行有效督导，对涉及国家强制标准的器材、设施，协调相关部门做好指导；

（二）属服务采购的，按照龙岗区关于政府向社会力量购买服务和集中采购的有关规定，5万元以上项目可由街道办相关部门或具备条件的社区具体负责组织实施，5万元（含）以下项目街道办可委托具备条件的社区负责组织实施；

（三）属货物采购的，按区政府集中采购有关规定执行。

属于永久性设施的项目，完成后应在显著位置标注“民生微实事·大盆菜”标识。

第八条 项目验收：

按照“谁实施、谁负责、谁验收”原则，由街道办会同社区党委对“民生微实事·大盆菜”项目组织验收、决算和后续管理。项目实施情况和结果向社区居民群众公开，同时做好台账的留存、整理、归档。项目验收报告应有街道办主任和社区党委书记签名确认。

特殊性、应急性的个别项目，可采取“一事一议、特事特办”方式，由社区党委研究决定报街道办同意后组织实施，项目实施情况和结果向社区居民群众公开，接受社会监督。

第九条 项目公示：

所有项目坚持“四公开”，即项目征集公开、确定公开、实施公开和效果公开。

（一）“民生微实事·大盆菜”项目公示工作由社区党委负责落实，社区居委会配合实施。征集初审后的项目在社区居务公开栏、楼栋宣传栏、电子广告宣传栏等显眼位置以及社区家园网等载体进行公示，公示时间为两周。

（二）公示内容实行全覆盖。即对各社区的项目名称、项目内容、项目资金、实施主体、进度安排、实施中的进度情况、实施后的资金使用情况、实施效果和群众评议等内容进行公示。

（三）经街道办事处审核未通过的项目，在公示的同时，应充分说明理由，以取得广大居民群众的理解。

第三章 项目资金

第十条 项目资金的来源及使用原则：

（一）项目资金由区财政统一配备并列入区财政年度预算，市、区按平均每个社区原则上每年不低于200万元安排，由区组织、民政部门会同街道党工委统筹，街道办和社区党委负责组织实施。各街道项目资金在本街道核定额度内，可结合项目实施实际情况进行调剂使用，以确保资金使用高效率。

（二）项目资金使用严格按照《龙岗区社区“民生微实事·大盆菜”项目专项经费实施细则》有关规定执行。

（三）项目的取消和资金回收。部分项目与区属其他职能部门实施的项目相冲突，部分社区确定实施的项目存在项目设计考虑不全面、预算不合理等原因，导致部分项目不能实施和个别项目部分内容需要取消的，由社区党委提出申请，报街道党政班子会议研究审定后，报区“民生微实事·大盆菜”专责领导小组办公室审核备案。

（四）资金安排坚持统筹兼顾、合理安排、注重民生需求导向，重点加大对基础薄弱社区的投入。

（五）项目资金的额度。便民利民类、群众活动类、公益风尚类、公共设施类、其他服务类五大类别中，工程建设项目单项资金不超过50万元，服务项目单项资金不超过20万元，货物项目不超过10万元。

（六）特殊项目。对社区迫切需要且工程量、投资额较大的项目，纳入区政府民生实事项目统筹解决。

（七）项目资金必须严格按规定使用，严禁下列行为：

1. 违规使用专项资金；
2. 骗（套）取专项资金；
3. 挪用、挤占、截留专项资金；
4. 拒绝配合监督检查或违反有关规定导致项目延期、取消或终止；
5. 违反国家有关法律、法规及本规程的其他行为。

对出现上述行为者，按党纪党规和有关法律法规规章严肃处理。

第四章 项目评价和审计

第十一条 项目评价由街道办采取两种方式组织实施。

（一）公开测评。项目完成后，街道办事处组织辖区“两代表一委员”、社区党员、居民代表、业主委员会成员以及有关项目专家，对项目实施情况进行满意度测评，并将测评结果向社会公开。

（二）项目考评。采取居民评议、专家评议等方式，开展优秀项目“提议”“评选”活动，对居民提议、项目完成情况进行评选，评出“好提议”“好项目”，通过新闻媒体扩大宣传。

第十二条 工程建设项目审计，街道办按照《龙岗区政府投资项目管理办法》（深龙府规〔2018〕1号）的审计规定执行。其他类别项目审计，街道办事处依照龙岗区关于政府向社会力量购买服务和集中采购的有关审计规定执行。

第五章 责任与监管

第十三条 区“民生微实事 · 大盆菜”项目专责领导小组组长为区委常委、组织部长，副组长为分管民政工作的区领导，成员为区民政局、财政局、住房建设局、审计局主要负责人及区相关职能部门负责人。专责领导小组下设办公室，办公室主任由区民政局主要领导担任，副主任由区委基层办、区民政局分管领导担任。专责领导小组主要职责：

（一）做好全区“民生微实事 · 大盆菜”项目的统筹、规划，编制完善全区“民生微实事 · 大盆菜”项目实施办法、相关管理规定和措施；

（二）指导街道办事处严格依照“民生微实事 · 大盆菜”项目准入负面清单的要求做好项目的落实确定工作；

（三）根据各街道推进工作的进度和力度及时协调解决项目推动落实中存在的困难问题；

（四）监督街道办事处“民生微实事 · 大盆菜”项目实施主体责任的落实，提高资金执行率，防范项目廉政风险；认真做好经验总结和宣传推广工作，并制定相关激励机制。

（五）区专责领导小组每年适时开展专项检查、项目抽查和组织审计，对发现问题不及时整改或者整改不力的街道、社区相关人员要严肃问责，对存在违纪违法行为的相关人员移送区纪委、区监察委和司法部门处理。

第十四条 区委组织部 、区民政局作为指导、协调和监督单位，主要职责：

区委组织部：

（一）贯彻落实市委、区委相关指示精神，与区民政局共同负责项目牵头指导，完善相关制度措施，做好项目的跟踪检查及效果评价工作；

（二）指导街道党工委做好社区党建标准化建设涉及项目的相关工作；

（三）牵头做好社区党建标准化涉及项目的工作总结，推广成熟做法，探索实际工作向创新理论转化。

区民政局：

（一）贯彻落实区委、区政府和市民政局的有关指示要求，指导各街道办事处制定并落实“民生微实事·大盆菜”项目年度工作计划，并认真做好项目备案工作。

（二）会同区委组织部牵头做好“民生微实事·大盆菜”项目有关调研，配合区财政局、区住建局编制修改相关管理措施，不断完善“民生微实事·大盆菜”项目各项工作制度。

（三）协调各成员单位解决各街道办事处在“民生微实事·大盆菜”项目实施中的具体问题；总结推广各街道办事处实施“民生微实事·大盆菜”项目的好经验、好做法。

（四）为区“民生微实事·大盆菜”项目专责领导小组决策当好参谋，落实好区“民生微实事·大盆菜”项目专责领导小组安排的其他工作。

第十五条　区财政局负责“民生微实事·大盆菜”项目专项经费的落实，编制完善“民生微实事·大盆菜”项目准入负面清单，及时拨付项目资金，监督检查各街道项目资金使用情况，确保项目资金使用高效率。

第十六条　区住房建设局对“民生微实事·大盆菜”工程类建设项目加强监督指导，编制“民生微实事·大盆菜”工程类项目招标投标指引等相关管理措施，区工程造价管理站负责开通项目备案“绿色通道”。

第十七条　区纪委、区监察委对项目相关单位工作不落实需追责的情况或发现腐败问题需查处时及时介入调查处理。

第十八条　区审计局依法对专项经费的真实性、合法性和效益性进行审计监督。

第十九条　街道办事处作为项目实施管理的责任主体，主要职责：

（一）制定落实街道“民生微实事·大盆菜”项目实施和监管方案，认真做好全程管理与监督，切实提高资金执行率，确保项目实施廉洁高效；

（二）严格依法、依规、依程序办事，负责做好本街道“民生微实事·大盆菜”项目论证和确定工作；

（三）对需变更、调整、撤销的项目做好审核把关和审定工作；对项目实施过程中出现的重大问题要及时向区“民生微实事·大盆菜”专责领导小组报告，同时向专责领导小组办公室报备。

（四）加强对社区具体实施项目的指导，协调处理社区党委项目实施过程中碰到的相关问题。

（五）组织力量于每年5月、11月对社区“民生微实事·大盆菜”项目实施情况进行核查，对所发现问题及时整改上报。

第二十条 社区党委的主要职责：

（一）社区党委应充分发挥统筹作用，由社区居委会、工作站配合，充分调动居民群众参与“民生微实事·大盆菜”项目的积极性，保障居民群众的提议权、评议权和监督权，广泛征集并组织社区居民遴选项目，注重基层民主和廉洁为民，确保项目高质量、高效率服务居民群众。

（二）社区党委对项目的真实性、科学性、可行性负责，对项目进行全过程跟进并建立全流程的项目档案，落实一项一档等“八个一”监督管理规定并定期开展自查。

（三）大力引导辖区企业、社区基金会等社会组织，积极参与“民生微实事·大盆菜”项目，激发各类社会资源共同参与项目建设。

第二十一条 “民生微实事·大盆菜”项目列入区政府督查内容，各责任单位落实“民生微实事·大盆菜”项目情况由区督查室联合区“民生微实事·大盆菜”项目专责领导小组成员单位进行督查。

第六章 附则

第二十二条 本办法自印发之日起实施。

第二十三条 本办法由区委组织部、区财政局、区民政局共同负责解释。

龙岗区社区“民生微实事·大盆菜”项目专项经费实施细则

第一章　总则

第一条　根据《龙岗区社区“民生微实事·大盆菜”项目实施办法》精神，为进一步规范“民生微实事·大盆菜”（以下简称：“大盆菜”）项目专项经费管理和使用，充分调动社会各方的积极性、主动性和创造性，根据国家、省、市、区有关规定，结合龙岗区实际，修改本细则。

第二条　本细则所指“大盆菜”项目专项经费（以下简称专项经费），指区财政支持和解决全区各社区申报的“大盆菜”项目的专项经费。

第三条　专项经费纳入区级财政年度预算，根据全区社区建设和民生诉求的需要进行调整。

第四条　专项经费坚持“公开、公平、公正”和“厉行节约、效益优先”的使用原则，坚持全区统筹兼顾、合理安排、专款专用、注重民生和问题导向，加大民生资源薄弱地方投入的管理原则。

第二章　项目范围与经费安排

第五条　专项经费用于“大盆菜”项目，便民利民类、群众活动类、公益风尚类、公共设施类、其他服务类五大类别中，工程建设项目单项资金不超过50万元，服务项目单项资金不超过20万元，货物项目不超过10万元（社区“夕阳红”项目除外）。

根据《龙岗区社区“民生微实事·大盆菜”项目实施办法》精神，社区“夕阳红”项目建设已纳入“大盆菜”项目，对新建的“夕阳红”项目，参照《龙岗区政府投资项目管理办法》（深龙府规〔2018〕1号）精神，工程建设项目单项资金不超过200万元；参照《深圳市龙岗区财政局关于2018年龙岗区政府集中采购目录等事项的通知》（深龙财〔2018〕76号）精神，服务和货物采购项目单项资金不超过50万元。

第六条　新建的单个“夕阳红”项目当年投入超过200万元的，在本街道“大盆菜”项目年度核定总额内调剂解决，但该项目最高调剂额不超过500万元。

第七条　投入运营的单个“夕阳红”项目经费每年不超过200万元。

第八条　各街道当年的“大盆菜”项目经费按照上年度预算金额下拨。

第九条　各街道为专项经费的审定主体，负责对本辖区所有项目申报条件、材料完整性和真实性进行审定把关；各社区为专项经费的申请主体，申请经费应提交以下资料：

项目申请报告（含申请理由、项目概述、可行性分析、实施方案、经费详细预算等）；龙岗区“大盆菜”项目专项经费申报表。

第三章　项目审查

第十条　区“大盆菜”项目专责领导小组在区民生实事领导小组领导下开展工作，负责编制并发布全区“大盆菜”项目专项经费申报指南，确定专项经费的年度支持方向和重点；负责“大盆菜”专项经费审查；督查专项经费使用和项目实施情况，督促各街道办事处开展项目评议和审计；注重掌握各街道办事处推进工作的进度和力度，统筹搞好全区项目资金的使用管理。

第十一条　区民政局负责指导街道办事处做好项目的申报，对申报项目进行审核备案；依照专责领导小组决定，及时协调区财政局做好项目资金的下拨。

第十二条　区财政局负责审核安排年度专项经费预算；办理专项经费拨款；协助有关部门监督检查专项经费使用情况。

第十三条　各街道作为经费使用单位要严格按照项目规定要求申请经费，对全部申报材料的真实性和可靠性负责，确保依法使用专项经费。

第十四条　专项经费申请经各街道班子会议审定后，报区民政局汇总，由区民政局协调区财政局根据实际，于10个工作日内拨付资金到街道办事处。具体申报、审核程序如下：

社区居委会申报→街道办事处审定→区民政局审核备案、汇总→区财政局下拨资金到街道办事处。

第十五条　工程建设项目，街道办事处依照相关规定，按照工程进度拨付资金，预留10%的工程款作为验收费用，经验收合格后予以拨付。

第四章　监督和检查

第十六条　各街道办事处必须严格执行国家有关财经政策、财务规章制度，科学、合理、有效地安排和使用资金，确保专款专用，要定期向区财政局、区“大盆菜”专责领导小组办公室报送专项经费使用情况、项目进度等相关资料，接受监督检查。项目执行完毕后，剩余资金由区财政统一回收。

第十七条　区审计部门依法对专项经费的真实性、合法性和效益性进行审计监督；区监察部门对经费管理使用的违纪违规问题，实施责任追究，严肃查处违法违纪行为。

第十八条 专项经费申报、使用单位在资金使用过程中有弄虚作假、未按规定专款专用、拒绝配合监督检查或违反有关规定导致项目延期、取消或终止的，由区财政、监察、审计部门进行处理、处分或处罚；涉嫌犯罪的，依法移交司法机关处理。

第十九条 政府工作人员违反本细则，弄虚作假、以权谋私，依据相关规定追究责任，造成重大损失的，依法追究其法律责任。

第五章 附则

第二十条 本细则自发布之日起施行，有效期三年，《龙岗区“社区民生大盆菜”改革项目专项经费实施细则》（深龙民〔2015〕80号）同时废止。

第二十一条 本细则由龙岗区“大盆菜”专责领导小组办公室负责解释。

深圳市龙岗区社区民生微实事“夕阳红”项目建设与运营管理办法

（试行）

第一章　总　则

第一条　为落实《龙岗区社区“民生微实事·大盆菜”项目实施办法》（深龙民〔2018〕109号），推进社区养老服务体系建设，规范社区“夕阳红”项目建设与运营管理，根据《社区老年人日间照料中心建设标准》（建标〔2010〕193号）、《深圳市人民政府关于加快发展老龄服务事业和产业的意见》（深府〔2013〕54号）、《社区老年人日间照料服务规范》（编号：SZDB/Z 240-2017）等文件精神，结合我区实际，制定本办法。

第二条　本办法所指社区民生微实事“夕阳红”项目（简称社区“夕阳红”项目），是指为社区老年人提供生活照料、膳食供应、保健康复、心理辅导、文体娱乐活动等日间综合服务平台。

第三条　社区“夕阳红”项目建设与运营管理应遵循的原则：

（一）整合优化原则。充分整合星光老年之家、幸福老人计划、社区健康服务中心、社区党群服务中心为老服务等场地、设施、经费及项目资源，形成社区“夕阳红”综合服务平台。

（二）综合服务原则。由单纯的老年人日间照料服务整合为社区“夕阳红”日间综合服务，为社区老人提供更优质、全面、人性化的综合服务，提升老年人多元需求获得感。

（三）灵活运作原则。各街道办事处、各社区工作站立足实际，可采取社区自行运作、聘请有资质的社会组织或企业运营、购买专项服务等灵活多样的运作模式，为社区老人提供丰富、优质服务，提升共建共治共享的社区治理能力。

（四）社区覆盖原则。社区“夕阳红”项目分三步落实，2018年底前，每个街道新建4家社区“夕阳红”项目；2019年，各街道再新增4家以上社区“夕阳红”项目；到2020年底，实现全区111个社区“夕阳红”项目全覆盖。

第四条　社区“夕阳红”项目建设与运营管理严格按照《龙岗区社区“民生微实事·大盆菜”项目实施办法》执行。

第二章　建设场地与项目申报

第五条　社区“夕阳红”项目选址应符合城市规划、消防、建筑安全要求，宜建在建筑低层部分，原则上选择一楼，二楼及以上的应设置电梯、并有独立出入口。采用“功能室+开放空间”的模式建设，建筑设计应符合老年人建筑设计规范、建筑设计防火规范等国家有关规定。

第六条　社区“夕阳红”项目建设规模以社区居住人口数量为主要依据，兼顾服务半径确定，室内室外相结合，原则上建筑面积应在300平方米以上，床位设置10张以上。

第七条　社区“夕阳红”项目场地物业来源：

（一）利用建成区现有公共配套物业，充分整合优化各类社区养老公共设施。

（二）利用城市更新改造项目中预留的日间照料中心公共配套物业。

（三）社区公共配套物业无法满足社区“夕阳红”项目建设要求的，可按就近原则租赁场地。租金以项目所在地周边同类物业租金参考价计算。

第八条　社区“夕阳红”项目应设置生活服务、保健康复、娱乐活动、辅助功能及室外活动等区域。

（一）生活服务区包括餐厅、厨房；

（二）保健康复区包括医疗保健室、康复休息室和心理咨询室；

（三）娱乐活动区包括阅览室、书画室和电脑网络室等多功能活动室；

（四）辅助功能区包括值班办公室（监控室）、公共卫生间、洗衣房；

（五）室外活动场地，设有满足老年人室外休闲、健身、娱乐和活动的设备设施。

第九条　社区“夕阳红”项目统一使用“深圳市龙岗区社区民生微实事·夕阳红”名称与标识。

第十条　社区“夕阳红” 项目建设按“民生微实事·大盆菜”项目程序申报。

（一）由社区党委牵头，在对社区老年人群体深入调研、充分听取居民群众意见建议后，初步预算社区“夕阳红”项目建设经费，经社区党委集体研究确定实施方案，报街道办事处评审。

（二）街道办事处组织“两代表一委员”、社区居民代表和专家对各社区党委上报的社区“夕阳红”初选项目进行论证评审。

（三）街道办事处召开党政联席会议，评审、确定各社区民生微实事“夕阳红”项目。项目确定后于5个工作日内报区“民生微实事·大盆菜”专责领导小组办公室备案，项目经备案后，由街道办事处负责组织实施。

第三章　服务对象与服务内容

第十一条　社区“夕阳红”项目的服务对象：

社区“夕阳红”项目为社区50周岁以上居民群众提供服务，优先保障低保、孤寡、军烈属等特殊困难群体的服务需求；服务对象应没有精神病症状、急性疾病或传染病。

第十二条　社区“夕阳红”项目的服务内容：

（一）生活照料：为老年人提供日间照料、用餐等服务。

（二）保健康复：依托社区社康中心开展医疗健康服务， 组织老年人健康体检，为老年人提供医疗保健、助医服务、康复训练、心理慰藉等服务。

（三）文体娱乐：提供有益身心健康的文体娱乐活动、健康知识讲座、理论学习培训、歌舞书画、图书阅览、上网等服务。有条件的可开办“老年大学”。

（四）志愿服务：引入志愿者服务队伍，为社区“夕阳红”项目无偿提供义工服务、公益服务和老年人之间互助活动。

第四章　经费保障与资助标准

第十三条　社区“夕阳红”项目建设运营、设施设备购置、日常维护维修、租金、水电费、物业管理费等相关经费，由“民生微实事·大盆菜”项目优先予以保障，并严格按照《龙岗区社区“民生微实事·大盆菜”项目专项经费实施细则》有关规定执行。

第十四条　社区“夕阳红”项目的补贴资助，主要用于水电费、物业管理费、支付工作人员薪酬、开展各类服务和活动费用等日常管理开支。补贴资助标准：

（一）按场地面积给予补贴资助。

建筑面积在300平方米以下的，每年给予30万元的项目补贴资助；

建筑面积在300（含300平方米）—500平方米的，每年给予40万元的项目补贴资助；

建筑面积在500平方米以上（含500平方米）的，每年给予60万元的项目补贴资助。

（二）按服务数量每年给予补贴资助，以每人每月150元标准给予项目服务补贴资助。人数核算按签订服务协议的服务对象中，每月获得服务15天以上的人数计算。

（三）社区“夕阳红”项目场地租金、设施设备日常维修维护费用按实际支出，从“民生微实事·大盆菜”项目中列支。

第十五条　各社区根据实际，将政府财政每年投入老年人服务的其他相关经费，统筹用于社区“夕阳红”项目。

第十六条　鼓励爱心人士和爱心企业向社区“夕阳红”项目定向资助。捐赠的款项、物资应根据《深圳经济特区捐赠公益事业管理条例》的相关规定，全部用于社区

“夕阳红”项目。

第五章 运营与管理

第十七条 街道办事处负责确定实施项目选址、建设、维护以及运营方式，按属地原则，对社区“夕阳红”项目组织实施和综合监管，督促指导社区对所发现问题进行整改，同时负责总结推广社区“夕阳红”项目实施的好经验。

第十八条 社区党委负责社区“夕阳红”项目具体实施，做好项目前期的意见建议征集、项目申报、项目具体落实以及运营方式选择工作。引入社会组织或企业开展运营的，社区与运营机构签订运营协议，运营机构与服务对象签订服务协议；有能力自行运营社区“夕阳红”项目的，社区与服务对象签订服务协议。组织社区居民群众参与社区“夕阳红”项目的日常监督。

第十九条 区民政局负责制定社区民生微实事“夕阳红”项目监督管理制度指引；区“民生微实事·大盆菜”项目专职领导小组办公室对选址和项目申报进行审核备案。

第二十条 坚持党建引领，社区“夕阳红”应成立党支部，将党建工作融入管理与服务之中，形成“群众下单、党委接单、共建做单”的社区新治理格局。

第二十一条 对购买服务的运营机构由街道和社区实行“清单管理”，内容主要包括对服务资质、服务科目质量和安全生产、消防安全、医疗卫生、食品安全等安全主体责任落实情况。

第二十二条 运营机构负责社区“夕阳红”项目的具体运营管理，根据运营协议要求为服务对象提供服务。

第二十三条 社区“夕阳红”项目采取“政府补一点、慈善捐一点、企业机构让一点、服务对象出一点”办法，可适当向服务对象收取一定费用。

第六章 责任落实

第二十四条 社区“夕阳红”项目在申请资助和接受核查时，必须提供真实、有效、完备的数据、资料和凭证。如有弄虚作假、骗取资助的行为，视情节依法依规追究责任。

第二十五条 社区“夕阳红”运营单位要加强对资助金的管理，社会组织或企业运营的要独立核算，社区自行运营的要项目单列。资助金必须全部用于该社区“夕阳红”项目的运营服务，不得挤占、挪用。每季度向街道办事处提供财务报表，每年12 月在社区公示财务情况。

第二十六条 社区“夕阳红”项目要自觉接受街道办事处和区审计等监管部门监督。

第二十七条 街道办事处承担社区民生微实事“夕阳红”项目的主体责任，全面负责社区“夕阳红”项目的组织实施和监督管理。

第二十八条 社区党委承担社区“夕阳红”项目的直接责任，负责全面落实项目及运营机构的日常管理工作。

第二十九条 区民政局（区“民生微实事·大盆菜”项目专责领导小组办公室）承担对社区“夕阳红”项目的监督指导责任，并认真做好项目审核备案工作。

第七章　附　则

第三十条 本办法自发布之日起施行，由区民政局负责解释。

深圳市龙岗区社区民生微实事“夕阳红·长者食堂”清单管理指引

为提升社区民生微实事“夕阳红”项目服务质量，根据《深圳市养老设施专项规划（2011～2020）》、《深圳市民政局关于开展养老服务专项公益创投试点工作的通知》（深民函〔2018〕1068号）和《深圳市龙岗区社区民生微实事“夕阳红”项目建设与运营管理办法》精神，坚持安全和可持续发展定位，大力推进社区“夕阳红·长者食堂”建设，为我区有需要的老年人提供方便、快捷、专业、优质的养老配餐服务，营造共建共治共享养老服务新格局，结合实际制定本清单管理指引。

一、社区“夕阳红·长者食堂”建设标准

（一）社区“夕阳红·长者食堂”，是指为我区户籍和常住的50周岁以上的老年人提供日常就餐、配餐等服务，符合食品卫生相关法律规定，具备相对独立就餐空间条件的场所。

（二）统一命名为“××社区夕阳红·长者食堂”，按《关于统一制作使用“深圳市龙岗区社区民生微实事·夕阳红”项目标识的通知》要求，在室外醒目位置悬挂全区统一的“夕阳红·长者食堂”标识。

（三）装修风格以安全、实用、简约、大方为原则，以浅红、淡蓝色为基本色调元素，整体呈现清新、高雅格调。

（四）长者食堂的厨房由街道、社区负责提供，餐饮服务由“夕阳红”项目中标的运营机构负责提供。

（五）长者食堂内设置配餐区和就餐区。

（六）长者食堂建设面积按实际就餐人数用餐需要确定。

（七）长者食堂设施配置要求如下：

1. 就餐区

（1）就餐场所应满足日常服务需要。

（2）应留有可供轮椅出入的空间，宜设置轮椅就餐位。

（3）应使用可移动、牢固的桌椅，为工作人员留有分餐和助餐空间。

（4）配备开水供应、餐单公告栏、时钟、餐巾纸、餐具存放、洗刷和洗手区等设施。

（5）就餐区域应有防蚊蝇设施，必要时在出入口处设置防尘设施。

（6）应设有剩菜剩饭收集区，配备带盖的专用容器存放餐厨垃圾等废弃物，容器应具有防渗漏、防破裂和易清洗等特性。

（7）采用柜台式售饭方式的，应设置低位服务窗口。

2. 配餐区

（1）设置食物分装（包装）、待配送食品贮存、餐用具与工用具清洗消毒等加工操作场所，均设在室内，且独立隔间。

（2）应配有分餐专用工具及清洗、消毒、储存设施设备。

（3）应根据待配送食品的品种、数量、配送方式，配备相应的食品分装（包装）设备。

（4）应配备冰箱和食品加热设备，确保配餐的热度和食品安全，每餐按有关规定做好食品留样。

（八）长者食堂厨房设置制餐区：

1. 制餐区应以满足实际需要为原则。

2. 食品加工经营场所和设施设备应当符合《食品安全法》《餐饮业和集体用餐配送单位卫生规范》等国家和地方相关规定。

3. 设置与食品供应方式和品种相适应的粗加工、切配、烹饪、餐用具清洗消毒、备餐等加工操作场所。

4. 配备能正常运转的餐具和工用具的清洗、消毒保洁设施设备，其大小和数量能满足需要。

5. 接触食品的设备、工具、容器、包装材料等应符合食品安全标准或要求。

（九）长者食堂整体场所、辅助设施、食品普通处理区、专间、其他项目设置、食品储存、设备和工具、检验室、明厨亮灶等设施，应符合《深圳市（A级）餐饮单位建设标准（2016版）》规定。

二、社区“夕阳红·长者食堂”用餐与补贴

（一）用餐标准

早餐6元/人；午、晚餐15元/人。

（二）补贴标准

面向全区50周岁以上的户籍和常住老年人提供助餐服务，重点解决高龄、孤寡、独居、空巢等老年人群的就餐需求。助餐对象分为两类：

1. 第一类：龙岗区户籍年龄在60周岁以上的低保和低保边缘人员、“三属五老”（烈士遗属、因公牺牲军人遗属、病故军人遗属、老地下党员、老游击队员、老接头户、老交通员、老苏区干部）、特困人员（无劳动能力、无生活来源且无法定赡养、抚养、扶养义务人，或者其法定赡养、抚养、扶养义务人无赡养、抚养、扶养能力的老年人、残疾人以及未满16 周岁的未成年人）、经卫健部门认定的计划生育家庭中失去独生子女或者独生子女三级以上残疾的老年人，以及户籍年龄在85周岁以上的老年人，就餐费用全额由政府补贴。

2. 第二类：其他就餐老人按用餐标准收费，不享受补贴。

（三）用餐服务

1. 服务时间：长者食堂要确保第一类助餐对象“一日三餐”供应（包括节假日）；确保第二类助餐对象工作日“一日三餐”供应。早餐供应时间：7:30—9:30；午餐供应时间：11:30—13:30；晚餐供应时间：17:30—19:30。

2. 配餐方式：由“夕阳红”项目运营机构负责“长者食堂”的配餐和居家智慧养老送餐服务。

3. 配餐质量：配餐到送达时间不超过30分钟，符合食品安全相关要求，所有供应长者食堂的餐食实施48小时留样制度。

（四）补贴结算

1. 首次就餐长者应填报《社区“夕阳红·长者食堂”就餐信息登记表》（附件1），录入龙岗区居家智慧养老服务系统，由运营机构负责审核报社区、街道审定就餐长者所属助餐对象类别。

2. 第一类助餐对象，补贴费用由运营机构利用龙岗区居家智慧养老服务系统统计，填报《长者食堂就餐服务　月补贴结算明细表》（附件2），每月报社区、街道汇总审定把关，由街道按结算补贴标准予以拨付。

3. 第二类助餐对象，服务数据由运营机构利用龙岗区居家智慧养老服务系统统计，每月报社区、街道汇总。

4. 各街道补贴结算及用餐服务情况每季度上报区民政局统计汇总。

三、社区“夕阳红·长者食堂”运营方式与要求

（一）运营方式

1. 支持和鼓励社区“夕阳红”项目中标的运营机构采用“中央厨房”配送方式，提供片区餐饮服务。

2. 由中标的运营机构在“夕阳红”项目内建设、运营长者食堂，提供餐饮服务。

（二）运营要求

1. 在室外醒目位置张贴“夕阳红·长者食堂”指示牌，在室内显眼位置张贴用餐标准和本周食谱。

2. 分类核实核准用餐人数，并及时掌握用餐动态，以保证用餐质量，避免浪费。

3. 老年人通过有效预订方式，即可到食堂用餐；食堂工作人员做好登记，按分类标准收取费用。

4. 对于行动不便又有配餐需求的，应由社区“夕阳红”项目运营机构指派工作人员、党员志愿者、老人互助组人员将餐食配送到老人住所；配送餐应及时、准确，饮食应保温、保鲜、密封，防止细菌滋生，符合相关卫生规范要求。

5. 食堂菜谱应按中标合同书的要求，根据服务对象身体特点和时令变化，充分考虑老年人饮食习惯和禁忌，做合理的膳食安排，确保饭菜质量。

6. 运营机构应在食材购进、加工、烹饪和备餐、送餐等环节全方位保证食品安全质量。

7. 由社区工作站指定分管民政工作的副站长负责“夕阳红长者食堂”的直接监督管理，对用餐人员进行核实把关，各项收支做到日清月结。

四、社区“夕阳红·长者食堂”质量管理标准

（一）社区“夕阳红·长者食堂”为非营利性质，餐费标准确保全部用在基本食材和配料上。自办食堂的，人工、水电、燃气等所有其他费用另外计算；采取“中央厨房”配餐方式的，由食堂覆盖社区按服务合同分别向“大盆菜”项目申请经费，不得挤占餐费。

（二）食品原材料应符合国家有关卫生标准和规定，管理人员应对购进的食品原材料的数量、质量、价格以及安全情况进行检查验收，验收无误后采购人员、饭堂管理人员分别在购物发票上签字确认，并作为记账凭证，对检查验收安全合格的食品原材料交厨师进行食品加工，确保食品安全、卫生。

（三）在“夕阳红”项目内运营长者食堂的，应按照相关规定办理《食品经营许可证》，规范运作；“夕阳红”项目运营机构采用“中央厨房”配送的，应具备食品安全B级以上等级，提供餐食配送服务，送餐车应装有具备保温功能的送餐箱，保证餐品送达时温度适宜食用。出品菜品须加贴封条，并备注出品时间、配送时间、建议食用时间，封条上宜用长者容易辨认的字体字号，餐食食物宜用符合国家标准的食品级器具予以封装。

（四）运营机构应保证长者食堂环境卫生，物品摆放有序，地面清洁干燥，墙面无油腻污垢，水池、地沟清洁畅通，防虫设施齐全、完好。具体参照《深圳市（A级）餐饮单位建设标准（2016版）》执行。

（五）从事直接接触入口食品工作的管理、服务人员每年必须予以健康体检，取得健康证后方可上岗，并定期接受卫生部门的健康检查；运营机构要确保长者食堂管理规范有序，服务良好。

（六）运营机构自觉接受社区工作站的日常管理，不断改进餐饮服务质量。若发生疑似或认定为食品安全事故的，参与长者食堂服务的各单位应当配合政府相关部门的调查，并依法妥善处置所涉及的不安全食物。

五、社区“夕阳红·长者食堂”食品安全标准

（一）根据《深圳市餐饮服务食品安全量化分级管理规定》，社区“夕阳红·长者食堂”的食品安全等级应达到B级以上。

（二）社区“夕阳红·长者食堂”运营单位应取得食品安全相关许可证书并严格按照《深圳市餐饮服务食品安全量化检查表》要求自行对照检查，确保食品安全达标。

（三）自觉接受并积极配合食品安全监督管理部门的监督和检查，违反食品安全相关法律法规的，将依法追究法律责任。

附件：1. 社区“夕阳红·长者食堂”就餐信息登记表（略）

2. 长者食堂就餐服务月补贴结算明细表（略）

深圳市龙岗区社区民生微实事"夕阳红"项目资助申报清单指引

根据《深圳市龙岗区社区民生微实事"夕阳红"项目建设与运营管理办法》《龙岗区社区"民生微实事·大盆菜"项目实施办法》《龙岗区社区"民生微实事·大盆菜"项目专项经费实施细则》和《龙岗区社区"民生微实事·大盆菜"项目准入负面清单》文件精神，结合实际制定本清单管理指引。

一、社区"夕阳红"项目资助申请要求

（一）新建的社区"夕阳红"项目申报

对新建"夕阳红"项目内的工程建设、维修维护等硬件类建设费用按照"大盆菜"工程建设项目类别申报；设施设备采购等费用按照"大盆菜"货物采购项目类别申报。

（二）投入运营的社区"夕阳红"项目申报

对投入运营的"夕阳红"项目内运营机构费用，按照"大盆菜"服务采购项目类别申报。按照《关于对全区社区"夕阳红"项目运营服务进行统一公开招标采购的通知》（深龙民函〔2019〕10号）规定执行。

二、社区"夕阳红"项目补贴类型和资助标准

（一）按场地面积给予运营补贴资助

建筑面积在300平方米以下的，每年给予30万元的项目补贴资助；

建筑面积在300（含300平方米）—500平方米的，每年给予40万元的项目补贴资助；

建筑面积在500平方米以上（含500平方米）的，每年给予50万元的项目补贴资助。

运营补贴资助纳入"大盆菜"服务采购项目类别申报，主要用于支付工作人员薪酬、开展各类服务和活动费用等日常管理开支；按场地面积配备"3+N"工作人员（即300平方米以下至少配备3人、300—500平方米至少配备4人、500平方米以上配备5人或以上）。

（二）按项目功能区服务情况给予补贴资助

运营机构应充分利用"夕阳红"项目保健康复区、娱乐活动区等功能区的服务定位，除提供日常性常规服务外，实施有特色和创新性的项目。

1. 社区夕阳红·保健康复区：除完成日常基本医疗协助、康复护理等常规服务外，可邀请机构外的相关专家到"夕阳红"项目内坐诊及开展相关的专业讲座、培训项目。

2. 社区夕阳红·娱乐活动区：除日常组织、引导老年人进行休闲娱乐活动外，可聘请机构外的相关专业人员到社区开展各类文体和学习教育活动项目。

每个功能区每年设计1个特色服务项目，按照“大盆菜”服务采购项目类别申报，经社区、街道审核把关，区民政局备案后实施。

（三）其他杂费按照实际支出给予补助资助

场地租金、水电燃气费、物业管理费、设施设备日常维修维护费用、“长者食堂”就餐补贴费用按实际支出，从“民生微实事·大盆菜”项目中列支，按照服务采购项目类别申报。

以上三项服务补贴纳入“大盆菜”服务采购项目类别申报。由于“大盆菜”项目通过先确定项目，采用预算经费方式申请下拨次年经费，第（二）、（三）项补贴申报各街道、社区应于上年度将当年服务补贴资助项目总金额进行估算，以估算金额为准进行申报。在项目实施过程中，实际资助金额多于或少于申报金额的，在本街道“大盆菜”项目年度核定总额内调剂解决。

三、社区“夕阳红”项目资助申请流程

按要求填报《龙岗区社区民生微实事“夕阳红”项目申报书》（附件1）和《龙岗区社区民生微实事“夕阳红”项目申请报告》（附件2），严格按照“大盆菜”点菜定菜申请流程办理。

四、责任落实

（一）社区“夕阳红”项目在申请资助和接受核查时，必须提供真实、有效、完备的数据、资料和凭证。如有弄虚作假、骗取资助的行为，视情节依法依规追究责任。

（二）运营机构要自觉接受社区、街道和区民政、审计等部门监督。

（三）社区党委承担社区“夕阳红”项目的直接责任，负责全面落实社区“夕阳红”项目及运营机构的日常管理工作。

（五）街道办事处承担社区“夕阳红”项目的主体责任，全面负责社区“夕阳红”项目的组织实施和监督管理。

（六）区民政局承担对社区“夕阳红”项目的监督指导责任，并认真做好项目审核备案工作。

附件：1. 龙岗区社区民生微实事“夕阳红”项目申报书

2. 龙岗区社区民生微实事“夕阳红”项目申请报告

深圳市龙岗区社区民生微实事"夕阳红"项目建设标准清单指引

为加强和规范社区"夕阳红"项目基础设施建设，根据国家、省、市养老服务设施的相关规范要求和《深圳市龙岗区社区民生微实事"夕阳红"项目建设与运营管理办法》，结合我区实际，制定本建设标准清单指引。本指引适用于社区"夕阳红"新建工程项目，改建和扩建工程项目可参照执行。

一、社区"夕阳红"项目建设总体要求

（一）项目设施应符合养老服务体系规划的要求，充分利用现有公共服务资源和基础设施，因地制宜地进行设计。

（二）项目设施应面向服务对象并按服务功能进行设计，服务对象、服务功能的确定应符合国家现行有关标准。

（三）与其他建筑上下组合建造或设置在其他建筑内的设施应位于独立的建筑分区内，且有独立的交通系统和对外出入口。

（四）既有建筑改建的项目设施，应预先进行可行性评估，确定通过改建能够符合本标准和国家现行有关标准的规定。

二、社区"夕阳红"项目场地要求与功能分区

（一）项目场地应符合老年人建筑设计规范、城市规划、消防、建筑安全等要求，按场地物业来源还应符合如下条件：

1. 利用建成区现有公共配套物业的，面积不低于300平方米。

2. 就近原则租赁场地的，租金以项目所在地周边同类物业租金参考价计算，报区物业管理中心审定同意后办理相关手续。

3. 支持和鼓励社区通过改造旧厂房等模式建设社区"夕阳红"项目。

4. 同一街道相邻的社区确因社区面积小、场地受限，经街道审定报区民政局同意后，可由相邻社区共同选择在一个服务对象相对集中、交通便利的场地，联合申办一个较大的"夕阳红"项目，覆盖和满足相邻社区老人的实际服务需求。

（二）项目应至少设置4个基本功能区：夕阳红·长者食堂、保健康复区、娱乐活动区、值班室和公共卫生间等辅助功能区；规模较大的也可根据实际需要增设其他服务功能区。全区所有社区"夕阳红"项目的功能室应统一标识和装修风格。

1. 社区夕阳红·长者食堂

（1）严格按照"夕阳红·长者食堂"全区统一的装修风格进行装修。

（2）应至少配备一定数量（20～30人）的不同规格就餐台面与座椅，方便服务对象就餐。

（3）标识、餐具等按照《深圳市龙岗区社区民生微实事·夕阳视觉识别手册》（附件）标准购置。

（4）地板应保持干燥无水，防滑防摔；配备防火、防毒、防盗设备。

2. 社区夕阳红·保健康复区

（1）使用面积不应小于20平方米，平面空间形式应满足开展基本保健康复服务与医疗救治的需求，且应有较好的天然采光和自然通风条件。

①设置床位10张以上；

②建立老人健康档案查询设施。

（2）应配备专业的保健康复设备器材，主要包括平衡杠、手指训练器、股四头肌训练器、训练垫等。

（3）应配备专业的医疗护理用品，主要包括健康体检一体机、血压计、听诊器、急救包等。

（4）所设置的医疗服务设施设备应符合国家现行有关标准。

3. 社区夕阳红·娱乐活动区

娱乐活动区由室内、室外活动区域组成，老年人娱乐活动以室内、室外相结合。运营机构负责对老人室外活动时间进行合理规划和引导。

（1）室内活动室

①应配置电脑、音响等电子娱乐设备；

②应有适宜老年人休闲使用的棋牌类用品和书画类用品；

③应有适宜老年人阅读学习的书籍、刊物、杂志、报纸；

④应配备消防器材，安全疏散通道口应有明确的标识指示，并保证安全疏散通道保持畅通。

（2）室外活动区域

①室外活动区域与社区公共文体活动设施共用；

②在室外活动区域组织开展活动前，应对活动设施设备进行安全检查，确保设施设备处于完好状态。

4. 社区夕阳红·辅助功能区

（1）值班室

①为老年人提供登记、接待等服务；

②设置专业的24小时监控设备、电话设备；

③保持室内环境良好，确保项目内人员、设施等安全。

（2）公共卫生间

①应设1个无障碍厕位或无障碍卫生间；

②设备齐全、洁净，符合卫生标准；

③配备扶手、栏杆、抽气扇等设备；

④应有专人负责保洁，保持通风良好和地面干燥，地面满足易清洗和防滑要求。

附件：深圳市龙岗区社区民生微实事“夕阳红”视觉识别手册（略）

深圳市龙岗区社区民生微实事“夕阳红”项目服务标准清单指引

为加强社区“夕阳红”项目服务规范化管理，满足社区老年人多元化养老服务需求，根据《深圳市龙岗区社区民生微实事“夕阳红”项目建设与运营管理办法》文件精神，结合我区实际，制定本服务标准清单指引。本指引规定了社区“夕阳红”项目运营机构要求、基本服务标准、服务人员要求，适用于社区“夕阳红”项目运营机构所提供的服务。

一、运营机构要求

（一）基本要求

有从事养老相关业务资质并进行社会组织登记的社会服务机构或工商登记的公司。

（二）制度建设

有制定完整的规章制度，实行标准化“清单式”服务与管理，包括：建立以岗位责任制为中心的各项规章制度，考核、奖励办法，质量、环境、职业健康规范和完善的办理照料护理流程。

（三）安全管理

1. 符合消防安全要求，取得消防部门认定的消防合格资质。

2. 制定相关规范做好水、电、气安全，消防安全等方面有防护措施，确保老人人身安全。

3. 设施设备由相关技术人员进行定期维修与检查。

4. 建立较为完善的消防、食品安全，防止老人意外事故等安全运行应急机制。

5. 配备相关的专业人员，遇到突发性事件能果断作出反应。

二、基本服务标准

（一）膳食服务

1. 根据《深圳市龙岗区社区民生微实事“夕阳红·长者食堂”清单管理指引》规定提供膳食服务，严把质量标准、守牢安全底线。

2. 利用龙岗区居家智慧养老服务系统，根据服务对象的需要提供配餐、助餐服务。

3. 所有供应长者食堂的餐食实施48小时留样制度。

4. 每周有食谱，并在公告栏公开展示。

5. 严格执行食品卫生法规，保障食品安全卫生。

（二）保健康复

各社区“夕阳红”项目应积极与社康中心对接，或与符合相关资质的专业医疗机构合作，签订合作协议，邀请专业医生到“夕阳红”项目内坐诊及开展相关讲座、培训，每周至少1天。社区“夕阳红”项目主要开展以下保健康复服务：

1. 预防保健

（1）组织服务对象每月进行健康教育知识普及，对常见病、多发病的自我预防进行培训学习。

（2）根据服务对象的不同需要制定针对性的预防方案，预防方案应简明扼要，内容通俗易懂，便于服务对象学习掌握基本知识，进行基础性防御。

2. 医疗协助

（1）专职或兼职医护人员应取得相应的职业资格证书，并掌握社区老人的基本健康情况。

（2）完成基本医疗协助。

3. 康复护理

（1）专职护理人员应取得相应的执业资格证书。

（2）协助服务对象根据医嘱进行康复训练，使用康复器材。

（3）康复护理过程应关注服务对象身体适应程度，保证安全，防止意外损伤。

4. 健康咨询

（1）为服务对象解答健康问题并提供咨询服务。

（2）由持有专业证书的营养师提供营养健康咨询服务，由持有专业证书和临床经验的医生提供生理健康咨询服务，应由持有专业证书的心理咨询师提供心理健康咨询服务。

5. 心理疏导

（1）应与服务对象进行有效、合理沟通和交流，耐心倾听服务对象的需求。

（2）与服务对象进行沟通交流时，应态度主动，并以服务对象为主；让服务对象达到舒缓心情，排遣孤独的效果。

（3）沟通交流的过程中，工作人员应时刻注意服务对象的情绪和身体状况，防止服务对象的情绪出现较大的波动。

6. 档案管理

依托龙岗区居家智慧养老服务平台，提供老人健康档案查询服务，配备必要的档案管理设施设备，及时掌握服务对象的基本健康状况并开展相关保健康复服务。

（三）文体娱乐活动

1. 休闲娱乐

（1）协助服务对象开展各类有益于身心健康的文体娱乐活动。主要包括：书法绘画、戏曲歌唱、阅读书籍、棋牌类以及适宜的运动健身等活动。

（2）举行文体娱乐活动时，应备足工作人员及护理人员，对现场进行指导。

（3）文体娱乐活动应每月提前安排计划，做到每周至少有一次活动，活动内容与主题多样化，服务对象参与率应达到50%以上。

2. 学习教育

（1）由社区“夕阳红”党支部牵头、以党小组为单位组织开展各类学习教育活动。

（2）学习教育活动应预先了解服务对象的兴趣爱好，根据自愿参与的原则，满足服务对象的学习需要和期望。

（3）学习教育活动每周至少举行一次，学习内容应根据服务对象的身体状况进行合理的安排与调整。

三、工作人员要求

（一）服务机构应根据服务场所规模，以“3+N”的方式配备相应的工作人员。“3”：即至少配备1名专职管理人员、1名护理员、1名专/兼职康复理疗师；“N”：即根据业务需求增加医护人员、社会工作师、心理咨询师、厨师、营养师、司机、工勤技能人员等。

（二）工作人员应信守职业道德，遵纪守法，熟悉服务程序和规范要求。

（三）工作人员应保护老人的个人隐私和信息安全。

（四）工作人员应具备一定的专业资质：

1. 工作人员应持有社会工作、护理学等其中一项初级及以上相关有效的职业资格证书。

2. 专职管理人员应具有2年及以上的养老服务管理工作经验。

3. 专业技术人员应持有国家卫生、劳动、民政部门颁发的专业资格证书，具有相应的业务知识和技能并能熟练运用。

4. 服务机构应对服务人员进行岗前培训，并定期接受区特殊养老护理学院开展的继续教育培训工作。

（五）鼓励老年党员志愿者开展“以老助老”志愿服务活动，提升老年人参与“夕阳红”项目服务的主动性和积极性；鼓励社会扩大参与，整合各类资源，全面构建和营造“政府主导、企业参与、市场运作、社会共建”的养老服务新格局。

附件：1. 老人基本信息登记表（略）

2. 每日出入登记表（略）

深圳市龙岗区社区民生微实事“夕阳红”项目监管清单指引

为加强社区养老服务监管体系建设，推动社区“夕阳红”项目健康发展，充分发挥政府部门、养老服务机构、服务对象及家属等各方力量，形成政府部门和街道社区行政监管、服务机构自律管理、服务对象及家属主动监督、社会舆论公开监督的养老服务监管体系，根据《深圳市龙岗区社区民生微实事“夕阳红”项目建设与运营管理办法》文件精神，结合我区实际，制定本监管清单指引。本指引适用于对龙岗区社区“夕阳红”项目运营机构的监督管理。

一、监管内容

（一）监管运营机构的资质条件以及设施设备安全、消防安全、食品安全、照护安全、人身安全、财产安全、金融风险防范等安全管理情况。

（二）监管运营机构的建设情况、运营状况、设施养老服务用途变更情况、养老服务质量状况、养老服务人员实有状况等市场运营情况。

（三）监管运营机构的项目资助金使用的执行和落实情况。

二、监管职责分工

（一）区民政局负责统筹、协调、指导社区“夕阳红”项目全面工作，具体负责制度指引、政策制定、综合协调及业务指导工作。负责采取公开竞争方式招投标遴选各项目运营机构，并与街道、运营机构签订具体三方服务合同。

（二）街道办事处是本辖区社区“夕阳红”项目的主管单位，负责确定实施项目的选址、建设、维护以及运营方式；对运营机构进行监督管理，实施运营机构资助项目审核和拨付工作；协调处理项目运营期间在辖区范围内发生的具体事宜；按属地管理的原则，联合相关部门对项目在食品药品、消防安全、卫生等方面进行监督，做好项目保障工作。

（三）社区党委负责成立社区“夕阳红”党支部和社区“夕阳红”项目的具体实施，做好项目前期的意见建议征集、项目申报、项目具体落实以及运营方式选择工作。引入社会组织或企业运营的，切实履行对运营机构的监管责任；有能力自行运营的，切实提供好服务保障。

三、监管方式

监管通过机构自查、第三方检查、各级行政单位检查抽查和联合检查等方式，科学组织实施。

（一）运营机构自查：运营机构每半年自查1次，分别于7月15日和次年1月15日之前向所在街道办事处提交上半年工作报告及下半年工作计划、上一年度工作报告及下一年度工作计划，工作报告和工作计划内容包括服务范围、服务质量、运营管理等情况。

（二）第三方机构检查：各街道办事处每年委托第三方机构组织开展1次检查，费用在本街道部门工作经费列支。重点对运营机构财政资金的管理使用状况及使用效益、政策标准执行情况进行综合绩效评估或满意度评价。具体对运营机构提供的服务从项目建设、设施设备、人员配置、规范运营、运营成效、发展规划、主管部门评价、年度运营方案执行情况等方面进行综合考评，评估结果等级分为优秀、良好、合格、基本合格、不合格。

第三方评估机构的成员由行业专家、会计师、律师组成，成员与被评估机构有业务往来或在其任职的应当规避。

（三）街道、社区检查或联合街道部门检查：各街道、社区按照职责权限，通过书面检查、实地查验或联合街道部门检查等方式对社区“夕阳红”项目运营机构进行督导及年度评估考核工作。对上一年度的评估考核于次年第一季度开展，考核结果在所在社区公示且无异议后报区民政局备案，并向社会公布。对于检查发现的问题，各街道要及时解决；对于无法解决的困难问题，应及时上报区民政局。

（四）区民政局抽查或联合区属部门检查：区民政局对各街道、社区、运营机构进行指导和监督，可不定期组织对运营机构重点工作、重点项目的实施情况进行专项抽查，及时纠正社区“夕阳红”项目管理中的违规违法行为。对发现的问题及时督促整改，对较严重的问题联合有关部门整治。

在日常监督管理中，由各社区统计上报，各街道汇总建立社区“夕阳红”项目运营机构诚信档案，记录其设立与变更、日常监督检查、违法行为查处、综合评估结果等情况，并通过官方网站等信息服务平台予以公开，接受社会查询、监督。

四、法律责任

（一）运营机构必须遵守国家、省、市法律法规、规章及规范性文件的有关规定和政府采购合同的约定，并承担相关法律责任。

（二）运营机构因变更或者终止等原因暂停、终止服务的，应当于暂停或者终止服务60日前，向社区“夕阳红”项目所在街道办事处提交书面报告，经批准后方可执行。

街道办事处应当自接到书面报告之日起20日内完成审核工作，督促运营机构做好老人思想稳定和转介服务的对接工作。

（三）运营机构有下列行为之一的，由所在街道办事处依据具体项目服务合同，予以警告并责令整改；拒不整改的，暂停其享受资助资格1年；情节严重的，取消其运营资格，并依法追究法律责任。

1. 未按照社区“夕阳红”相关文件指引开展服务的；

2. 配备人员的资格不符合规定的；

3. 年度评估基本合格的；

4. 法律、法规、规章规定的其他违法行为。

（四）运营机构有下列行为之一的，由所在街道办事处依据具体项目服务合同，责令整改并暂停其享受资助资格1年；情节严重的，取消其运营资格，并依法追究法律责任。

1. 利用社区“夕阳红”项目的房屋、场地、设施开展与养老服务宗旨无关的活动的；

2. 在申请资助、接受考核时有弄虚作假、骗取资助行为的；

3. 有歧视、侮辱、虐待或遗弃老年人以及其他侵犯老年人合法权益行为的；

4. 擅自暂停或者终止服务的；

5. 擅自挪用政府资助资金的；

6. 年度评估不合格的；

7. 违背诚实信用原则并造成严重后果的；

8. 法律、法规、规章规定的其他违法行为。

（五）运营机构因工作人员一年内同一岗位连续缺岗达5个工作日或累计缺岗达10个工作日的，由街道办事处对运营机构已享受的政府资助资金按缺岗天数予以追缴，并依法追究法律责任。影响社区“夕阳红”项目正常运作的，终止合同并取消社区“夕阳红”项目运营资格的；对社区“夕阳红”项目正常运作未造成影响的，由区民政局对运营机构次年招投标进行扣分处理。

（六）运营机构须加强对政府资助资金的管理，建立独立的财务核算制度，资助资金必须全部用于该社区“夕阳红”项目的运营服务，不得挤占、挪用。每季度向街道办事处提供财务报表，每年12 月向社会公示财务情况。

（七）运营机构要自觉接受街道办事处的监督检查和政府部门的审计。监管部门对违反资助资金使用规定的运营机构要提出整改要求，情节严重的，依法追究法律责任。

（八）依照《消费者权益保护法》的有关规定，老年人享有人身财产安全权、人格尊严和风俗习惯受尊重权等。运营机构应为老年人提供安全可靠、及时周到的服务，防止老年人意外伤害。因服务不当给老年人造成损害的，运营机构负有赔偿的责任。

深圳市龙岗区社区民生微实事“夕阳红”项目考核办法

为切实提升社区民生微实事“夕阳红”项目建设和运营服务质量，确保完成区委区政府关于养老服务领域考核的有关工作任务，根据《深圳市龙岗区社区民生微实事“夕阳红”项目建设与运营管理办法》《深圳市龙岗区社区民生微实事“夕阳红”项目建设标准清单指引》《深圳市龙岗区社区民生微实事“夕阳红”项目服务标准清单指引》《深圳市龙岗区社区民生微实事“夕阳红·长者食堂”清单管理指引》《深圳市龙岗区社区民生微实事“夕阳红”项目资助申报清单指引》《深圳市龙岗区社区民生微实事“夕阳红”项目监管清单指引》，结合我区实际，制定本考核办法。

一、考核对象

各街道办事处、各社区工作站。

二、考核内容

（一）项目建设标准考核，严格按照《深圳市龙岗区社区民生微实事“夕阳红”项目建设标准清单指引》有关规定执行。

1. 项目建设是否符合四项总体要求。
2. 项目场地是否符合相关规范要求。
3. 场地物业来源是否符合规定。
4. 项目整体装修风格是否符合“夕阳红”视觉识别手册规定。
5. 项目是否设置四个或以上基本功能区。
6. 每个功能区的设置是否符合规定。

（二）项目运营服务考核，严格按照《深圳市龙岗区社区民生微实事“夕阳红”项目服务标准清单指引》有关规定执行。

1. 运营机构是否具备从事养老相关业务资质。
2. 运营机构是否制定完整的规章制度。
3. 运营机构是否制定较完善的相关安全运行应急机制。
4. 运营机构开展膳食、保健康复、文体娱乐等服务的基本情况。
5. 运营机构的人员配备及是否存在缺岗等情况。
6. 运营机构的服务满意度情况。

（三）项目监督管理考核，严格按照《深圳市龙岗区社区民生微实事“夕阳红”项目监管清单指引》有关规定执行。

1. 街道落实运营机构资质、服务质量、财政资金使用等主体监管责任是否到位。

2. 社区落实“夕阳红”党支部成立、运营服务质量、群众满意度等具体监管责任是否到位。

3. 街道、社区日常监督管理、违规行为查处、重大事项的请示报告落实工作是否到位。

三、考核标准

根据《深圳市龙岗区社区民生微实事“夕阳红”项目考核办法》执行，项目硬件方面的考核100分、软件方面的考核100分，考核分值及标准详见附件。

四、考核方式

采取“社区、街道、区”三级考核方式，贯穿于项目建设和运营的整个过程中，分时段考核，并逐级通报。

1. 社区工作站对辖区内的运营机构每月考核一次，考核结果于次月5 个工作日内报街道社会事务办。

2. 各街道社会事务办每季度汇总1次考核情况，报区民政局各挂点科室（单位）负责人，由各挂点科室（单位）负责人在区民政局局长办公会通报。

3. 区民政局对各街道每半年考核一次，并通报考核排名情况，年终总排名靠前的给予表扬奖励。

五、考核结果运用

1. 作为全区民政工作先进单位评先评优、干部使用的重要参考，对先进单位进行表扬奖励，对落后的给予通报批评。

2. 考核结果在全区民政系统内予以通报。

3. 监管项目运营情况，将违规的运营机构列入“黑名单”，依法依规作出处理。

关于对全区社区"夕阳红"项目运营服务进行统一公开招标采购的通知

各街道办事处：

目前我区首批47家社区"夕阳红"建设阶段已基本完成，并陆续进入选定运营机构阶段。为规范全区社区"夕阳红"项目运营管理，统一服务标准，确保运营服务有序、长效发展，打造具有龙岗特色的养老服务品牌，在充分尊重街道意见的基础上，经我局研究并报区分管领导同意，决定对全区社区"夕阳红"项目运营服务进行统一公开招标采购，择优选定若干家综合实力强的专业养老运营机构。现将有关事项通知如下：

一、由我局牵头实施统一公开招标采购工作。将参照社区党群服务中心社工服务项目政府采购做法，由我局负责统一制作招标文件，统筹将全区"夕阳红"项目运营服务分批次分标段进行公开招标。

二、部分街道已选定运营机构的，项目继续由该机构运营，但在该项目运营服务第一次签订合同期满后，由我局统一通过公开招标方式重新确定运营机构。

三、请各相关街道根据《关于印发〈深圳市龙岗区社区民生微实事"夕阳红"项目建设与运营管理办法（试行）〉的通知》（深龙民〔2018〕182号）第十四条资助标准规定，编制、落实辖区内"夕阳红"项目运营服务采购预算。

四、请各相关街道根据辖区内各"夕阳红"项目实际情况，拟定项目运营服务需求，包括服务对象、服务内容及标准、拟配备人员数量及要求等。

五、请各街道积极配合此项工作，于2月21日前将项目预算金额及服务需求报送我局汇总，在工作中如有疑问，及时向我局反映解决。

特此通知。

深圳市龙岗区民政局
2019年2月14日

关于加强龙岗区“夕阳红”都市养老服务组织和制度建设的通知

各街道办事处：

为落实国家民政部、省民政厅、市民政局文件规定和区委区政府部署要求，推动我区“夕阳红”都市养老服务项目建设，实现高质量全覆盖目标，经我局党组研究决定并报区领导同意，建立龙岗区“夕阳红”都市养老服务“指导、管理、服务”三级联动组织体系，并实施9项服务点标准化管理制度，请各街道按要求认真抓好落实。现将有关事项通知如下：

一、加强组织领导，强化指导监管力度

（一）建立龙岗区“夕阳红”都市养老指导中心。由区民政局主要领导任指导中心主任、分管领导任副主任。

（二）建立龙岗区××街道“夕阳红”都市养老管理中心。由各街道分管领导任管理中心主任、社会事务办主要负责人任副主任。

（三）建立××街道××社区“夕阳红”都市养老服务中心。由各社区工作站站长任服务中心主任、分管民政工作副站长任副主任。

二、加强制度建设，提高规范化、标准化运营服务水平

在实施社区“夕阳红”都市养老服务“1+6”文件规定基础上，我局围绕“夕阳红”4个功能区制定了9项工作规则、管理制度，请各街道抓好社区“夕阳红”都市养老服务中心的制度上墙工作和日常监管工作。

附件：1. 各功能室制度上墙样式设计方案（略）

2. 龙岗区社区“夕阳红”都市养老服务中心“四大功能区”管理制度（略）

深圳市龙岗区民政局

2018年3月18日

附录二

深圳市龙岗区实施“夕阳红”都市养老服务模式相关专题报道

都市养老服务高质量发展的“龙岗样本”

近年来，随着人口年龄结构快速转变、人口老龄化加速、养老服务需求快速提升，导致一些地区存在养老服务供给跟不上需求增长速度的问题。如何建立一种可持续发展的养老服务新模式，这是新时代面临的新问题。近年来，广东省和深圳市在探索新时代养老新模式上做了积极尝试。深圳市龙岗区就是典型范例之一。

中国社会报

特别策划

7

都市养老服务高质量发展的“龙岗样本”

制度

资金

需求

智慧

养老服务提质升级的“三板斧”

《中国社会报》2019年9月2日第7版

在去年11月“中国县域工业经济发展论坛”发布的2018年工业百强区榜单中，龙岗区位列全国2018年工业百强区第一名。作为产业大区和人口大区，龙岗区人口老龄化和养老问题也日益凸显。一方面，区内60周岁以上老龄人口已达24万人，其中户籍老人将近3万人；另一方面，作为历史遗留的短板问题，养老设施建设欠账多、缺口大。针对这一矛盾，龙岗区认真贯彻党中央、国务院以及上级党委和政府部署要求，立足实际，聚焦特殊群体、聚焦居民群众关切，积极推动社区民生微实事“夕阳红”都市养老模式，取得了阶段性成效。目前全区首批46个社区“夕阳红”都市养老服务中心项目已投入运营，65个正在推进，年内将实现111个社区全覆盖。这实践背后，都有哪些具体措施给予了保障？本版特推出龙岗区养老服务的探索经验。

关键词一：制度

推行“1+6”文件指引，在政策措施上给予保障。近年来，党中央、国务院高度重视养老服务，相继出台了一系列政策指引。如，今年4月初，国务院办公厅印发《关于推进养老服务发展的意见》（以下简称《意见》）。按照2019年政府工作报告对养老服务工作的部署，《意见》提出了六个方面共28条具体政策措施，打通养老服务“堵点”、消除“痛点”，确保到2022年在保障人人享有基本养老服务的基础上，有效满足老年人多样化、多层次养老服务需求，显著提高老年人及其子女获得感、幸福感、安全感。

如何将宏观政策与龙岗区的具体实际结合起来，这是社区“夕阳红”都市养老模式能否取得实效的关键。龙岗区印发了《深圳市龙岗区社区民生微实事“夕阳红”项目建设与运营管理办法（试行）》，将上级宏观政策具体化，并将社区“夕阳红”都市养老项目纳入龙岗区“民生微实事·大盆菜”范畴。

与此同时，在充分调研和反复论证基础上，龙岗区制定实施社区“夕阳红”都市养老模式“1+6”办法。“1”即《龙岗区社区民生微实事“夕阳红”项目建设与运营管理办法》；“6”即社区“夕阳红”项目建设标准、运营服务、长者食堂、资助申报、监督管理、考核办法这6项配套措施，较好地解决了社区“夕阳红”都市养老模式怎么建、建好后怎么运作的问题。

设立“三级中心”，在组织体系上给予保障。“推行社区‘夕阳红’都市养老新模式，组织体系建设是关键。”龙岗区相关负责人表示。为此，龙岗区从健全机制入手，确立了“夕阳红”都市养老服务“三级中心”，即成立区“夕阳红”都市养老指导中心、街道“夕阳红”都市养老管理中心、社区“夕阳红”都市养老服务中心，并明确了“三级中心”各自的职责定位，以统筹协调各方力量、形成工作合力。其中，区“夕阳红”都市养老指导中心由龙岗区民政局主要领导担任负责人，负责做好管理制度顶层设计；街道“夕阳红”都市养老管理中心由街道办分管领导担任负责人，负责落实综合监管措施，确保规范化标准化运作；社区“夕阳红”都市养老服务中心由社区工作站站长担任负责人，负责实施各项具体运营管理制度，为老人群众特别是困难群体提供“方便、快捷、亲切、暖心”的高效优质服务。

据了解，在具体分工上，龙岗区民政局重在全区性的统筹指导；各街道“夕阳红”都市养老管理中心重在实施综合监管措施；各社区“夕阳红”都市养老服务中心重在办好“夕阳红·长者食堂”，重在向社区健康服务中心和居家智慧养老延伸。

实施清单管理，在监督管理上给予保障。龙岗区在建立“夕阳红”都市养老服务“三级中心”、建立“夕阳红”党支部的基础上，针对“夕阳红·长者食堂”、保健康复、娱乐活动、辅助功能四大区域方面，制定实施长者食堂工作规则、长者食堂食品加工规则、长者食堂就餐公约、心理疏导室工作规则、保健康复室管理制度、学习制度、娱乐活动规则、书画室文明公约、居家智慧养老服务平台管理制度、办公值班室工作规则等10项监督管理清单（以下简称“310”清单，即三级中心、10项监督管理清单），以确保社区“夕阳红”都市养老服务中心标准化、规范化、精细化运作。

同时实行“六个统一”，即统一服务标识、统一服务对象、统一服务理念、统一服务标准、统一运营模式、统一清单管理，充分体现“夕阳红”都市养老“龙岗模式”的特色亮点，以“微改革、微创新”成果真切回应广大居民群众特别是困难老人群体的高度关切。

关键词二：资金

龙岗区“夕阳红”都市养老模式虽已落地生根、初见成效，但一个现实问题是，“夕阳红”都市养老服务项目要办得好、办得长久，资金来源显得非常重要。

建立长效的经费保障机制。龙岗区将社区民生微实事“大盆菜”延伸到社区“夕阳红”项目，把项目建设运营、设施设备购置等相关经费优先从“大盆菜”项目中予以保障，同时实行多渠道资助，确保项目尽早高标准建成，为社区老人送上实实在在的福利。对此，龙岗区委主要负责人专门作出批示，对龙岗区民政局将民生微实事“大盆菜”延伸到社区“夕阳红”和工业园区的做法给予充分肯定。

多渠道拓宽资金来源。龙岗区采取“政府补一点、慈善捐一点、企业机构让一点、服务对象出一点”的方式，进行多渠道资助，取得较好效果。例如，平湖街道白坭坑社区“夕阳红”都市养老服务中心，社区股份公司直接出资85万元，并提供室内530平方米的四大功能区和户外广场720平方米的活动场地，为该项目顺利运作提供了充足保障。坂田街道四季花城社区“夕阳红·长者食堂”，运营机构对65岁以上的所有就餐长者推行“六五折”让利，充分体现“企业机构让一点”原则。

用足用好上级政策。龙岗区用足市里政策，对户籍60周岁以上的低保户、低保边缘户、“三属五老”等困难群众及户籍85周岁以上老人实行“一日三餐”免费助餐服务，将市里有关户籍70周岁以上老人每餐5元补助以及每人次2元送餐补贴这三项政策落实到位，惠及特殊困难群体，增强其获得感、安全感和幸福感。同时，龙岗区已将市里推进长者助餐服务政策所需经费列入2020—2021年两年预算，确保上级政策全面落到实处。

除了资金问题，场地也是一大挑战。龙岗区结合自身实际，采取资源共享办法，有效克服了这一难题。一方面，社区“夕阳红”都市养老服务项目将社区星光老年之家、幸福老人计划等民政领域带“老字号”的经费、设施资源实行优化整合，形成社区老年人综合养老服务平台。另一方面，在场地利用方面，部分社区“夕阳红”都市养老服务项目还与社区党群服务中心实行了资源共享，将社区老年大学、党建书吧、文体娱乐等资源共享共用，既避免了原有部分场地空置浪费问题，又提高了场地整合使用效率。

“年内将实现全区111个社区全覆盖，这个力度在全市来说是最大的，充分体现了龙岗区委、区政府担当作为、真抓实干的优良作风。”有专家表示，“从更深层次上讲，龙岗把社区‘夕阳红’都市养老服务作为重要民生实事来抓，从组织体系、政策措施、监督管理等方面提供有力保障，把‘夕阳红’项目各项工作做精做细做实，将为全省乃至全国养老事业发展贡献龙岗经验”。

关键词三：需求

民政工作关系民生、连着民心，是社会建设的兜底性、基础性工作，而社区养老服务正是广大居民群众高度关切的热点问题。龙岗区行政区域面积388.59平方千米，下辖11个街道111个社区，实际管理人口约430万人，其中区内60周岁以上老龄人口24万人。按照每年10%的增长速度估算，3年后龙岗全区60周岁以上老人预计达32万人以上。而在人口老龄化问题日益凸显的另一面，是养老设施建设欠账多、缺口大。全区共有养老机构6家（2家街道敬老院、1家公建民营养老机构、3家民办养老机构），养老床位仅1236张，远远无法满足老年群众养老需求。

直面刚性养老需求。对于如何破解养老需求客观难题，龙岗区形成了三点思想共识：一是社区“夕阳红”都市养老服务关系民生、连着民心；二是全区“夕阳红”都市养老模式聚焦特殊群体，聚焦群众关切；三是补齐民生短板、保障困难老人生活是党员干部共同的使命担当。这三点共同的思想认识成了推动工作的强劲动力。

为此，龙岗区委、区政府高度重视龙岗新形势下养老事业发展。今年1月，区政府工作报告强调要加快社区“夕阳红”都市养老服务体系建设，年内实现111个社区全覆盖。龙岗区59件民生实事中的第46条要求：创新社区养老服务体系建设，实施社区民生微实事“夕阳红”项目，完成50家社区“夕阳红”项目。新一轮机构改革，区委区政府将“负责全区‘夕阳红’都市养老服务体系建设”写进了区民政局“三定方案”，成为龙岗区民政局履职尽责的基本依据和推进养老服务的常态化要求。

“我们坚持找准民政工作‘三聚三基’主责主业定位，全面履行‘三最一专’职责使命，全面落实区委、区政府推进龙岗民政事业改革发展的举措。”龙岗区民政局主要负责人表示，他们在高质量落实全年工作总体思路，即创新“三个亮点”、夯实“三个基础”、推进“三项工程”、强化“三项管理”基础上，将龙岗区“夕阳红”都市养老服务体系建设当作重中之重的任务，全力以赴抓好创新落实。

在具体实践中，龙岗区持续优化基层治理体系，在原有“民生微实事”推进机制基础上，推动“民生微实事”项目向养老服务、工业园区拓展，并大力发展“区—街道—社区—家庭”四层联动互补的都市养老新模式，加快建成以居家为基础、社区为依托、医养相结合的养老服务体系，实现“民有所呼、我有所应”。

满足多元养老需求。围绕老年群体的个性化、多元化的养老需求，龙岗区结合实际，切实把“夕阳红”项目各项工作做精做细做实，精准回应老年群体在“身心社灵”等方面的需求。

“老人群众在哪里，‘夕阳红’选址就在哪里；社区健康服务中心在哪里，‘夕阳红’就建在哪里；老人群众满意的微笑在哪里，我们服务工作就在哪里。”这是坪地街道“夕阳红”都市养老管理中心主任刘伟彬的一番话，用真心真情破解了“夕阳红”项目怎么建的实践问题。

“夕阳红·长者食堂”是龙岗区的一大亮点，也是对老年人群“吃饭难”的精准回应。“像我这样的身体不好，又是独居的老人，日复一日的买菜、做饭、洗碗就是负担。有了长者食堂，吃饭不用愁了，还能腾出更多的时间参加老年人活动，党和政府想得真周到”。近日，家住平湖街道白坭坑社区的罗叔感慨地说。龙岗区各社区“夕阳红”都市养老服务中心面向全区户籍和常住老人提供助餐服务，重点保障低保户、“三无户”等困难对象和户籍85周岁以上老人就餐，为符合规定的重点保障对象提供一日三餐免费用餐服务，让老人们充分享受养老服务高质量发展的红利，暖胃又暖心。坂田街道联合万科第五食堂还为社区长者提供助餐服务，对符合条件的就餐长者推行“六五折”让利。

龙岗区作为深圳市的产业大区和人口大区，经历40年的改革开放，曾经年轻的外来人口逐步老龄化，同时投靠子女随迁龙岗的老年人也越来越多。对此，龙城街道将“夕阳红”项目向工业园区延伸，探索“工业园区‘夕阳红’都市养老”模式。在落实“1+6”“310”政策制度清单指引的同时，根据来深建设者老人实际，合理设置“四大功能区”，为来深建设者老年人提供便捷化、个性化的养老服务。

针对老年人易出现的孤独、恐惧、抑郁等心理问题，布吉街道设置心理咨询室并配备心理咨询师，对社区老人不同心理问题给出最直接、最专业的免费心理健康测试、心理咨询和心理疏导，切实为服务对象排忧解困。

面对资源分散、部分服务功能重复、服务主体多元等问题，各街道充分挖掘和整合社区资源，提升“夕阳红”服务水平。吉华街道成立“夕阳红”党支部，设立“夕阳红”党员志愿服务岗，招募党员和社区群众志愿者参与“夕阳红”服务运营；横岗街道发动健康老人组建党员、医疗、康复、法律、便民服务5支志愿者服务队，通过设定“时间银行”储蓄服务积分，搭建“以老助老”志愿服务网络；龙岗街道整合党群服务中心为老服务资源，提升为老服务设施，增加为老服务项目，为老人服务提质换挡。

关键词四：智慧

随着科技进步，新型养老方式应用日趋普遍。面对养老服务需求多元化，只有与时俱进，才能满足不断变化的发展需求。国务院办公厅出台的《关于推进养老服务发展的意见》明确提出，“促进人工智能、物联网、云计算、大数据等新一代信息技术和智能硬件等产品在养老服务领域深度应用”。简单来说，“智慧养老”就是利用信息化手段、互联网和物联网技术，研发面向居家老人、社区的物联网系统与信息平台，并在此基础上提供实时、快捷、高效、低成本的物联化、互联化、智能化的养老服务。

深圳是国家第一批新型智慧城市试点城市，而智慧养老是其中重要一块内容。在此背景下，龙岗区积极利用高新产业集聚优势，运用“互联网+”、物联网等载体，推动“智慧养老”建设，让老人足不出户就能享受便捷优质高效的专业服务。

探索建设全区统一的智慧养老服务系统。在全方位开展全区养老对象的收入状况、身体状况、现居住状态、养老意愿、养老服务项目、收费标准等基本情况的调研基础上，龙岗区按照全市统一部署，探索建设全区统一的智慧养老服务系统，利用统一平台对接老年人养老服务需求和各类主体服务供给，实施“互联网+”养老工程，促进人工智能、物联网、云计算、大数据等新一代信息技术和智能硬件等产品在养老服务领域深度应用，为老年人提供紧急救助、家庭照料、医疗保健、电子商务、家政服务、生活缴费等服务，重点拓展居家养老服务、身体状况评估、电子健康档案、远程提醒和控制、自动报警和处置、动态监测和记录等功能。

比如，平湖街道通过与云平台配套的App、终端智能设备感知老人服务需求，云端快速甄别、分拨至线下养老机构场所，实现“一键即达、一呼百应”，打通养老服务“最后一公里”。在具体建设过程中，平湖街道“夕阳红”项目也侧重向“居家智慧养老”融合，建立了“互联网+智慧养老平台+呼叫中心+智慧终端”的智慧养老服务模式。以智慧养老平台为依托，对经医院鉴定的121名失能半失能长者提供上门生活照料、家政服务、精神慰藉等服务，全面建成以居家为基础、社区为依托、医养相结合，功能完善、布局合理的平湖养老服务体系。截至2019年7月底，平湖街道智慧养老数据平台已收录了1106位长者信息，其中85岁以上126人。运用智能硬件设备，龙岗区实现了移动互联网、大数据等数字管理与养老服务相结合，加强了对辖区高龄老人、失独老人的安全监测，提高了老年群体突发紧急事件的救助效率。

实行社区“夕阳红”项目与社康中心融合发展。各社区“夕阳红”都市养老服务中心与附近医疗机构及社区健康服务中心签约合作，邀请专业医生上门坐诊及开展相关讲座、培训，优先享有医疗绿色通道服务。比如，坪地街道积极导入社区健康服务中心的医疗资源，开辟社区老人就医“绿色通道”，提供“医养结合”的新型养老服务。宝龙街道充分整合辖区各类医疗、护理资源，主动链接辖区保健康复等资源，为辖区老人提供康复理疗、保健按摩等个性化、一体化养老保健服务。南湾街道与辖区医院、社区健康服务中心签订服务合作协议，共享60岁以上老年人健康信息，实行“医养结合”，并借助手腕式血压计、手表式GPS定位仪等设备，动态掌握老年人身心健康状况，为老年人提供专业健康监测、预防医疗保健等优质服务。

编后：助推龙岗区养老服务提质升级的“三板斧”

习近平总书记强调，“民生是最大的政治”，“要坚持在发展中保障和改善民生，在老有所养、弱有所扶上不断取得新进展，保证全体人民在共建共享发展中有更多获得感”。李克强总理在2019年政府工作报告中指出，“要大力发展养老特别是社区养老服务业，新建居住区应配套建设社区养老服务设施。”

近年来，深圳市龙岗区坚定地贯彻落实中央对民政工作的重要指示精神，自觉地与人民想在一起、干在一起，把保障民生促进社会建设放在心上、扛在肩上，全力谱写新时代龙岗民政事业改革发展新篇章，尤其是将社区“夕阳红”都市养老服务作为重要民生实事来抓，从制度设计、资金落实、需求评估、智慧推进等方面给予全方位保障，将“老有所养”这项民生工程做得更精、更细、更实，是“民政为民、民政爱民”理念在实际工作中的生动践行。

其中，龙岗区社区“夕阳红”都市养老服务做得精，在于它坚持“精”准意识，有一整套精准的制度体系来全面支撑与维系。具体在规划顶层设计上对标党中央、国务院关于推进养老服务发展意见，将上级宏观政策具体化，并聚焦本区具体实际情况，精准研判施策，制定“1+6”办法，将社区“夕阳红”都市养老模式怎么建、建好后怎么运作的情况摸得精准、目标定得精准、路径选得精准、措施拿得精准。

社区“夕阳红”都市养老服务做得细，在于它坚持“细”处着手，从顶层设计到基层执行，都有细致的职责分工。具体在组织架构体系上，“夕阳红”都市养老服务“三级中心”上的每一层级的角色定位、任务清单均清晰地贯穿于养老服务运营管理的各方面和全过程，做到了执行流程环环相扣、从严把关步步细致。

社区“夕阳红”都市养老服务做得实，在于它坚持“实”处落脚，顺应了社区民生需求、抓住了关键、做实了服务。龙岗区作为深圳市的产业大区和人口大区，老龄化形势严峻，“夕阳红”项目的执行，实现了“民有所呼、我有所应”。具体将老年人需求落到了实处，龙岗区在全区老年群体的需求评估基础上，大力发展“区—街道—社区—家庭”四层联动互补的都市养老模式，加快建成以居家为基础、社区为依托、医养相结合的智慧养老服务体系，并在资金筹集、监督管理等方面给予保障，将项目做得扎扎实实。

目前，龙岗区“夕阳红”都市养老模式已迈出了坚定的第一步，我们期待它的未来发展更精进，向更高标准、更高质量、更规范的运营精耕细作，让老年群体实实在在地享受到便捷优质高效的专业服务，增强其获得感、安全感和幸福感。

龙岗推动“夕阳红”都市养老落地生根

龙岗推动“夕阳红”都市养老落地生根

46个社区“夕阳红”养老服务中心已投入运营，年内将实现111个社区全覆盖

推动民生微实事延伸到社区养老

以民生获得感为出发点和落脚点

“夕阳红”项目在各街道“百花齐放”

设立“三级中心”明确分工形成合力

推出“1+6”文件，让“夕阳红”落小落细

实施“310”清单管理，确保规范化运作

《南方日报》2019年4月19日第A4版

近日，国务院办公厅印发《关于推进养老服务发展的意见》（以下简称《意见》）。按照2019年政府工作报告对养老服务工作的部署，《意见》提出了六个方面共28条具体政策措施，打通养老服务“堵点”、消除“痛点”，确保到2022年在保障人人享有基本养老服务的基础上，有效满足老年人多样化、多层次养老服务需求，显著提高老年人及其子女获得感、幸福感、安全感。《意见》的出台，对于民政部门聚焦脱贫攻坚、聚焦特殊群体、聚焦群众关切，更好地履行基本民生保障、基层社会治理、基本社会服务等职责，特别是做好新时代养老服务工作提供了有效抓手和具体指引。

近年来，深圳在探索养老新模式上做了很多尝试。深圳市龙岗区就是典型范例。作为产业大区和人口大区，一方面，龙岗区人口老龄化问题日益凸显，目前区内60周岁以上老人已达24万人，其中户籍老人将近3万人；另一方面，养老问题也是龙岗历史遗留的短板问题，养老设施建设欠账多、缺口大。

龙岗区民政局践行“民政为民、民政爱民”工作理念，主动作为，勇于创新，积极推动社区民生微实事“夕阳红”都市养老模式在龙岗落地生根，已取得阶段性成效——目前46个社区“夕阳红”都市养老服务中心项目已投入运营，65个正在推进，年内将实现111个社区全覆盖。

3月11日，深圳市民政局局长廖远飞在全市民政工作会议上对此给予高度肯定：“龙岗区社区‘夕阳红’都市养老新模式顺应了社区民生需求，抓住了关键、做实了服务，值得其他区借鉴学习。”

《南方日报》记者　陶清清　通讯员　彭军　李岩

路径设计有新意
推动民生微实事延伸到社区养老

要坚持在发展中保障和改善民生，在老有所养、弱有所扶上不断取得新进展，保证全体人民在共建共治共享发展中有更多获得感。

民政工作关系民生、连着民心，是社会建设的兜底性、基础性工作，而社区养老服务正是广大居民群众高度关切的热点问题。

龙岗区委、区政府高度重视龙岗新形势下养老事业发展。去年6月，龙岗区委书记张勇批示，对龙岗区民政局将民生微实事“大盆菜”延伸到社区“夕阳红”和工业园区的做法给予充分肯定。今年1月，龙岗区区长戴斌在区政府工作报告中同样强调，要加快社区“夕阳红”都市养老服务体系建设，年内实现111个社区全覆盖。

“我们坚持找准民政工作‘三聚三基’主责主业定位，全面履行‘三最一专’职责使命，全面落实区委、区政府推进龙岗民政事业改革发展的举措。”龙岗区民政局党组书记、局长温石祥表示，他们在高质量落实全年工作总体思路，即创新“三个亮点”、夯实“三个基础”、推进“三项工程”、强化“三项管理”基础上，将龙岗区“夕阳红”都市养老服务体系建设当作重中之重的任务，全力以赴抓好创新落实。

在工作实践中，龙岗区形成了三点思想共识：一是社区“夕阳红”都市养老服务关系民生、连着民心；二是全区“夕阳红”都市养老模式聚焦特殊群体，聚焦群众关切；三是补齐民生短板、保障困难老人生活是党员干部共同的使命担当。“共同的思想认识成了推动工作的强劲动力”。

“年内将实现全区111个社区全覆盖，这个力度在全市来说是最大的，充分体现了区委、区政府担当作为、真抓实干的优良作风。”有专家表示，从更深层次讲，龙岗把社区“夕阳红”都市养老服务作为重要民生实事来抓，推行“四个一点”的办法，从组织体系、政策措施、监督管理等方面提供有力保障，把“夕阳红”项目各项工作做精做细做实，必将为全省乃至全国养老事业发展贡献经验。

组织体系有力度

设立“三级中心”明确分工形成合力

“推行社区‘夕阳红’都市养老新模式，组织体系建设是关键。”龙岗区相关负责人表示。

为此，龙岗区民政局从健全机制入手，确立了“夕阳红”都市养老服务“三级中心”，即成立区“夕阳红”都市养老指导中心、街道“夕阳红”都市养老管理中心、社区“夕阳红”都市养老服务中心，并明确了“三级中心”各自的职责定位，以统筹协调各方力量、形成工作合力。

其中，“夕阳红”都市养老指导中心由区民政局主要领导担任负责人，负责做好管理制度顶层设计；街道“夕阳红”都市养老管理中心由街道办分管领导担任负责人，负责落实综合监管措施，确保规范化标准化运作；社区“夕阳红”都市养老服务中心由社区工作站站长担任负责人，负责实施各项具体运营管理制度，为老人群众特别是困难群体提供“方便、快捷、亲切、暖心”的高效优质服务。

据了解，在具体分工上，区民政局重在全区性的统筹指导；各街道“夕阳红”都市养老管理中心重在实施综合监管措施；各社区“夕阳红”都市养老服务中心，重在办好“夕阳红·长者食堂”，重在向社康中心和居家智慧养老延伸。

政策覆盖有广度

推出“1+6”文件，让“夕阳红”落小落细

近年来，党中央、国务院高度重视养老服务，相继出台了一系列政策指引。如何将宏观政策与龙岗具体实际结合起来，这是社区“夕阳红”都市养老模式能否取得实效的关键。2018年7月，龙岗区印发了《深圳市龙岗区社区民生微实事“夕阳红”项目建设与运营管理办法（试行）》，将上级宏观政策具体化，同时将社区“夕阳红”都市养老项目纳入龙岗区“民生微实事·大盆菜”范畴。

与此同时，在充分调研和反复论证基础上，龙岗区民政局制定实施社区“夕阳红”都市养老模式“1+6”办法。“1”即制定实施项目建设与运营管理办法；“6”即社区

“夕阳红”项目建设标准、运营服务、长者食堂、资助申报、监督管理、考核办法6项配套措施，较好地解决了社区“夕阳红”都市养老模式怎么建、建好后怎么运作的问题。在经费保障方面，龙岗区将民生微实事“大盆菜”延伸到社区“夕阳红”，项目建设运营、设施设备购置等相关经费优先从“大盆菜”项目予以保障，同时实行多渠道资助，确保重点困难群体服务全覆盖。

与此同时，龙岗区用足市里政策，对户籍60周岁以上的低保户、低保边缘户、“三属五老”等困难群众及户籍85周岁以上老人实行“一日三餐”免费助餐服务，将市里有关户籍70周岁以上老人每餐5元补助以及每人次2元送餐补贴这三项政策落实到位，惠及特殊困难群体，增强其获得感、安全感和幸福感。目前，龙岗区正在做明后两年预算，已将市里推进长者助餐服务政策全面落到实处。

“老人群众在哪里，‘夕阳红’选址就在哪里；社康中心在哪里，‘夕阳红’就建在哪里；老人群众满意的微笑，就是对我们工作的最高奖赏”。这是坪地街道“夕阳红”都市养老管理中心主任刘伟彬的一番话，用真心真情破解了“夕阳红”项目怎么建的实践问题。

保障民生有温度
以民生获得感为出发点和落脚点

“有了长者食堂，我腿脚不便也不用愁了，还能吃上合口味的饭菜。”家住平湖街道白坭坑社区的刘阿姨感慨地说。

“夕阳红·长者食堂”是龙岗区的一大亮点。龙岗各社区“夕阳红”都市养老服务中心面向全区户籍和常住老人提供助餐服务，重点保障低保户、“三无户”等困难对象和户籍85周岁以上老人就餐，为符合规定的重点保障对象提供一日三餐免费用餐服务，让老人们充分享受改革开放的发展红利。

这成为龙岗以民生需求为导向、以民生幸福为落脚点推进“夕阳红”项目的一个缩影。

然而，一个现实问题是，“夕阳红”都市养老服务项目要办得好、办得长久，资金来源问题非常重要。

龙岗区采取“政府补一点、慈善捐一点、企业机构让一点、服务对象出一点”办法，多渠道资助，取得较好效果。

平湖街道白坭坑社区“夕阳红”都市养老服务中心，社区股份公司直接出资85万元，并提供室内530平方米的四大功能区和户外广场720平方米的活动场地，为该项目顺利运作提供了充足保障。

坂田街道四季花城社区“夕阳红·长者食堂”，运营机构对65岁以上的所有就餐长者推行“六五折”让利，充分体现“企业机构让一点”原则。

除了资金问题，场地也是一大挑战，龙岗区民政局采取资源共享办法，突破了这一难题。

一方面，社区“夕阳红”都市养老服务项目将社区星光老年之家、幸福老人计划等民政领域带“老字号”的经费、设施资源实行优化整合，形成社区老年人综合养老服务平台。另一方面，在场地利用方面，部分社区“夕阳红”都市养老服务项目还与社区党群服务中心实行了资源共享，将社区老年大学、党建书吧、文体娱乐等资源共享共用，既避免了原有部分场地空置浪费问题，又提高了场地整合使用效率。

全面推广有热度
“夕阳红”项目在各街道“百花齐放”

龙岗区持续优化基层治理体系，优化“民生微实事”推进机制，推动“民生微实事”项目向养老服务、工业园区拓展，实现“民有所呼、我有所应”。强调扎实推进新时代养老服务体系建设，大力发展“区—街道—社区—家庭”四层联动互补的都市养老新模式，加快建成以居家为基础、社区为依托、医养相结合的养老服务体系。

龙岗区59件民生实事第46条为：创新社区养老服务体系建设，实施社区民生微实事“夕阳红”项目，完成50家社区“夕阳红”项目。

截至目前，龙岗区“夕阳红”项目在全区11个街道全面推开，呈现百花齐放的良好局面。

平湖街道侧重向“居家智慧养老”延伸，建立统一共享的智慧养老服务对象数据库，完善老人的基本信息，通过与云平台配套的App、终端智能设备感知老人服务需求，云端快速甄别、分拨至线下养老机构场所，实现“一键即达、一呼百应”，打通养老服务“最后一公里”。

坂田街道以四季花城社区为试点，实现“夕阳红”与党群服务中心资源共享、融合发展。重点解决低保户等困难群体和户籍85周岁以上老人吃饭问题，由运营服务机构联合万科第五食堂为社区长者提供助餐服务，对符合条件的就餐长者推行“六五折”让利。

龙城街道将“夕阳红”项目向工业园区延伸，探索工业园区“夕阳红”都市养老模式。在落实“1+6”“310”政策制度清单指引的同时，根据来深建设者老人实际，合理设置“四大功能区”，为来深建设者老年人提供便捷化、个性化的养老服务。

坪地街道突出向社康中心和居家养老延伸，一方面积极导入社康医疗资源，开辟社区老人就医“绿色通道”，提供“医养结合”的新型养老服务；另一方面由运营机构动态掌握社区各家庭老人需求情况，为行动不便的老人免费提供送餐服务，让老人感受到家的温暖。

布吉街道设置心理咨询室并配备心理咨询师，针对社区老人不同心理问题给出最直接、最专业的免费心理健康测试、心理咨询和心理疏导，切实为服务对象排忧解困。

吉华街道成立“夕阳红”党支部，与社区党群服务中心开展服务联动，设立“夕阳红”党员志愿服务岗，招募党员和社区群众志愿者参与“夕阳红”服务运营，提升党员和志愿者助老服务水平。

南湾街道侧重“医养结合”，通过建立辖区老人健康档案并及时更新，运用系统大数据分析、监测老人身体状况，积极与社康中心对接或与专业医疗机构合作，签订合作协议，邀请专业医护人员到社区开展老年人体检、培训和诊疗服务。

横岗街道充分挖掘和整合社区资源，发动健康老人组建党员、医疗、康复、法律、便民服务5支志愿者服务队，通过设定“时间银行”储蓄服务积分，搭建较为完善的以老助老志愿服务网络。

园山街道充分利用社区“夕阳红”活动平台，发挥党支部作用，开展各类有益于老年人身心健康的文体娱乐活动，特别是客家特色戏曲等文艺活动，展示客家文化魅力，丰富老人晚年生活。

龙岗街道整合党群服务中心为老服务资源，提升为老服务设施，增加为老服务项目，设定“长者食堂、保健康复、娱乐活动、辅助功能”等四大功能室，为老人服务提质换挡。

宝龙街道充分整合辖区各类医疗、护理资源，主动链接辖区保健康复等资源，为辖区老人提供康复理疗、保健按摩等个性化、一体化养老保健服务。

监督管理有深度

实施“310”清单管理，确保规范化运作

龙岗区在建立“夕阳红”都市养老服务“三级中心”、建立“夕阳红”党支部基础

上，针对“夕阳红·长者食堂”、保健康复、娱乐活动、辅助功能四大功能区，制定实施长者食堂工作规则、长者食堂食品加工规则、长者食堂就餐公约、心理疏导室工作规则、保健康复室管理制度、学习制度、娱乐活动规则、书画室文明公约、居家智慧养老服务平台管理制度、办公值班室工作规则10项监督管理清单，以确保社区“夕阳红”都市养老服务中心标准化、规范化、精细化运作。

同时实行“六个统一”，即统一服务标识、统一服务对象、统一服务理念、统一服务标准、统一运营模式、统一清单管理，充分体现“夕阳红”都市养老的特色亮点，以“微改革、微创新”成果真切回应广大居民群众特别是困难老人群体的高度关切。

龙岗区民政局相关负责人表示，将坚持不懈地把“夕阳红”都市养老服务做好，用实实在在的创新成果回应广大居民群众特别是老年人群体的高度关切，真正提升他们的获得感、幸福感、安全感。

龙岗区“夕阳红”都市养老模式虽已落地生根、初见成效，但这只是刚刚迈出了第一步，如何实现高标准、高质量、规范化运营发展仍需不断探索。

令人欣慰的是，龙岗区民政局正在推进区“夕阳红”养老护理院和各个街道“夕阳红”敬老院建设，大力推动“居家智慧养老”建设，让老人足不出户就能享受便捷优质高效的养老服务。计划新建的好几个“医养结合”项目正在紧锣密鼓地推进；所有社区“夕阳红”都市养老服务中心均与附近的社康中心签订了服务合作协议，实行“医养结合”，由专业医护人员定期上门为老人提供服务，开辟就医“绿色通道”，给广大居民带来实实在在的福利。

“民政工作是扶危济困的德政善举，龙岗区广大基层民政工作者将坚定自觉贯彻落实上级指示精神，自觉与人民想在一起、干在一起，把保障民生促进社会建设放在心上、扛在肩上，全力谱写龙岗民政事业改革发展新篇章。”龙岗区民政局相关负责人如此表示。

创新机制　真抓实干　推动新时代龙岗民政事业改革发展

龙岗区社会组织数量在全市居于首位，达2000多家。如何监管，才能管得住、管得好，成为新形势下社会组织工作面临的一大难题。针对该难题，龙岗区民政局立足实际，以深化改革创新为引擎，实施“双轮驱动”策略，一手抓社会组织党建新机制探索，一手抓社会组织监管新体系创新，推动龙岗社会组织规范化发展，取得显著成效。《中国社会报》，中国社会科学院、中组部、民政部以及省、市委组织部网站等先后予以专题报道，产生广泛积极社会反响。

A6 | 专版

创新机制 真抓实干
推动新时代龙岗民政事业改革发展

“双轮驱动”助推社会组织高质量发展

“三级中心”推动“夕阳红”都市养老模式落地生根

《深圳特区报》2019年4月8日第A6版

“双轮驱动”助推社会组织高质量发展

坚持政治引领：社会组织党建“1+2”改革成果丰硕

针对社会组织党组织管理架构与社会组织运行机制不协调，存在“重业务、轻党建”普遍问题，龙岗区民政局积极推进“探索社会组织党建新机制改革”项目，形成社会组织党建“1+2”改革成果，即一个《意见》、两个《办法》。

其中《关于加强龙岗区社会组织党的建设工作的实施意见》为全市率先出台，明确界定了社会组织党组织的功能定位，为解决“两个作用发挥难”“两个覆盖落实难”“党建与业务融合发展难”等系列问题提供了范本。《加强龙岗区社会组织党建培训工作实施办法》为实施社会组织党建针对性、灵活性培训提供了基本遵循，较好解决社会组织重业务培训、轻党建培训，人员分散集中培训难以及培训形式单调等问题。《社会组织承接政府职能转移和购买服务的党委监管办法》为全国率先制定，成功探索了党委监管社会组织的有效办法，破解了“难管理、无法管”难题，提升了党委把方向、管大局、促发展的政治引领作用。比如，2018年龙岗区在对47家社区党群服务中心社工服务项目进行重新招投标过程中，引入社会组织党委评价监管办法，探索建立“党建引领”“内控监管”的招投标评分机制，顺利完成招投标工作，一批运营规范、无缺岗现象、服务质量和群众满意度较高的优秀社会组织脱颖而出，既保持了原运作机构的相对稳定性，又扩大了开放度、增添了新活力。

龙岗区委书记张勇评价：“龙岗社会组织党建‘1+2’以问题为导向，紧跟新时代新要求，改革措施针对性和操作性较强，特别是社会组织承接政府职能转移和购买服务的党委监管机制属于全国创新之举，体现了全面从严治党的要求。”

龙岗区民政局针对社会组织党组织功能和作用弱化等问题，开展社会组织“党建第一难题”大调研，对全区133家社会组织党组织进行了全方位调查研究，形成《龙岗区社会组织党建工作研究报告》获“民政部2018年政策理论研究”三等奖。在实践中创新积累了富有龙岗特色的党建“六大经验”，得到中央党校党建专家评审组高度好评。《社会组织党建新探——深圳市龙岗区社会组织党建新实践》专著，共20余万字，由中共中央党校出版社在全国出版发行。3月11日，龙岗区民政局党组书记、局长温石祥在全市民政工作会议上作了“‘双轮驱动’助推龙岗社会组织高质量发展”的经验介绍，得到市民政局高度肯定，并引起与会者广泛共鸣。

坚持求真务实：构建“1+3”社会组织监管新体系

随着行政管理体制改革特别是行政审批制度改革的不断深化，龙岗区将越来越多原由政府行使管理的公共事务与服务转移给社会组织承接，仅2018年全区社会组织共承接政府公共服务事项920余项，资金总额近3亿元。这既体现社会组织发挥了积极作用，同时在其实际承接政府购买服务过程中也存在诸多问题。

对此，龙岗区民政局在深入调研、反复论证基础上，形成社会组织评价监督“1+3”改革成果。这一系统性、整体性、针对性监管办法，目前在全国走在前列。龙岗区区长戴斌予以充分肯定：“区民政局主动作为，建立了社会组织事前、事中、事后全链条的评价监督体系是一个很好的创新，给予充分肯定”；龙岗区副区长尚博英表示：“区民政局前期做了大量富有创新性的工作，推动出台‘1+3’改革举措，将进一步规范社会组织发展，有效提高政府公共服务质量。”

实施《社会组织承接政府购买服务评价监督办法》重在解决政府“如何监管”问题。该《办法》对社会组织承接政府购买服务事前能力评估、事中质量评价、事后绩效评价明确了操作标准和规范流程，强化了政府购买服务的全过程监管，以保障公共服务水平。《办法》较好地弥补了现阶段社会组织承接政府购买服务评价监管方面的制度空缺，解决政府购买服务存在的“重投入、轻管理；重资金、轻绩效”问题，从源头上防范社会组织在提供服务时产生的不良现象。

实施三个《指引》，重在解决社会组织“如何规范”问题。龙岗区社会组织承接政府购买服务项目设计与质量管理指引、项目合规管理指引、项目经费预算与财务管理指引三个配套措施，分别从项目设计、质量管理、财务管理等方面，为社会组织在参与政府购买服务过程中提供标准化、规范化指引，解决社会组织能力不足的问题，激发社会组织活力，确保政府“放权”过程中，社会组织“接得住”“接得稳”“接得好”。

比如，2018年龙岗区共审查社会组织年报1191份，对69家未提交年度工作报告的社会组织载入《活动异常名录》，将87家违法违规社会组织列入《严重违法失信名单》，纳入信用监管体系，产生良好的效果。市民政局党组成员、市社会组织管理局局长凌冲对龙岗区在社会组织管理和社会组织党建方面进行的政策创制、改革创新做法以及形成的“龙岗经验”给予了充分肯定。

今年政府工作报告中指出：“要大力发展养老特别是社区养老服务业，新建居住区应配套建设社区养老服务设施。”近年来，龙岗区认真贯彻党中央、国务院以及上级民政部门部署要求，立足实际，聚焦特殊群体、聚焦居民群众关切，积极探索新时代养老事业发展新路径。

一方面，龙岗区人口老龄化问题日益凸显，目前区内60周岁以上老龄人口已达24万人，其中户籍老人将近3万人；另一方面，养老问题也是龙岗历史遗留短板问题，养老设施建设欠账多、缺口大。针对这一矛盾，龙岗区民政局坚持以人民为中心的发展思想，践行“民政为民、民政爱民”工作理念，主动作为，勇于创新，去年以来积极推动社区民生微实事“夕阳红”都市养老模式在龙岗落地生根，已取得阶段性成效。目前46个社区“夕阳红”都市养老服务中心项目已投入运营，65个正在推进，年内将实现111个社区全覆盖。今年3月11日，市民政局局长廖远飞在全市民政工作会议上对此给予高度肯定：“龙岗区社区‘夕阳红’都市养老新模式顺应了社区民生需求，抓住了关键、做实了服务，值得其他区借鉴学习。”

“三级中心”推动“夕阳红”都市养老模式落地生根

设立“三级中心”：在组织体系上给予保障

推行社区“夕阳红”都市养老新模式，组织体系建设是关键。为此，龙岗区民政局从健全机制入手，确立了“夕阳红”都市养老服务“三级中心”，即成立区“夕阳红”都市养老指导中心、街道“夕阳红”都市养老管理中心、社区“夕阳红”都市养老服务中心，并明确了“三级中心”各自的职责定位，以统筹协调各方力量、形成工作合力。其中，“夕阳红”都市养老指导中心由区民政局主要领导担任负责人，负责做好管理制度顶层设计；街道“夕阳红”都市养老管理中心由街道办分管领导担任负责人，负责落实综合监管措施，确保规范化标准化运作；社区“夕阳红”都市养老服务中心由社区工作站站长担任负责人，负责实施各项具体运营管理制度，为老人群众特别是困难群体提供“方便、快捷、亲切、暖心”的高效优质服务。

推行“1+6”文件指引：在政策措施上给予保障

在充分调研和反复论证基础上，龙岗区民政局制定实施社区“夕阳红”都市养老模式“1+6”办法。“1”即《龙岗区社区民生微实事“夕阳红”项目建设与运营管理办法》；“6”即社区“夕阳红”项目建设标准、运营服务、长者食堂、资助申报、监督管理、考核办法等6项配套措施，较好地解决了社区“夕阳红”都市养老模式怎么建、建好后怎么运作的问题。在经费保障方面，龙岗区将民生微实事“大盆菜”延伸到社区“夕阳红”，项目建设运营、设施设备购置等相关经费优先从“大盆菜”项目予以保障，同时实行多渠道资助，确保重点困难群体服务全覆盖。

“夕阳红·长者食堂”是龙岗区的一大亮点。各社区“夕阳红”都市养老服务中心面向全区户籍和常住老人提供助餐服务，重点保障低保户、“三无户”等困难对象和户籍85周岁以上老人就餐，采取“政府补一点、慈善捐一点、企业机构让一点、服务对象出一点”的办法，为符合规定的重点保障对象提供一日三餐免费用餐服务，让老人们充分享受改革开放的发展红利。“有了长者食堂，我腿脚不便也不用愁了，还能吃上合口味的饭菜，党和政府想得真周到啊。”平湖街道白坭坑社区的刘阿姨道出了许多困难老人的心声。“老人群众在哪里，‘夕阳红’选址就在哪里；社康中心在哪里，‘夕阳红’就建在哪里；老人群众满意的微笑，就是对我们工作的最高奖赏。”这是坪地街道“夕阳红”都市养老管理中心主任刘伟彬的一番话，用真心真情破解了“夕阳红”项目怎么建、怎么管的实践问题。

实施清单管理：在监督管理上给予保障

龙岗区还实施“310”清单管理，在监督管理上给予保障。该区在建立“夕阳红”都市养老服务“三级中心”、建立“夕阳红”党支部基础上，针对“夕阳红·长者食堂”、保健康复、娱乐活动、辅助功能四大功能区，制定实施10项监督管理清单，以确保社区“夕阳红”都市养老服务中心标准化、规范化、精细化运作。同时实行“六个统一”，即统一服务标识、统一服务对象、统一服务理念、统一服务标准、统一运营模式、统一清单管理，充分体现“夕阳红”都市养老“龙岗模式”特色亮点，以“微改革、微创新”成果真切回应广大居民群众特别是困难老人群体的高度关切。

附录三 深圳市龙岗区社区“夕阳红”项目统一标识

龙岗区社区“夕阳红”项目统一使用“深圳市龙岗区社区民生微实事·夕阳红”标识

附录四 深圳市龙岗区原创歌曲《夕阳红满天》

夕阳红满天

1=E 4/4 ♩= 78
温馨地

温石祥 词
连向先 曲

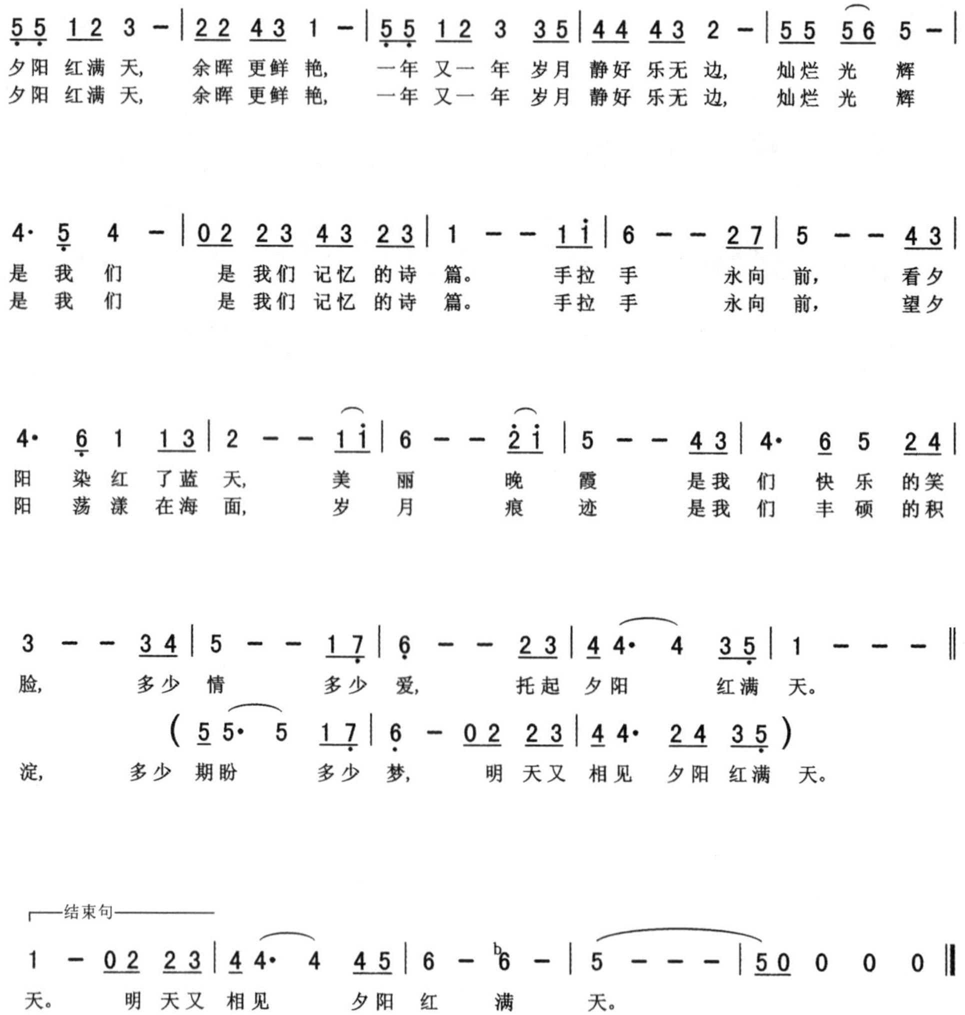

55 12 3 – | 22 43 1 – | 55 12 3 35 | 44 43 2 – | 55 56 5 – |
夕阳 红满 天， 余晖 更鲜 艳， 一年 又一 年 岁月 静好 乐无 边， 灿烂 光 辉
夕阳 红满 天， 余晖 更鲜 艳， 一年 又一 年 岁月 静好 乐无 边， 灿烂 光 辉

4· 5 4 – | 02 23 43 23 | 1 – – 1i | 6 – – 27 | 5 – – 43 |
是 我 们 是 我们 记忆 的诗 篇。 手拉 手 永向 前， 看夕
是 我 们 是 我们 记忆 的诗 篇。 手拉 手 永向 前， 望夕

4· 6 1 13 | 2 – – 1i | 6 – – 2i | 5 – – 43 | 4· 6 5 24 |
阳 染 红 了蓝 天， 美 丽 晚 霞 是我 们 快 乐 的笑
阳 荡 漾 在海 面， 岁 月 痕 迹 是我 们 丰 硕 的积

3 – – 34 | 5 – – 17 | 6 – – 23 | 4 4· 4 35 | 1 – – – ‖
脸， 多少 情 多少 爱， 托起 夕阳 红满 天。
(5 5· 5 17 | 6 – 02 23 | 4 4· 24 35)
淀， 多少 期盼 多少 梦， 明天又 相见 夕阳 红满 天。

结束句

1 – 02 23 | 4 4· 4 45 | 6 – ♭6 – | 5 – – – | 50 0 0 0 ‖
天。 明 天又 相见 夕阳 红 满 天。